丛书主编 石长顺
丛书副主编 郭 可 支庭荣

全国高校网络与新媒体专业规划教材

出镜记者案例分析

邓秀军 刘静 编著

北京大学出版社
PEKING UNIVERSITY PRESS

图书在版编目(CIP)数据

出镜记者案例分析/邓秀军,刘静编著. —北京:北京大学出版社,2014.10
(全国高校网络与新媒体专业规划教材)
ISBN 978-7-301-24172-1

Ⅰ.①出… Ⅱ.①邓…②刘… Ⅲ.①电视新闻—新闻报道—案例 Ⅳ.①G222.2

中国版本图书馆 CIP 数据核字(2014)第 077558 号

书　　　名：出镜记者案例分析
著作责任者：邓秀军　刘　静　编著
丛 书 主 持：李淑方
责 任 编 辑：泮颖雯
标 准 书 号：ISBN 978-7-301-24172-1/G·3808
出 版 发 行：北京大学出版社
地　　　址：北京市海淀区成府路 205 号　100871
网　　　址：http://www.pup.cn　　新浪官方微博:@北京大学出版社
电 子 信 箱：zyl@pup.pku.edu.cn
电　　　话：邮购部 62752015　发行部 62750672　编辑部 62767857
　　　　　　出版部 62754962
印　刷　者：三河市北燕印装有限公司
经　销　者：新华书店
　　　　　　787 毫米×1092 毫米　16 开本　17.75 印张　310 千字
　　　　　　2014 年 10 月第 1 版　2019 年 7 月第 4 次印刷
定　　　价：39.00 元

未经许可,不得以任何方式复制或抄袭本书之部分或全部内容。
版权所有,侵权必究
举报电话：010－62752024　　电子信箱：fd@pup.pku.edu.cn

总　序

国家教育部在2012年公布的本科专业目录中，首次在新闻传播学学科中列入特设专业"网络与新媒体"，这是自1998年以来为适应社会发展需要，该学科新增的两个专业（其中包括数字出版专业）之一。实际上，早在1998年，华中科技大学就面对互联网新媒体的迅速崛起和新闻传播业界对网络新媒体人才的急迫需求，率先在全国开办了网络新闻专业（方向）。当时，该校新闻与信息传播学院在新闻学本科专业中采取"2+2"方式，开办了一个网络新闻专业（方向）班，即面向华中科技大学理工科招考二年级学生，然后在新闻学院继续学习两年新闻学专业课程。首届学生毕业时受到了业界的特别青睐，并成为新华社等媒体报道的新闻。

2013年，在教育部新颁布《普通高等学校本科专业目录（2012）》之后，全国首次有28所高校申办了"网络与新媒体"专业并获得教育部批准，继而开始正式对外招生。招生学校涵盖"985"高校、"211"高校和省属高校、独立学院四个层次。这28所高校的网络与新媒体专业，不包括同期批复的45个相关专业"数字媒体艺术"和此前全国高校业已存在的31个基本偏向网络新闻方向的传播学专业。2014年，教育部又公布了第二批确定的普通高等学校"网络与新媒体"专业，计有20所高校。

过去的一年正是现代互联网诞生30周年的年份。30年的发展，网络与新媒体已成为当代人们生活的一部分，并逐渐走向21世纪的商业和文化中心。数字化媒体不但改变了世界，改变了人们的通讯手段和习惯，也改变了媒介传播生态，推动着基于网络与新媒体的新闻传播学教育改革与发展，成为当代社会与高等教育研究的重要领域。尼葛洛庞蒂于《数字化生存》一书中提出的"数字化将决定我们的生存"的著名预言（1995年），在网络与新媒体的快速发展中得到应验。

据中国互联网络信息中心（2014年7月）在京发布的第34次《中国互

联网络发展状况统计报告》显示,截至 2014 年 6 月,我国网民规模达 6.32 亿,互联网普及率为 46.9%(见图 1),与 10 年前的 8700 万网民①规模相比,增长了近 7.3 倍,成为中国互联网发展的一大亮点。

网络与新媒体技术正处在一个不断变化的流动状态,其低门槛的进入使人与人之间的交往变得更为便捷,世界已从"地球村"走向了"小木屋",时空概念的消解正在打破国家与跨地域之间的界限。加上我国手机网民数量持续增长,手机网民规模目前首次超越传统 PC 网民规模,达到 5.27 亿用户,网民中使用手机上网的人群比例也由 2013 年的 81.0% 提升至 83.4%,这是否标志着移动互联网时代的到来,让"人人都是记者"成为现实呢?

网络与新媒体的发展重新定义了新媒体形态。新媒体作为一个相对的概念,已从早期的广播与电视转向互联网。随着数字技术的发展,新媒体更新的速度与形态的变化时间越来越短(见图 2)。当代新媒体的内涵与外延已从单一的互联网发展到网络广播电视、手机电视、博客、微信、互联网电视等。在网络环境下,一种新的媒体格局正在出现。

图 1　中国互联网发展规模图

---

① 2004 年 7 月 20 日,中国互联网络信息中心(CNNIC)在京发布的"第十四次中国互联网络发展状况统计报告"。

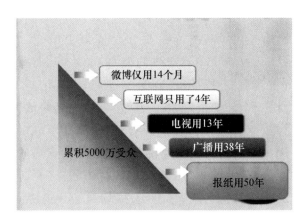

图 2　各类媒体形成"规模"的标志时间

　　基于网络与新媒体的全媒体转型也正在迅速推行,并在四个方面改变着新闻业,即改变着新闻内容、改变着记者的工作方式、改变着新闻编辑室和新闻业的结构、改变着新闻机构与公众和政府之间的关系。① 相应地也改变着新闻和大众传播教育,包括新闻和大众传播教育的结构、教育者的工作方式和新闻传播学专业讲授的内容。

　　为使新设的"网络与新媒体"专业从一开始就走向规范化、科学化的发展建设之路,加强和完善课程体系建设,探索新专业人才培养模式,促进学界之间的教学交流,共同推进"网络与新媒体"专业教育,由华中科技大学广播电视与新媒体研究院及华中科技大学武昌分校主办,北京大学出版社承办的"全国高校网络与新媒体专业学科建设"研讨会,于 2013 年 5 月 25—26 日在华中科技大学举办。参加会议的 70 多名高校代表就议题"网络与新媒体"专业培养模式、"网络与新媒体"专业主干课程体系等展开了研讨,通过全国高校之间的学习对话,在网络与新媒体专业主干课和专业选修课的设置方面初步达成一致意见,形成了"网络与新媒体"专业新建课程体系。

　　"网络与新媒体"主干课程共 14 门:网络与新媒体(传播)概论、网络与新媒体发展史、网络与新媒体研究方法、网络与新媒体技术、网页设计与制作、网络与新媒体编辑、全媒体新闻采写、视听新媒体节目制作教程、融合新闻学、网络与新媒体运营与管理、网络与新媒体用户分析、网络与新媒体

---

① [美]约翰·V.帕夫利克.新闻业与新媒介[M].张军芳,译.北京:新华出版社,2005:5.

广告策划、网络法规与伦理、新媒体与社会。

选修课程初定 8 门：西方网络与新媒体理论、网络与新媒体舆情监测、网络与新媒体经典案例、网络与新媒体文学、动画设计、数字出版、数据新闻挖掘与报道、网络媒介数据分析与应用。

这些课程的设计是基于全国 28 所高校"网络与新媒体"新专业申报目录、网络与新媒体专业的社会调查，以及长期相关教学研究的经验讨论而形成的，也算是这次首届会议的一大收获。新专业建设应教材先行，因此，在这次会议上应各高校的要求，组建了全国高校"网络与新媒体"专业"十二五"规划教材编辑委员会，全国参会的 26 所高校中有 50 多位学者申报参编教材。在北京大学出版社及李淑方编辑的大力支持下，经过个人申报、会议集体审议，初步确立了 30 种教材编写计划，并现场与北京大学出版社签订了教材编写合同，这套网络与新媒体专业"十二五"规划系列教材，计划近三年内完成。出版教材包括：

《网络与新媒体概论》《西方网络与新媒体理论》《新媒体研究方法》《融合新闻学》《网页设计与制作》《全媒体新闻采写》《网络与新媒体编辑》《网络与新媒体评论》《新媒体视听节目制作》《视听评论》《视听新媒体导论》《出境记者案例分析》《网络与新媒体技术应用》《网络与新媒体经营》《网络与新媒体广告》《网络与新媒体用户分析》《网络法规与伦理》《新媒体与社会》《数字媒体导论》《数字出版导论》《网络与新媒体游戏导论》《网络媒体实务》《网络舆情监测与分析》《网络与新媒体经典案例评析》《网络媒介数据分析与应用》《网络播音主持》《网络与新媒体文学》《网络与新媒体营销传播》《网络与新媒体实验教学》《网络文化教程》《全媒体动画设计赏析》《突发新闻教程》《文化产业概论》。

这套教材是我国高校新闻教育工作者探索"网络与新媒体"专业建设规范化的初步尝试，它将在网络与新媒体的高等教育中不断创新实践，不断修订完善。希望广大师生、学者、业界人士不吝赐教，以便这套教材更加符合网络与新媒体的发展规律和教学改革理念。

石长顺

2014 年 7 月

（作者系华中科技大学广播电视与新媒体研究院院长、教授）

目　录

第一章　出镜记者概论 … 1
第一节　出镜记者的界定 … 1
一、电视出镜记者的溯源 … 2
二、出镜记者的定义 … 3
三、出镜记者的分类 … 5
第二节　电视新闻现场直播——出镜记者的主战场 … 6
一、现场直播——电视新闻最大优势的体现 … 7
二、电视新闻现场直播的类型 … 9
三、电视新闻直播报道手法的日益完善 … 10
第三节　出镜记者在新闻报道中的功能与价值 … 12
一、出镜记者的职责 … 12
二、出镜记者的功能 … 14
第四节　出镜记者的基本素养和能力 … 17
一、出镜记者需具备的基本素养 … 17
二、出镜记者需具备的专业技能 … 22

第二章　调查类电视新闻节目的出镜记者 … 27
第一节　目击式报道：《江西抚河唱凯堤决堤之后》 … 28
一、目击式调查报道中的出镜采访 … 28
二、目击式调查报道中的出镜报道 … 35
三、目击式调查报道中的出镜评论 … 42
第二节　回顾式报道：《农民连续自杀调查》 … 45
一、回顾式报道中的出镜采访 … 46

二、回顾式报道中的出镜报道 ………………………………… 49
　　三、回顾式报道中的出镜评论 ………………………………… 53
第三节　探索式报道:《虎照疑云》 ……………………………… 56
　　一、探索式报道中的出镜采访 ………………………………… 57
　　二、探索式报道中的出镜报道 ………………………………… 62
　　三、探索式报道中的出镜评论 ………………………………… 65

第三章　专题类电视新闻节目的出镜记者 ……………………… 69
第一节　人物类专题:《郭明义:简单中的伟大》 ………………… 70
　　一、人物专题中的出镜采访 …………………………………… 70
　　二、人物专题的出镜报道 ……………………………………… 77
　　三、人物专题中的出镜评论 …………………………………… 80
第二节　情感类专题:《生命美得让人流泪》 ……………………… 82
　　一、情感类专题中的出镜采访 ………………………………… 83
　　二、情感类专题中的出镜报道 ………………………………… 87
　　三、情感类专题中的出镜评论 ………………………………… 92
第三节　社会类专题:《岩松看日本》 ……………………………… 94
　　一、社会专题中的出镜采访 …………………………………… 94
　　二、社会专题中的出镜报道 …………………………………… 99
　　三、社会类专题中的出镜评论 ………………………………… 104

第四章　述评类电视新闻节目的出镜记者 ……………………… 108
第一节　社会类:《长江大学救人》 ………………………………… 109
　　一、社会新闻述评中的出镜采访 ……………………………… 109
　　二、社会新闻述评中的出镜报道 ……………………………… 113
　　三、社会新闻述评中的出镜评论 ……………………………… 117
第二节　民生类:《安置房成为商品房》 …………………………… 120
　　一、民生新闻述评中的出镜采访 ……………………………… 120
　　二、出镜报道 …………………………………………………… 124
　　三、民生新闻述评中的出镜评论 ……………………………… 127

  第三节 时政类:《当麦子遇到苹果》 …………………………… 130
    一、时政新闻述评中的出镜采访 …………………………… 131
    二、时政新闻述评中的出镜报道 …………………………… 135
    三、时政新闻述评中的出镜评论 …………………………… 140

第五章 特别报道的出镜记者 …………………………………… 143
  第一节 现场见证型:《日本地震报道系列》 ………………… 144
    一、现场见证型特别报道中的出镜采访 …………………… 145
    二、现场见证型特别报道中的出镜报道 …………………… 150
    三、现场见证型特别报道中的出镜评论 …………………… 154
  第二节 探索揭示型:"南澳一号"水下考古直播特别报道》 …… 158
    一、探索揭示型特别报道中的出镜采访 …………………… 158
    二、探索揭示型特别报道中的出镜报道 …………………… 162
    三、探索揭示型特别报道中的出镜评论 …………………… 166
  第三节 体验映证型:《小撒探"两会":大学生就业》 ………… 170
    一、体验映证型特别报道中的出镜采访 …………………… 171
    二、体验映证型特别报道中的出镜报道 …………………… 176
    三、体验映证型特别报道中的出镜评论 …………………… 180

第六章 纪录片的出镜记者 …………………………………………… 182
  第一节 科学揭秘型出镜记者:《夏日纪事》 ………………… 182
    一、科学揭秘型纪录片中的出镜采访 ……………………… 183
    二、科学揭秘型纪录片中的出镜报道 ……………………… 188
    三、科学揭秘型纪录片中的出镜评论 ……………………… 193
  第二节 社会批判型出镜记者:《华氏9·11》 ………………… 195
    一、社会批判型纪录片中的出镜采访 ……………………… 195
    二、社会批判型纪录片中的出镜报道 ……………………… 200
    三、社会批判型纪录片中的出镜评论 ……………………… 206
  第三节 自我揭示型出镜记者:《我要超大号》 ……………… 211
    一、自我揭示型纪录片中的出镜采访 ……………………… 211

二、自我揭示型纪录片中的出镜报道 …………………………… 216
　　三、自我揭示型纪录片中的出镜评论 …………………………… 220

第七章　非新闻类节目的出镜记者 ……………………………… 225
第一节　生活服务类节目:《美食宝典——西施故里》………… 226
　　一、生活服务类节目中的出镜采访 ……………………………… 226
　　二、生活服务类节目中的出镜报道 ……………………………… 230
　　三、生活服务类节目中的出镜评论 ……………………………… 235
第二节　财经服务节目:《生财有道——乡情依旧》…………… 238
　　一、财经服务节目中的出镜采访 ………………………………… 238
　　二、财经服务节目中的出镜报道 ………………………………… 243
　　三、财经服务节目中的出镜评论 ………………………………… 251
第三节　社教节目:《边疆行——景洪》………………………… 254
　　一、社教节目中的出镜采访 ……………………………………… 255
　　二、社教节目中的出镜报道 ……………………………………… 260
　　三、社教节目中的出镜评论 ……………………………………… 263

参考文献 ……………………………………………………………… 267
后　记 ………………………………………………………………… 270

第一章　出镜记者概论

电视新闻现场直播一般是指在新闻事件的现场,把新闻事实的图像、声音以及记者对事件的报道转化为电视信号并直接发射的报道方式,它是最能体现、发挥电视传播特点和优势的新闻报道方式。在电视现场直播过程中,电视出镜记者充当着不可或缺的重要角色,彰显着主体的职责与功能。

第一节　出镜记者的界定

出镜记者是电视新闻事业发展的必然产物,电视新闻事业的发展促使行业内分工进一步细化,同时日益复杂的新闻现场也迫使记者频频出镜以满足电视受众更高层次的信息需求。

CBS(哥伦比亚广播公司)广播电台记者爱德华·R.默罗(Edward R. Marrow)于1940年9月21日发自英国的现场直播报道——《这里是伦敦》,一直被视为最早的新闻直播节目,爱德华·R.默罗(见图1-1)成为美国广播电视新闻直播的"开山鼻祖"。

图 1-1　新闻直播成就了爱德华·R.默罗

"我们必须找到自己做新闻的方式,我们要找到新的方式来报道新闻,要将新闻和新闻事件本身通过记者立刻传送给听众,传到他们的客厅里,让他们能同步感受到正在发生的事情……这是一个全新的事业。"[①]爱德华·R.默罗的同伴威廉姆·L.夏勒如此描述《这里是伦敦》给广播电视新闻报道注入的新观念,以及改变广播电视新闻传播方式的新途径。可以说,《这里是伦敦》开启了广播电视直播的新思路和新天地。

一、电视出镜记者的溯源

历史上第一位真正意义上的电视出镜记者应该要属美国哥伦比亚广播公司的丹·拉瑟(Dan Rather)。1963年11月22日下午,丹·拉瑟在肯尼迪总统遇刺不到10分钟的时间里,在电视上以突发新闻的方式报道了这一消息,这位时年31岁的记者一口气进行了17分钟的现场报道。尽管合众国际社才是最早向世界报道这一爆炸性新闻的媒体,不过绝大多数观众还是更加被生动真实的新闻现场所震撼,青睐于电视新闻记者的出镜。后来,丹·拉瑟成为美国最著名的记者型主持人之一。

自20世纪80年代,世界上出现第一家全天24小时播出新闻的有线电视网——美国有线电视新闻网CNN开创全球24小时新闻频道,开创了电视新闻的新时代,经过20多年电视媒体的迅速发展,电视新闻频道已成为国际媒体竞争的重要战场。电视新闻事业的发展,促使行业内分工进一步细化,电视现场直播中的重要角色——出镜记者逐渐崭露头角。出镜记者聚集的地方,也是名牌栏目诞生的地方。如美国的老牌新闻节目《60分钟》、日本NHK的《朝日新闻》、中国香港地区凤凰卫视的《时事直通车》等,这些栏目都拥有一大批个人特色鲜明、勇于创新的出镜记者。[②]

1992年10月1日《中国新闻》开播,记者高丽萍站在天安门广场向观众作现场报道。她告诉观众今年的国庆节有什么样的人来到广场,人们在做什么,人们的愿望是什么,天安门广场又发生了怎样的变化。这条长达三分钟的新闻,几乎没有什么解说词,基本上都是现场同期声,高丽萍的现

---

① 鲍勃·爱德华兹.爱德华·R.默罗和美国广播电视新闻业的诞生[M].上海:复旦大学出版社,2005:28.
② 熊唯,孙蔚,曾真.电视新闻出镜记者初探[J].当代电视,2006(06).

场采访一气呵成,如行云流水。从那时起,真正意义上的出镜报道这一报道形式开始在我国的电视新闻报道中出现了。1996年,随着中央电视台的《新闻调查》栏目的开播和发展,我国电视新闻报道中采用出镜记者逐步进入常态化。在随后的香港回归、澳门回归等大型的直播活动中,出镜记者成为现场报道中的重要组成部分。2003年7月1日,中央电视台新闻频道正式开播,引领了全国越来越多的新闻事件现场直播,也催生出了一批中国出镜记者。

与起步较早的西方国家相比较而言,我国的出镜记者比西方国家晚了近20年,不过现在已经被新闻从业人员大范围采用,并受到了普遍的欢迎。在我国电视新闻事业高度发展的今天,出镜记者成为万众瞩目的焦点。出镜记者是电视新闻事业行业分工进一步细化的产物。新闻记者的频频出镜,也是我国各大电视新闻媒体之间竞争激烈的表现,同时也满足了电视观众对新闻事件直接、快速、深入了解的高层次需要。

二、出镜记者的定义

对于现在的电视受众来讲,出镜记者这个概念可谓是耳熟能详。但"出镜记者"是个外来词语,我国的《现代汉语词典》《辞海》中对"出镜记者"没有明确的解释。在英文资料中,"出镜记者"原文为"On camera correspondent and reporter",直译就是"上镜的通讯员和现场记者"。其基本内涵和要求是:记者在镜头前通过连线,向演播室内的主持人或者向观众报告现场正在发生的新闻事实,向新闻当事人提出观众想提出的问题,并找出答案。[1]

明确清晰地给出镜记者下一个定义有助于该职业的专业化和职业化,有助于电视栏目的创新创优,也有助于有针对性地对这一特殊的记者群体作相应的选拔和培养。在朱羽君和雷蔚真合著的《电视采访学》中,有关出镜记者的定义是:"出镜记者是指在电视采访中出现在镜头里的记者和主持人。"[2]宋晓阳在《出镜记者现场报道指南》中,对出镜记者下的定义是:"在新闻现场,在镜头中从事信息传达、人物采访、事件评论的电视记者和

---

[1] 百度百科.出镜记者定义.http://baike.baidu.com/view/294814.htm?fr=aladdin.
[2] 朱羽君,雷蔚真.电视采访学[M].北京:中国人民大学出版社,2003:13.

新闻节目主持人(新闻主播)的总称。"①

以上两个定义都从出镜记者的性质和功能来进行概括和归纳,但是前者将出镜记者的工作范围仅仅局限在采访的环节上,对于出镜记者的具体功能和职责概括得不够全面;而后者的定义中将出镜记者仅限于新闻类节目中的记者和新闻主播,忽略了非新闻类节目的电视出镜记者,从而缩小了电视出镜记者的外延。其实根据出镜记者的直译,一些访谈节目和外景节目的主持人也可归入出镜记者一类,如中央电视台《面对面》栏目的主持人。《面对面》的嘉宾,也就是采访对象,一般都是当下的焦点人物,比如学雷锋的志士郭明义,或与重大新闻事件相关的关键人物,在节目中主持人与他们的沟通交流往往能传递给受众很多新鲜的信息。一些外景节目(如《美食宝典》)的主持人往往以记者身份出现,去探寻当地的美食文化和人文地理,同样能够进行信息的传递和观点的评述。

尽管出镜记者主要是以在新闻现场进行报道的电视记者身份存在,但本书为了更全面深入地探析电视出镜记者在镜头前的报道技巧和有效途径,将带有出镜记者性质的主持人也纳入研究对象的范围。因此,我们不妨将电视出镜记者定义为:在新闻现场或外景场地的报道中,能够引领电视镜头,从事信息传达、人物访谈、事件评论的电视记者和节目主持人的总称。出镜记者的定义主要包含以下几个要素:

第一,新闻活动现场或外景场地。这里所谓的新闻活动现场,既包括新闻事件发生的现场,如灾难发生的现场,举行各种仪式、庆典、重大活动的现场,还包括新闻当事人所在的现场。如将新闻当事人邀请到特定的地点进行采访,并通过电视镜头报道给观众。在新闻报道中常常邀请嘉宾进行演播室采访。而外景场地主要指为了达到节目播出的收视效果所选择的特殊场景,如旅游节目中出镜主持人所要介绍的旅游胜地等。

第二,通过电视镜头呈现。这个可以从"出镜记者"这个名词可以得来。也就是相对于一般的文字记者和广播节目中的记者而言的。因为要通过电视镜头直接向观众呈现,所以对记者的语言表达能力、外在形象及专业素养方面提出更高的要求。

---

① 宋晓阳.出镜记者现场报道指南[M].北京:中国广播电视出版社,2008:29.

第三,进行现场报道。这里的现场报道包括信息的传达、人物的采访、事件的评论。在电视新闻报道中,新闻播音员的作用是播报新闻信息;新闻节目主持人的作用是把握节目进程;出镜记者的作用则除了将新闻现场的最新信息以最快的速度传达给受众之外,还要链接新闻背景,点评新闻事件,因此,出镜记者的作用远远超过现场报道形式本身。

三、出镜记者的分类

任何事物的产生、成长到成熟过程,必然是一个分类逐渐细致、明确,各类特点逐渐明显,功能逐渐强化的过程。出镜记者的发展情况也不例外。现今,活跃在各大电视台新闻栏目的出镜记者由于所做节目不同,再加之个人素质和个人风格的差异,逐渐分化为不同类型的出镜记者。

对出镜记者进行分类有着十分重要的意义。第一,有助于不同类型的新闻报道选择不同类型的出镜记者。第二,有助于不同类型的出镜记者分类培养。第三,有助于我们更好地认识出镜记者发展的历程和发展的趋势。第四,有助于我们从各个角度、各个层面去研究出镜记者工作的特点以及出镜记者在传播过程中的地位、作用以及对受众的影响。第五,有助于出镜记者个人的成长发展。每个人的才能、学识、个人形象气质和特质总是难以涵盖所有的领域,一般在某一方面或某几方面较能发挥出优势。而出镜记者在长期的采访报道中,也积累了某一类型新闻的丰富知识,从而形成了最适合某类新闻节目的语言风格及非语言风格的特点。[①]

在对出镜记者进行类型划分时,首先要确定分类原则。就社会分工而言,可以从出镜记者的工作形态、报道形式、节目类型等方面作若干类型区分,而且出于不同的角度和标准,又可作些细分。

(一)按工作形态来分

我们借鉴《中国应用电视学》中提到的"四大类别"来对出镜记者进行分类,可以分为:第一种,独立型。出镜记者独立承担整个节目的采编播工作。第二种,单一型。出镜记者主要或仅仅从事话筒前的报道工作。第三种,参与型。出镜记者参与节目的采编播各个环节。第四种,主导型。出

---

① 胡霜霜.出镜记者研究[D].乌鲁木齐:新疆大学,2011.

镜记者是整个节目的策划者、组织者、采编者、体现者。[1] 我们可以这样认为,单一型的出镜记者是出镜记者的早期形态,也是发展不成熟时期的形态。出镜记者今后的发展趋势将朝着独立型和主导型的方向发展。即朝向记者作为节目的核心,记者负责制的方向发展。[2] 特别是全媒体时代对于出镜记者的主体性有更高的要求。

(二)按报道形式来分

还可以将出镜记者现场报道形式分为出镜记者独立完成型、出镜记者现场采访嘉宾型、出镜记者与演播室主持人问答型、现场体验说明型四种。

第一种,出镜记者独立完成型。指现场报道整个过程包括目击报道、事后总结,信息的传达者都由出镜记者一个人利用有声语言完成。第二种,出镜记者现场采访嘉宾型。指现场报道整个过程是以出镜记者采访相关人员作为信息传达手段,出镜记者与被采访人之间的对话是全部报道内容。第三种,出镜记者与演播室主持人问答型。指整个报道通过演播室的新闻主播(主持人)与身在新闻现场的出镜记者一问一答的方式来完成。第四种,现场体验说明型。要求出镜记者亲身深入现场,边体验边讲述评介的报道方式。[3]

(三)按节目类型来分

另外,根据新闻节目的类型来分,主要可以分为:时政类新闻节目的出镜记者、民生类新闻节目的出镜记者和娱乐类新闻节目的出镜记者。根据出镜记者报道的事件性质分,可以分为灾难报道中的出镜记者、常态情景报道中的出镜记者和预见性报道中的出镜记者。根据新闻录制的形式分,可以分为直播类新闻节目的出镜记者和录播类新闻节目的出镜记者。

第二节 电视新闻现场直播——出镜记者的主战场

要发挥电视的特性,需要我们充分认识和善于应用电视现场直播的传播方式。尤其是对那些最需要而且唯有电视现场直播才可能迅速、及时地

---

[1] 朱羽君等.中国应用电视学[M].北京:北京师范大学出版社,1993.6.
[2] 翟延峰.我国电视新闻直播中的出镜记者素养研究[D].开封:河南大学,2009.
[3] 王诗文.出镜记者[M].北京:中国广播电视出版社,2009:68-80.

展现事物发展过程和风貌的新闻事件,应不遗余力地使用电视现场直播,而非录播后播出的传播方式。① 只有电视现场直播在视听结合的基础上所带来的即时、新鲜、丰富、全面的新闻报道,才能给受众以真实、客观、权威的传播效果,真正让受众感受到"第一时间、第一现场"的震撼。

一、现场直播——电视新闻最大优势的体现

(一)现场直播的概念

所谓电视新闻现场直播,是以新闻现场的多机位拍摄、现场编辑、与卫星传播直接相连的实时报道系统,呈现出以现场新闻即时传送为主体,综合背景资料介绍,演播室串联、评述,记者现场采访等多现场切换交流的综合状态。② 这是最能体现和发挥电视新闻魅力和优势的一种传播方式。

电视新闻直播是相对于录播而言的。录播是指在新闻节目播出之前就摄录好完整的新闻节目录像带,并在预定时间播出的一种播出方式。相比录播,直播具有独特的优势和魅力。

(二)现场直播集中体现电视新闻传播的本质特征

首先,电视的媒介特性决定了直播是电视的本体特质之一。在事件发生的时候让观众直接感受到现场的氛围,与事件同步前行,是媒介的职责和功能所在。电视新闻现场直播能与新闻事件正在发生的现实做到基本上的时空平行,能够直接摄取新闻现场的形象、音响和环境氛围,将现场人物、事件作为传播符号同步制作播出,并在收视终端还原、延伸生活的视像、声音和新闻人物的心态、情绪及现场氛围等,保留运动的延续性、过程的可体验性和事件的不可预知性。所以说,电视新闻现场直播节目最充分地发挥了电视媒介的特性。

其次,现场直播节目能够最大限度地满足人们的共时需求。一般说,人都渴望在事件发生的同时共时感知,在过程中同步体验。当全世界的人都在为同一件事欢呼或悲恸,为同一个画面激动不已的时候,个体的生命便在与集体的交汇中产生了巨大的能量。因此,现场直播节目的出现既符合了人类自身的社会化天性,也满足了人类在传播中所追求的人性化审美理想。

---

① 吴信训.新编广播电视新闻学[M].上海:复旦大学出版社,2006:11.
② 石长顺.当代电视实物教程[M].上海:复旦大学出版社,2008:269.

正是人们对自身的审美理想和人性化传播的追求，促进了新闻现场直播这种节目形式的发展。这也是最初直播的内容多是体育竞技的根本原因，因为体育竞技非常视觉化，又能牵动人的情感。竞技场上一个精彩的进球或者一个美妙的动作，既能满足观众等待奇迹的愿望，又能满足观众崇尚英雄的审美心理。同步的魅力还在于能最大限度地满足观众的知情欲望，而这种满足还不是简单的先睹为快。从表面看来是新闻事件传播的时效性得到了最充分的体现，使观众在事件发生的瞬间即时了解情况。而更深层的原因是观众能得到最大限度的心理满足，即在第一时间拥有对信息的全部了解，于是便产生了观看现场直播的浓厚兴趣。

现代社会信息纷繁，人们越来越需要贴近信息源直接感知现场。CNN之所以独步24小时新闻播报领域达24年之久，固然有其时代因素，但它们对直播的高度重视——"24小时新闻直接播出、重大新闻事件尽可能现场直播、最新消息随时插播"——是其屹立不倒的奠基石。由于这种共时性，直播会给人们带来一些意外的惊喜和解读不可预知的愉悦。[①]

（三）我国电视现场直播三阶段

依据中央电视台的发展脉络，梳理我国电视新闻现场直播的历史，大体上可将其分为三个阶段。这三个阶段具有各自的鲜明特色，同时在这三个阶段中又形成了相互交叉的报道方式。

第一阶段(1958年—1993年)：文体和重大时政活动直播阶段。1958年6月19日，北京电视台使用日本在北京举办展览时留下的一辆二讯道转播车转播了"八一"男女篮球队和北京男女篮球队的友谊比赛，开创了中国电视直播的先河。在这一阶段中，最值得一提的是1984年中华人民共和国成立35周年盛大阅兵和群众游行的现场直播。但总体而言，这一阶段其实主要采取的还是我们传统意义上的实况转播，即将摄像机架在现场，将现场的情况单纯地反映给电视观众，鲜有深入的报道或评论。

第二阶段(1993年—1997年)：新闻栏目直播化阶段。这一阶段的主要标志是1993年3月1日中央电视台第一套节目新闻播出由4次增至13次，实现了整点播出、新闻直播和重要新闻滚动播出。

---

① 中央电视台研究处课题组供稿.现场直播：展示电视新闻魅力[N].中华新闻报，2003(05).

第三阶段(1997年—2006年)：以大范围、长时间、经常化的重大新闻事件直播为基本特征的直播常态化阶段。这一阶段主要标志是1997年中央电视台的一系列重大直播，先后直播了日全食、彗星同现苍穹的天文奇观，香港回归72小时直播，中共十五大开幕式，小浪底和三峡水利工程截流等，1997年因此被称为直播年。而2003年5月1日中央电视台新闻频道的开播，使直播以频道为保证，频道以直播为特色，成为直播常态化的标志性事件，也开启了直播常态化的新阶段。

近年来，我国各个省级电视台也在电视新闻现场直播方面加大了力度。以2003年改组成立的东方卫视为例，从2003年的"温家宝总理访美"到2004年"别斯兰人质事件""伦敦地铁大爆炸"，以及2005年的海啸灾情等，东方卫视凭借这些现场直播特别节目大大提升了自身的影响力。同时，以江苏电视台城市频道的《南京零距离》、南京台新闻综合频道的《直播南京》、安徽电视台经济频道的《第一时间》、重庆电视台《天天630》等节目为代表的民生类新闻节目，也把新闻现场直播的运用推向高峰。[①]

二、电视新闻现场直播的类型

从新闻事件类型来分，可以把现场报道划分为预测性事件现场直播、突发事件现场直播以及日常性现场直播三种类型。

(一)预测性事件现场直播

所谓预测性事件现场直播，是指对事先知道发生时间、地点、人物、程序等新闻事件的现场直播。[②] 此类现场直播会将事件发生的全过程予以报道，大众新闻媒体报道与事件同步进行。预测性现场报道方式较多地运用在大型活动、体育比赛的直播中，因为这类活动和赛事可以预知并事先做大量的准备工作。例如：中央电视台对香港回归、奥运会开幕式的直播报道及各种体育赛事的转播等。

(二)突发事件现场直播

突发事件可以分为社会性突发事件和自然性突发事件。突发事件

---

① 陈城.论现场直播在电视新闻中的作用[J].新闻大学,2007(03).
② 何志武,石永军.电视新闻采写[M].武汉:武汉大学出版社,2008:260.

的不可预见性给出镜记者进行现场报道增加了难度。由于突发事件难以提前准备,因此对于出镜记者的快速反应能力提出了更高的要求。如对非典、汶川大地震、甘肃泥石流等各种重大社会公共危机的报道以及在体育赛事中偶尔发生的双方队员斗殴事件、裁判误判、观众不理智行为的报道等都属于这一类型。

(三) 日常性现场直播

这是目前我国电视新闻节目出镜记者现场报道主要采用的形式。其表现形式是,在出镜记者作出简短的新闻导语之后,穿插事先拍摄完成的录像报道,即"小包"(或称为"罐头")。在电视新闻资讯节目和电视专题节目中常常采用这样的报道方式。

另外,按照传播方式来分,电视新闻直播又可划分为演播室新闻直播和新闻事件现场直播两大类。

三、电视新闻直播报道手法的日益完善

随着电视新闻报道理念的变革,新闻报道的方式和途径有了前所未有的变化。报道视角和报道手段的丰富多样,使电视新闻更生动、更贴近受众,从而更能实现电视新闻的传播价值。

相对于传统的先采后编再播出的方式,现场直播这种同步切换、同步播出的报道形式在报道手段上无疑是一大突破。同时,现场直播的出现无论是对新闻记者的报道技巧还是对电视台的综合技术水平都是巨大的考验。

(一) 直播形态的转变

电视新闻报道形态指电视新闻的"报道方式、报道方法、报道模式"。报道形态是电视新闻传播者实现传播目的的最基本手段,电视新闻形态设置的优劣直接关系到电视新闻的传播效果。

卫星通信技术的进步推动了电视新闻新的报道形态的产生,最具代表性的报道形态就是现场直播和卫星连线报道(SNG)。新闻现场直播在最大限度上体现了电视对人本质感知能力的延伸和扩展,最大限度地满足了人的共时感知天性。现在,以数字技术、网络技术和信息通信技术为代表的新技术的迅速发展更是为电视新闻带来了崭新的形态,呈现出"全景化、

互动化、个人化"的报道形态特征。① 现代直播报道中不但追求及时传真的画面信息,还融合了各种新技术的报道手法的运用,让观众不仅能看到现场的画面,还能够看到画面背后广泛的背景资料,最大限度地满足观众对信息量的追求。从某种意义上说,这种变化是电视新闻现场直播向新闻报道本体功能的一种回归,使现场直播真正具有了电视新闻报道手段的意义。

（二）报道题材的多元化

随着电视新闻报道事业的发展,电视新闻报道题材越来越广泛,关注的社会焦点开始从宏观层面转向微观层面。现场直播报道已从时政题材的直播转向对更广泛的社会题材的直播。电视新闻报道的题材开始向众多领域、向社会生活的多个层面延伸。

新闻直播报道关注的不再仅仅是国家大事,也开始关注普通百姓的生活和故事,尤其是以江苏电视台城市频道的《南京零距离》为代表的地方民生直播新闻节目风生水起,聚焦百姓话题、人间百态,深受观众的喜爱。

新闻直播报道的题材更是从可预见的各种仪式和活动,过渡到不可预见的突发新闻事件。北京奥运的全程直播报道,不仅带动国内电视新闻人的直播素养的提高,也为中国塑造了良好的媒介形象,而非典时期的新闻直播、汶川地震等突发公共事件的直播报道更是牵动了亿万观众的心,充分体现了电视媒体的责任与担当。

（三）报道方式的立体化

一方面,工作人员通过对报道点和机位的设计,对事件现场进行全方位、多角度的展示；另一方面,工作人员开始侧重于对新闻事件的立体化挖掘,不仅从横向上延伸新闻事件本身的深层次问题,也从纵向上对从新闻事件进行类比和分析,通过这些手段,形成对新闻事件的立体化报道。

"时间上的同步性,空间上的接近性,电视的现场直播通过视觉和听觉两个通道,使大众传播在螺旋式上升中出现一次复归,向电视的新闻本源回归。生动可见的电视图像,把人际传播中的心理沟通、情感互动、归属认同等基础特色,融入到大众传播之中,把新闻的客观真实性提高到了一个

---

① 董浩,陈小敏,田维钢.试论当今新技术的发展对电视新闻报道形态的影响[J].中国报业,2012（02）.

新层面。"①无论是新闻直播报道的技术实现突破,还是新闻报道手法和理念的更新,最根本的动力是受众本位在起作用,电视新闻的语态已经从高高在上的宣讲转变为平等亲民的对话。

第三节 出镜记者在新闻报道中的功能与价值

据有关资料显示,在美、英等发达国家,电视新闻的播出量达到电视节目总播出时间的三分之一以上。我国的有关调查也显示,人们收看电视的第一动因是想了解与自身有关的各种信息,分别有71%和58%的电视观众将国内新闻和国际新闻选为最喜欢的节目类型,电视新闻占据电视节目中的主体地位。其中,电视新闻直播报道又是新闻节目中收视质量最好的报道方式。

近年来,全球灾难性事件频发,电视新闻节目中的出镜报道量大幅增加。在日本特大地震新闻直播节目中,央视新闻频道派出出镜记者李卫兵、何润峰、顾雪嘉、张萌等报道团队赶赴日本地震第一现场,用镜头和话筒记录下了真实境况;在四川汶川大地震、青海玉树地震、甘肃舟曲泥石流的电视新闻报道中,大量的出镜记者不畏艰险、不辞辛劳地深入灾区现场。出镜记者不仅是电视新闻镜头画面内进行现场采访的记者,也是新闻报道现场的见证者、转述者和体验者,因为有他们的出现和参与,新闻事件的现场感更加强烈;也因为有他们的存在,新闻的真实性、可信度、深刻性大大提高。可见,出镜记者在新闻报道中具有不可替代性,既担当了重要的职责,又履行着重要的功能。

一、出镜记者的职责

记者是社会生活的瞭望者,在群众眼中往往是客观与公正的代表,是正义与良知的化身。出镜记者必须认清自身的职责,才能在新闻报道中用客观事实说服人,用正确的舆论引导人,从而担当起新闻媒体工作者的责任。

---

① 韩彪.现场直播——新闻改革的标尺[M].北京:当代中国出版社,2007:434.

(一) 当好把关人,将最接近事实的真相告诉受众

出镜记者是媒体的现场第一目击者,也是新闻现场报道的第一"把关人"。面对纷繁复杂的新闻事实,出镜记者必然要作出一定的取舍。

首先,出镜记者代表的是媒体利益。表面看是记者在出镜,其实也是其所在报道组、所在媒体在出镜。因此,出镜记者会按照媒体的意图对报道内容做出取舍。符合媒体利益的就多报道,不符合媒体利益的事实真相可能就被埋没。

其次,出镜记者会根据自己的判断和个性来取舍新闻内容。总的来说,这一群体在直播报道中的主体介入是不可避免的。这一不可避免的"把关人"身份就使得观众所看到的新闻有可能是贴近真实的,而非是绝对真实的,甚至可能是虚假的。每一个新闻工作者都是一个"把关人",但每一个优秀的出镜记者都会在遵守新闻政策的前提下运用各种途径将最接近事实的真相告诉给观众,当一个具有公信力的"把关人"。

(二) 把握好现场,不误导受众

李普曼的"拟态环境化"使得新闻客观真实与相对真实之间的矛盾显现。记者进入新闻报道画面,以目击者身份口述报道并采访,他们身处事件现场,可以更细致地看到、听到现场所发生的情况,切身感受到现场的氛围,这就便于他们掌握事件的走向。他们有时作为媒体的代表介绍事件时或强调或省略;有时又作为观众的代表,在现场截取一些值得深究的事刨根问底;有时又像观众的一个见多识广的朋友,提供一些现场的人与事的情况。

虽然出镜人是"现场"的外人,但由于他介入到现场中,就容易造成观众也可能在现场的幻觉。事件现场的记者把自己所处的世界和空间与观众所处的世界空间连接在了一起,打破了两个时空的界限,使观众"进入"到记者所在的现场空间。可以说,直播报道在一定程度上模糊了观看空间与事件空间彼此之间的界限。这种现场记者提供给观众的信息环境就是美国新闻工作者李普曼提出的"拟态环境"。

这样的环境是记者进行选择和加工、重新加以结构化以后向人们提示的环境,因此并不一定等同于真实的现场环境。而受众常常将这种拟态环境当客观环境对待,特别是在一些投入大量精力和人力进行报道的直播节

目中,现场记者大规模、高密度的宣传会左右观众的思考方式和思考内容,从而进一步左右他们对现实环境的态度。"拟态环境化"产生的这一矛盾需要出镜记者来调和。优秀的出镜记者应该能够很好地把握现场,不误导观众,不向观众传达冗余信息,而是将最接近真实的新闻环境展示给观众。

（三）挖掘富有价值的信息,满足观众对信息的心理需求

人们看电视,主要是为了满足自身对信息的需求,现场报道使人们满足了在第一时间接受信息的愿望。但在新闻活动的现场,新闻事件的发展是一个充满变化的过程,观众的心中会形成一种强烈的悬念感和欲知感。

而事实上,并非所有处于变动之中的信息都能受到观众的关注。传播学中的"使用与满足理论"认为,在某些时候,媒介的使用者在处理媒介信息时是有选择的、理性的。他们只愿意收看那些能够满足他们的需要,对他们有用的信息。换言之,他们在收看直播节目中,期待能看到具有新闻价值的内容。在新闻直播节目中,能够反映事件进程的是现场记者的报道,再有深度的主持人和嘉宾都只能够在记者报道的基础上进行深化。因此,新闻现场的事件是否有新闻价值或价值有多大只能靠现场的出镜记者去把握。

一些出镜记者由于经验不足,对新闻的敏锐度和观察度不够,不能真正把握观众心理,会导致观众对新闻价值的期待被"埋没"。而且在一些事件的变动过程中,出镜记者不能适应变化,不能迅速调整报道内容和报道策略,也会导致观众的期待"落空"。优秀的出镜记者能够凭借丰富的经验,迅速找到富有价值的信息,使观众对信息的心理需求得到满足。[1]

二、出镜记者的功能

电视记者的出镜报道,可以充分发挥电视所具有的传播及时、声画并茂的优势,以最快的速度向观众提供正在发生的现场新闻。出镜记者在新闻报道中充当着不可或缺的重要的角色,履行着多重功能。出镜记者的出镜报道一方面满足现代电视新闻报道的各种新闻诉求,另一方面也更好地凸显了电视新闻的独特性。

---

[1] 胡霜霜.出镜记者研究[D].乌鲁木齐:新疆大学,2011.

(一) 带领观众亲临现场

受传统的传播模式影响,人们更愿意相信人与人之间的传播,相信口耳相传。出镜记者的存在,使大众传播和人际传播合二为一。出镜记者以记者的身份出现在镜头前,就如同受众自身的另一只眼睛和另一个耳朵,去探求未知的信息。出镜记者的出现,以一种带领者的身份把观众带入到这一真实的现场中。记者通常以"现在是……""这里是……"等出镜语出现,向观众介绍事件发生的时间、地点、人物、现场状况等基本情况。这种带领式的报道方式使观众产生更强烈的现场感,增强了新闻报道的权威性、可信度、生动性。

(二) 增加报道的可看性和形象感

事件的发生在融入了人的参与后,往往显得更为生动和形象。记者在现场的报道,往往也会融入自己的情感和生理反应。出镜记者的存在,使原本冰冷的新闻报道融入了人文的关怀,渗透进了人间冷暖,使得观众的生理感觉和心理感觉,得到了最大限度的延伸。

在汶川抗震救灾的报道中曾有这样一段视频:记者李小萌在路上遇到一位执意要回家看看的老大爷,拗不过他的坚持,李小萌帮着扶起了扁担,说:"慢走啊,小心点,口罩戴上。"逐渐走远的老人好像突然想起了什么似的,回头向记者说了句"让你们操心了"。李小萌再也控制不住自己的心情,在镜头前掩面痛哭。这一次随机、适时、连续的采访,几乎没有后期编辑的痕迹,整个采访过程非常真实自然,没有任何矫揉造作。这段朴实无华的新闻播出后,许多人被新闻短片中灾区人民的坚韧和记者的爱心流露感动得热泪盈眶,出镜记者李小萌在这则新闻中的本色报道给人们留下了深刻的印象。

出镜记者现场报道的出现,使新闻现场的信息传输更加通畅,新闻传播者与受众的距离缩短了,新闻记者作为能动的信息渠道,可以灵活地调动新闻导语、电视画面、新闻配音、同期声等新闻要素,以出镜记者为中心,把这些信息渠道编排和组合起来,做到相互补充、相互映衬,增强新闻报道的可看性与形象感。[①]

---

① 戴丽岩.浅谈出镜记者在电视现场报道中的作用[J].新闻界,2008(10).

（三）出镜记者使现场信息更加系统化、条理化、秩序化

由于技术的进步，电视呈现高质量、高效率的画面已经不再是一件难事。但是面对如此庞大的新闻现场信息，如何使观众不至于眼花缭乱，不至于在一篇新闻报道后却不知道这则消息主要的突出内容是什么，出镜记者就是解决这一问题的重要环节。

尤其是随着近几年"出镜记者中心制"的管理方法在电视新闻中的运用，出镜记者的这种作用愈加明显。在这种制度下，整个拍摄团队由出镜记者统一领导，统一安排，朝着共同的报道目标努力和工作，避免了报道的一盘散沙的状况，使得整个新闻报道的现场信息丰富而不乏系统化、条理化和秩序化。

（四）引导和升华主题

新闻是对事件真实的展现，用事实说话的同时，对有关新闻事实和社会现象做出判断和分析，这在电视新闻报道中也是必不可少的。通过上段的分析，我们可以看出"出镜记者中心制"使得电视新闻的现场报道更加条理清晰，符合逻辑性，观众在接受这些信息符号的时候更容易理解这一新闻事实发生的原委。在整场报道之中，再加上出镜记者对这一新闻的简短的综述和评论，对报道就起到画龙点睛的作用，报道的主题得以明确和升华。

总体而言，出镜记者犹如电视台在新闻现场的一只"眼"，对受众来讲，出镜记者也是受众在现场的一只眼。麦克卢汉曾从人和媒体的关系出发，把媒体分为冷媒体和热媒体，而电视被归到冷媒体这一范围。麦克卢汉之所以把电视归到冷媒体之中，是因为他认为人在观看电视的每时每刻，需要不断地深入到电视所呈现的画面之中，需要动用包括触觉、嗅觉等全方位感官的全动员式的参与，才能完成受众对电视节目的接受和理解。

而在电视新闻中，出镜记者在新闻现场带给我们的报道在一定程度上解决了这个问题。出镜记者对现场的所见所闻所感所思俨然影响着受众的接受程度和新闻事件的传播效果。更为重要的是，出镜记者满足了受众想要亲临新闻现场的心理需求，出镜记者代表观众去感受真实。出镜记者并非是介

于新闻和受众之间的第三者,而是电视新闻报道整体的有机组成部分。[①]

同时,出镜记者在电视新闻中所发挥的巨大作用只是相对的,新闻直播报道的效果与出镜记者的基本素养和能力紧密相连。优秀的出镜记者应该具备哪些基本素养?只有明确了出镜记者的培养方向和目标,才能培养出优秀的出镜记者,才能更好地发挥出镜记者的作用。

第四节 出镜记者的基本素养和能力

现场报道作为现代电视新闻最有生命力的呈现形式,以其快速的时效性和鲜活的表达方式,把观众带入新闻第一现场,给人以身临其境的感受。出镜记者作为现场报道中的灵魂人物,在现场报道中有着举足轻重的作用。

在电视新闻报道中,出镜记者有的直接面对镜头作报道,有的与采访对象面对面交谈提问,有的作为新闻事件的调查者深入现场……应该说,电视新闻的成功与否,同出镜记者在现场的采访、报道与表达有着直接的关系。出镜记者的素养和能力在很大程度上决定了现场报道的整体质量。

一、出镜记者需具备的基本素养

一名合格的出镜记者,要想更好地发挥电视及时、客观、形象的传播特点,必须具备良好的业务素养,既要能够准确把握电视传播规律,又要具备很高的新闻素养。同时,除了掌握一定的专业知识外,还应广泛涉猎政治、文化、经济等各个领域。电视新闻出镜记者的素质要求应当包括以下四个方面。

(一)政治素养

任何一个国家、政党的电视媒体都有其政治立场、政治主张。任何一个电视机构都会受到社会、阶级、文化、民族等因素的制约和影响。我国新闻媒体作为党的喉舌,必须坚持正确的舆论导向。出镜记者必须要有比较高的政策水平,具有很强的政治敏锐性,树立高度的政治责任感。

国外的许多电视机构都对记者在政治素质上提出了要求。美国全国

[①] 王卡.出镜记者在电视新闻的作用[J].时代金融,2011(10).

广播公司(NBC)在对暴力骚乱情况的报道上,要求记者重视对发生原因的了解。为了全面说明所发生事件的事态,记者必须尽可能地研究发生骚乱的那个城市局势变迁的历史,其民族社团组织情况和民族关系史,各界人士和社会团体对骚乱发生原因的看法。这些规定可见其对记者的政治素质的要求。①

在我国,电视新闻媒体的主要任务是宣传党的政策、方针,教育、鼓舞激励人们投身到国家的各项事业中,为国家的发展建设作应有的贡献。作为电视出镜记者,必须认识到电视新闻在党的整个宣传工作中的重要地位和功能。电视能够最迅速、最广泛、最直接地把党的路线、政策、方针贯彻到群众中去;电视也是反映民意民情给政府的重要渠道。因此,从某种意义而言,电视记者构架起沟通党和群众的桥梁,起到上传下达、维护社会和谐安定的重要作用。

社会责任感是记者政治素养的另一个重要内容,记者在采访报道中批评什么、赞扬什么、肯定什么、否定什么都具体反映出记者的社会责任感。新闻现场中出现的各种情况会十分复杂,出镜记者要具备很强的辨识能力,能准确认识新闻事件的性质,找到新闻事件的最佳报道角度,对于哪些能报、哪些不能报必须要有一个明确的判断。在纷繁复杂的线索中能快速抓住事物的本质,抓住事件的焦点,这样的报道才会有分量,才能产生较大影响力。

《新闻调查》的著名出镜记者柴静就是一位具有强烈社会责任感的电视记者,她曾坦言:"关注弱势群体是记者的一项使命,我要把对人的关注,延伸到那些被忽视的角落。"从"非典"等公共危机的报道,到对同性恋、家暴、青少年网瘾等社会事件的追踪调查,柴静始终以"记者需要以旁观者的方式去冷观社会,记者更需要有承担责任的抱负与勇气"来激励自己。②

总之,电视记者的政治素养是多方面的,它体现在记者每时每刻所做的具体的新闻报道工作中,需要日积月累的长期培养。同时,电视记者也时刻受到公众和社会的监督,记者要想胜任本职工作,一定要具有良好的

---

① 何志武,石永军.电视新闻采写[M].武汉:武汉大学出版社,2008:279.
② 新闻大学编辑部.掘地三尺挖出湿漉漉的新闻——《新闻调查》记者柴静访谈[J].新闻大学,2009(06).

政治素养。

(二) 新闻素养

出镜记者在进行现场报道时往往要对新闻事件进行即兴报道,并且发表自己的个人评论和见解,这对出镜记者的新闻素养提出极高的要求。要培养出镜记者良好的新闻素养,应该从以下四个方面着手。

1. 掌握新闻业务理论知识

作为合格的出镜记者,新闻业务理论知识是应该具备的最基础知识。通过现场出镜报道,让即刻发生的新闻,非常全面地在第一时间传递给受众,引导受众了解事件发生的时间、地点、起因、过程以及处理的结果,这就要求记者在现场出镜前,事先收集好信息,对事件发展有独特的判断,因此,新闻业务基础理论知识是重要的前提条件。

同时,长期从事一线工作的记者如果不能及时更新和吸收新的理论知识,往往会出现思路枯竭、工作激情减退等问题。一个栏目应该常变常新,记者也同样要站在世界新闻的前沿阵地,多去学习,多去了解,多去充实自己。优秀的国外电视节目模式、新锐的电视新闻理念对于一线的新闻工作者有重要的实践指导意义和借鉴价值,往往能开启新闻工作者的新思路,点燃新的工作激情。

2. 具有较强的新闻敏感

出镜记者必须做到有最起码的新闻敏感,对现场的描述、提炼甚至是评论这是每一个记者应该具备的最基本的职业素养。在现场报道中,通常出镜记者手中没有事先准备好的完整的稿子,大多是即兴地对预知性新闻事件或正在进行中的新闻事件进行报道。这种突发的新闻报道,就需要记者具备很强的新闻敏锐性。

出镜记者必须具备发现新闻线索的捕捉能力,要善于观察、善于发现,才能使报道更有说服力和感染力。央视《东方时空》记者在2004年重庆氯气泄漏事故的出镜报道中(当时是事发后第三天):出镜记者随着居民陆续返家,记者说:"目前,这个地区的空气质量已经有了明显的改善。"忽然,记者的手往空中一指:"看,连小鸟都回来了。"摄像机马上摇向树上,果然,有几只小鸟在唧唧喳喳地叫。① 这样的出镜报道就能表现出记者对于新闻主题的深刻理解和快速的反应力,这几只现实生活中的小鸟比其他的解说词都更具说服力和形象感,能够给观众留下更加深刻的印象。

3. 采访情感的把握

新闻是客观理性的,但是在现场的出镜记者的所见所闻却都是活生生的事实、活生生的人物。每一个人都有着自己的思想感情,再理智的人和新闻事件比起来都是感性的。所以,出镜记者在报道新闻时,既要体现出职业身份,也要适当地融入个人情感。

柴静素以冷静、理性著称,而在《新闻调查——以生命的名义》的一次采访中,面对男同性恋者的妻子,她眼里含着泪水,轻声地说,"我很同情你的婚姻经历,从你的描述中,我也可以想象你丈夫的内心挣扎,他也一定过得很痛苦。"

这期节目中表现了记者不失理解和同情之心。柴静将诚挚的情感融入采访中,不但没有削弱新闻的价值,反而更好地体现了新闻的人文关怀,使节目更有"人味",也更有说服力。当然,情绪的表达一定要和现场的环境气氛相融合,决不能形成反差,否则会引起观众的反感。

4. 培养良好的提问方式

记者在做现场出镜报道时,一定会涉及与新闻人物的对话、采访和交流。那么,这就要求出镜记者对于新闻事件的了解要比较深入全面,除了自己的表述部分外,还要设计好层层深入、抽丝剥茧、能够深入新闻事件内核的问题,让新闻人物的解答能够清晰明了,直入主题。同时,出镜记者的问题应站在观众视角,满足观众最迫切的需求。

(三) 心理素养

良好的心理素养是衡量一位优秀出镜记者的基本标准。那些对新闻事业充满浓厚的兴趣、对新闻理想怀有激情、遇事冷静沉着,并有着自信乐观人生态度的出镜记者,往往才能有良好的出镜报道效果。

1. 兴趣

"兴趣是最好的老师",兴趣往往能够产生事半功倍的效果,对于出镜

---

① 来源于电视新闻节目《东方时空——重庆氯气泄漏事故》。

记者也不例外。一个好的出镜记者一定要对每一个新闻事件都有极大的兴趣，如果出镜记者对自己所要报道的新闻事实毫无兴趣可言，那这位记者所报道的新闻便只是在陈述新闻事实发生、发展的经过和结果，并没有真正融入新闻事件当中，更不能在新闻事实之外有所收获。因此，出镜记者必须要时刻培养自己对新闻事件的浓厚兴趣。

2. 激情

有激情才会有动力，有动力才能有行动。一个好的出镜记者，一定要能够快速地认识到并且能够积极地调动周围一切因素来感染和影响观众。记者本身就要喜欢"采访"这种随时有信息注入的工作，最重要的是要享受这种现场报道的形式。只有这样才能够在各种情况下自觉地利用周围的一切因素，点燃激情，充实报道内容，更好地为自己的报道服务。

3. 冷静

出镜记者一定要学会在新闻现场控制个人情绪。因为出镜记者每天不知道会遇到什么样类型的新闻，也不知道会在新闻事件过程中又遇到什么样的具体情况，所以出镜记者一定要做到冷静地对待任何一件已经或者是可能发生的事情。比如说遇到车祸、灾难等特殊现场，记者不能在镜头前表现恐慌、惊吓的情绪。再如喜庆的场合时，也不能过分兴奋。相反，要头脑冷静，在最短的时间内，安排最佳出镜节点，保证语言逻辑的通顺，对新闻事件作出有深度和力度的陈述和评论。[1]

4. 自信

电视记者需要经常出镜，出镜很重要的一点就是要看这个人底气足不足，有没有足够的气场来吸引观众。如果连这点吸引力都没有的话，显然鲜有观众来关注那则被报道的新闻，无疑将是一次失败的新闻报道。想要有较成功的新闻采访，必须要由内而外散发出一种强烈的自信，对自己有自信的人不论在群众中还是镜头前都不会怯场，而且还对观众有着一股强烈的吸引力，吸引观众收看他报道的新闻。

（四）身体素质

电视记者的工作强度大，对于记者身体素质的要求很高。为了达到

---

[1] 曹宇.尚颖.出镜记者应该具备的职业素养[J].新闻传播，2013(05).

"第一时间,第一现场"的直播效果,电视出镜记者往往是第一个冲向战争、灾难、危险的人,经常面临着生命和体力的考验。因此,电视出镜记者必须要有强健的身体。

出镜记者只有具备了健康的身体,才能保证良好的工作状态,才能更好地投入到新闻报道工作中,才能在镜头前更好地呈现出良好的精神面貌与敏锐的新闻气质。反之,则很难胜任出镜记者的工作强度与压力。可以说,良好的身体素质是工作运行的基本前提。

二、出镜记者需具备的专业技能

电视新闻报道是以理论为先导,偏重实践的工作,要成为一名优秀的出镜记者,必须具备过硬的新闻专业技能。出镜记者需具备的专业技能主要包括以下五个方面。

(一)良好的出镜语能力

出镜语主要是指在出镜的环境下,出镜记者自己对语言、动作和表情等方面内容的组织,概括来说出镜语主要包括有声语言和体态语两部分。出镜语不论是对新闻主题的深度化、广度化,还是形象化与深度化,都具有很大的影响。

一方面,出镜记者必须具备较强的语言组织能力。出镜记者做报道大多需要现场口述。在没有更多时间让你反复推敲字句的情况下,要求记者有较强的口头表达能力。口齿清晰、表达流畅、会说一口标准的普通话、让观众一听就明白,这是出镜记者应该具备的起码条件,出镜的记者必须不断提升知识结构和口头表达能力以适应不断发展的电视事业的需要。

在任何一篇新闻采访的报道中,记者都必须要能够组织自己的语言向观众报道自己所采访到的内容,然而作为一名出镜记者,要做的不仅仅是要报道一般采访内容,还必须用生动并且不失客观的语言来描述展示在观众眼前的画面和场景,特别是在电视新闻中出现移步换景的镜头时,记者要时刻根据当时的情境来报道,而报道的内容不仅仅包括当时的场景、画面以及新闻背景,还要包括记者自己的想法等等。

不仅能说,更要会说,每一句话都说到点子上。预知的新闻事件的报道中,先说什么,后说什么,句子怎么组织,用哪些话语最合适,怎么样表达才能符合报道的主要思想等,都是记者在出镜前应该准备的问题。而有些情况,出镜记者往往是来不及思考和准备的,能在突发的新闻事件中做到即兴的口语表达,这就要求出镜记者要时常练习打腹稿的能力,多进行现场报道的训练。

电视上我们经常看到记者出镜时运用"我现在位于某某地""我身后正在进行某活动"之类的固定模式,这样的出镜往往会让观众感觉呆板生硬。记者出镜语的使用应多尝试出新出奇,才能吸引和打动观众,才能更好地体现电视新闻的形象性和生动性。1993年荣获中国电视新闻一等奖的一则报道中,就有一段很经典的出镜语言:"各位观众!我们现在是在欧洲一万米的高空,作为主持人,我有幸主持并向大家报道一场别开生面的联欢会。此时此刻是葡萄牙时间午夜12:30,北京时间7:30,葡萄牙在静静地熟睡,北京在悄悄地苏醒。刚刚结束了美国、古巴、巴西、葡萄牙四国之行的江泽民总书记与随行人员正用歌声、笑声洗掉十几天积下的疲劳,带着友谊飞向北京。"虽然这是一段时政新闻的报道,却用一种新颖的拟人化手法准确交代了时间、地点、人物、事件等新闻要素,语言的运用既形象又生动,极富现场感染力。①

另外一方面,出镜记者的肢体语言表达能力也是出色完成新闻报道的重要辅助条件。为了确保电视新闻的严肃性和客观性,记者通常在镜头前不会表露出夸张的动作,但是出镜记者会借助一些自然的面部表情或者适时的肢体语言,来进一步增强与采访对象和观众的沟通与对话,以更好地配合口头语言的表述,促使出镜采访能够更加顺畅有感染力。

由于电视是以声画结合的语言符号进行叙事表意,记者的每一个动作,甚至每一个眼神都在观众的密切注视中,处在新闻现场的记者不仅需要良好的语言组织能力,还需要给人们留下良好的印象。出镜记者要尽可能地避免自己的一些不良姿态动作习惯出现在屏幕中,而且要对自己的外在形象——如着装、面貌、神态等有较准确的定位。一般而言出镜记者应该根据采访环境的变化来确定自己的不同着装,使自己的仪态能够与新闻报道的环境相吻合,以满足不同场景的需要。

---

① 耿丹丹.浅析重大事件中出镜记者的出镜语和角色意识[J].时代报告,2011(12).

（二）新闻现场的应变能力

出镜记者对新闻现场的应变能力，能够集中体现出镜记者的综合素质。新闻每天都会发生，在不同的时间、不同的地点，不同的人会发生不同的事情。所以，出镜记者一定要能够驾驭新闻现场，不断学习、思考，不断增加自己的知识储备和实践机会以应变突如其来的新闻现场，整合现场的所有信息资源，发出最精彩的新闻报道。

出镜记者在现场，往往会采取一问一答的方式来了解现场的情况。在这一问一答中，记者会得知许多信息和线索。其实，这看似一问一答的简单方式，最能从中体现出出镜记者对信息的整合能力和对现场的驾驭、把握能力。

作为出镜记者，要有敏捷的思维，能根据新闻现场发生的变化及时组织语言进行评述，要有很强的语言逻辑性，要保证在新闻现场说的话能直接用到节目中。出镜记者应具备较强的现场即兴发挥的能力，不能仅囿于既有的报道方案。当现场出现了极具新闻价值的事件，无论事先有没有准备都要抓住不放，迅速将其纳入报道之中。遇到这种情况，要在很短的时间里处理好新事件与原有报道计划融合的问题，考虑好新内容放在哪一部分比较合适，是增加报道素材还是替换原计划的素材，尽可能地保持现场报道结构的连贯性和逻辑的合理性。

（三）敏锐细致的洞察力

电视新闻的直观性给了观众很好的视野，再加上出镜记者详细的报道，基本上可以让观众从记者所报道的新闻中获取自己关注的信息。可是新闻之所以成为新闻，从时间上讲必须具备时效性，从现实上讲必须具备真实性，这两点都由客观因素占领着主导地位，而新闻的第三个特性就是从价值上讲要具备可读性，这样，记者应具有很强的主体性，才能更好地胜任工作。一名出镜记者要使自己所报道的新闻相比其他新闻或者同类新闻更具可读性，可以从细节入手，至于如何发掘细节，当然是靠记者细致敏锐的洞察能力。这种洞察能力包括对场景细节的把握，观察一般人所忽略之处，还包括对被采访者神态、行为甚至眼神的拿捏，让细节来深化自己的采访，不仅更能掌握气场，把握主题，而且更能抓住观众的心，使记者在镜头前能表现得游刃有余,从而完成一次成功的采访。①

2008年中央电视台的汶川地震直播活动,在呈现重大新闻事件的同时,也是对新闻工作者的一次检阅。由于事件的突发性、直播时间的延续性、直播内容的不确定性,记者和主持人临场发挥的空间非常大,这对于他们的话题操控能力、临时应变能力是极大的考验。其中,出镜记者张泉灵凭借良好的职业素养被公认为"一线最勇敢的女记者"。张泉灵有主持人的经验和口才,也有电视记者对现场出色的观察力,她的报道因以自己的视角展现了一个真实的地震现场而生动感人。

在《张泉灵徒步9小时回到都江堰大本营》的报道中,都是她耳闻目睹的亲身见证。在乘坐成都军区飞机到卧龙返航时,张泉灵告诉观众一个细节:在飞往成都的半小时中,幸存者沈培云紧紧握着军医的手,一秒都没离开,"沈培云搞不清是谁救了他,但他有一点是清楚的,只要看到穿绿军装的人,就是亲人"。敏锐的观察、细节的力量、画龙点睛的点评都给现场报道增添了很强的感染力,难怪网友一致评价她为"地震中真正的记者"②。张泉灵借助敏锐的洞察力找到了新闻事件中的关键点和动情点,从而增强了报道的感染力。

(四)团队协作能力

所谓团队协作能力,是指建立在团队的基础之上,发挥团队精神、互补互助以达到团队最大工作效率的能力。③ 对于团队的成员来说,不仅要有个人能力,更需要有在不同的位置上各尽所能、与其他成员协调合作的能力。

电视新闻报道具有特殊的工作方式,一般情况下,日常的电视新闻报道需要主持人、记者、编导、策划、摄像、灯光、后期编辑等各大工种的配合与协作才能完成。在各种电视采访类型中,不同工种之间的合作直接决定电视新闻节目的质量。特别是直播报道中,出镜记者和现场编辑、摄像师、录音师、灯光照明的有效配合是节目成败的关键。这就要求电视出镜记者必须具备协同作战的能力和分工负责的工作作风。

---

① 柳博.电视新闻记者如何做好镜头前的采访[J].新闻传播,2013(05).
② 赵静.试论出镜记者在现场报道中的重要作用[J].湖南大众传媒职业技术学院学报,2010(02).
③ 百度百科. http://baike.baidu.com/view/3155527.htm?fr=aladdin.

（五）形象画面思维能力

从某种意义上而言，出镜记者是电视媒体的代言人，其行为举止不仅是个人行为，因此出镜记者要注意在公众面前的形象，服装、举止、仪表等要大方得体。特别是要与所报道的新闻事件的环境相吻合，应根据年龄、身份、场合等因素来选择恰当的服饰，要将自己融入新闻环境中，根据现场情况调整情绪和语速，以感染电视机前的观众。因此，出镜记者必须有很强的形象画面思维能力。

电视现场报道主要通过画面来报道事实。在文字新闻中，时间、现场、细节、人物的表情，都需作详细的描写，在电视新闻中则可以运用特写镜头和丰富画面来呈现。出镜记者作为画面中的重要主体，必须要有很强的镜头感和现场感，要达到形象画面报道的要求，出镜记者在采访时必须在头脑中强调画面意识。以中央电视台体育频道关于2008年北京奥运会开幕式的现场直播报道为例，在开幕式即将开始时，体育馆现场记者的现场出镜报道的画面中，观众可以在记者身后的背景画面中看到高高矗立的火炬台、体育场上空悬挂的钢索，记者身着鲜艳的衣服，脸上洋溢的兴奋表情等，这些细节使报道更加形象生动。

第二章　调查类电视新闻节目的出镜记者

调查类电视新闻报道指的是一种"更为详尽、更带有分析性、更要花费时间的报道",因而它有别于日常的大多数报道。调查性报道的目的在于揭露被隐藏起来的情况,其题材相当广泛,涉及人类活动的各个方面。[①]

调查类报道最早出现在 19 世纪末 20 世纪初的美国,20 世纪 60 年代盛行于整个西方国家。目前,它已和解释性报道、客观性报道一起,构成了西方国家新闻报道的主流。在我国,调查类报道是在 20 世纪 80 年代出现的,主要在平面媒体中萌芽并发展。后来,电视媒体的突飞猛进,在众多形式的电视新闻报道中,由于调查性报道能深入事件的内核,具有典型性的特点,又常常涉及相关政府部门的决策,再加上电视新闻的直观性,当事人现场说事,使得调查类新闻报道在电视新闻中越来越受到关注。[②] 目前国内各大电视媒体的调查类新闻节目越来越丰富,其中最具代表性的是中央电视台的《新闻调查》栏目。

《新闻调查》开播于 20 世纪 90 年代,当时中国电视媒体的发展呈现出三大趋势,对此专家用三个走向进行了概括:走向娱乐、走向财经和走向调查。而"走向调查"的标志性事件就是 1996 年 5 月 17 日中央电视台《新闻调查》栏目的创办。该栏目被定位为一档"以记者的调查行为为表现手段、以探寻事实真相为基本内容、以做真正的调查性报道为追求目标,崇尚理性、平衡和深入的精神气质"的栏目。在中国社会发生重大变革的时候,《新闻调查》注重研究真问题,探索新表达,以记者调查采访的形式,探寻事实真相,追求理性、平衡和深入,为促进和推动社会和谐进步发挥着点点滴滴的作用。[③] 栏目制片人张洁曾经这样来阐述《新闻调查》的栏目文化:"做

[①] 密苏里大学新闻学院《新闻写作教程》编写组.新闻写作教程[M].北京:新华出版社,1986:93.
[②] 范莉.电视新闻调查类报道浅谈[J].新闻前哨,2010(10).
[③] 百度百科.http://baike.baidu.com/view/1425880.htm.

'调查'的人,对社会有种责任感。此外,还有理性、平衡,不是为了制造轰动效应去做节目,必须符合专业理念和道德规范。"[1]作为新闻调查类节目的记者,必须具备很强的专业能力和很好的职业素养。

经过十多年的发展,《新闻调查》业已成为备受观众喜爱的品牌栏目。《新闻调查》的成功在于关注"正在发生的历史"和"新闻背后的新闻",对新闻事件展开了多层面、多角度的深度、全面、立体的调查,并且将这一系列的新闻调查过程化、故事化、情感化。本章选择《新闻调查》常用的目击式、回顾式和探索式三种报道方式,分析调查报道中出镜记者的行为特征与报道效果。

第一节 目击式报道:《江西抚河唱凯堤决堤之后》

"目击式"报道是日本共同社在20世纪40年代倡导的一种新闻报道方式。"它强调记者要深入新闻事件发生的现场,以观察为主要采访手段,采用时空交错的结构形式,通过描写记者的所见、所闻、所感,再现新闻事件发生、发展的全过程。"运用"目击式"报道手法完成的新闻被称为"目击式新闻",又称"目击新闻"。[2] 目击式的报道方式一开始主要用于报纸等平面媒体,后来沿用于电视新闻报道。

目击式报道作为一个新闻学术语,在《新闻传播百科全书》中是这样阐述的:记者对自己突遇的事件所作的观察性的新闻报道。目击式报道的写作强调纪实性、客观性,着重表现记者现场观察到的事实情况,并以记者观察的顺序来描述事实过程,记者一般不直接表达自己的主观感受。[3] 我们以《新闻调查》之《江西抚河唱凯堤决堤之后》这期节目为例来分析目击式报道的采访特点、报道形态与评论技巧。

一、目击式调查报道中的出镜采访

由于目击式报道往往是报道不可预知的新闻事件,因此需要记者时时

---

[1] 张志安.新闻调查的八年之"痒"——访中央电视台新闻调查制片人张洁[N].中国新闻出版报,2005—8—01(2).
[2] 百度百科.http://baike.baidu.com/view/283238.htm?fr=aladdin.
[3] 邱沛篁,吴信训,向纯武.新闻传播百科全书[M].成都:四川人民出版社,1998:131.

有"临战"的采访意识,在社会生活中随时准备捕捉有新闻价值的突发性事件。此外,记者要有日常观察思考的习惯,特别对近期人们日常生活中出现的新现象、新问题有敏感性,能预计到一些可能再次发生的情况,作好思想准备以便及时抓住这样的机会。记者还要善于充分利用各种人脉资源,通过及时获得突发性事件的新闻线索,尽快赶赴现场采访。

目击式调查报道中的出镜采访都是在新闻事件发生的现场进行的,要完成现场的目击式报道,必须建立"我在场"的现场采访意识。所谓的现场意识,是指电视新闻工作者在报道时要有"我在场"的观念,要充分展示事件现场的情况,要善于现场发现和捕捉信息。① 在对突发性新闻事件进行目击式报道时,记者只有建立很强的现场意识,才能顺利出色地完成采访任务。

(一)出镜采访中的现场观察

一位资深媒体人曾经说过:"眼睛像一架自动摄像机,随时随地摄取瞬息万变的生活场景。"记者看重眼睛的作用,因为眼睛是记者获取新闻事实的最直接的"摄像机",对于任何记者,眼见为实,没有对事件的亲自观察,很难在记者心里留下深切的印象。② 在这期节目的报道中,记者的眼睛无时无刻不在发生作用:观察记录了以下一系列重要的场景。

图 2-1 记者杨春坐在救援艇上进行现场报道

场景一:在洪水灾难中,救援艇的巡逻是必不可少的重要工作和任务,记者随着救援巡逻队一起深入水灾现场(见图 2-1),与灾民一同感受灾难

---

① 叶子.现代电视新闻学[M].北京:中国广播电视出版社,2005:9.
② 赵凡.现场采访的三个核心因素[J].报刊之友,2002(04).

带来的满目疮痍与内心的巨大痛苦。

表 2-1　记者随巡逻队一起进入水灾现场采访的场景

序号	画面	声音
1	画面是一片汪洋,几十艘救援艇在参与巡逻。	解说: 25日上午,舟桥营官兵还要进唱凯镇的各个村子再巡逻一遍,记者也随他们的冲锋舟进入洪水中的村庄。
2	记者坐在救援艇上,身穿救生衣,背后是滚滚洪水,神色十分严肃而认真。(单独出镜) 画面呈现的是小镇被洪水围困的惨状,不少居民站在自家2楼的天台上等待救援。有些受灾不是很严重的居民来到大门口,等待安置。	记者同期声: 此时此刻,你可能刚刚吃过晚餐,或许正准备和家人一起去散个步,也许还准备看一场精彩的足球比赛,但是也就是在这个时间,很多人的家园已经在洪水中被浸泡了很多天,他们就是江西抚州的10余万受灾群众。
3	记者深入一位居民家中,亲身体验洪水的深度。	同期:还有这么多人啊?那我们一起去看一看。 同期:看看,看看。 记者:可以看到,我们进到这户人家的堂屋里面,水深现在仍然有小腿这样深,可以想象当时的水有多深!
	旁边的老大爷走上前,和记者简单地描述了当时的水深。那位老大爷提起当时的情况表情依然慌张。	记者:当时的水最深有多深啊? 村民:浸到这里了。 记者:一直到这里吗? 村民:嗯,浸到这里了。 记者:哎哟,那是太深了。是不是堂屋里的东西已经好多都转移了? 村民:都转移到楼上了。 记者:好了,走,去楼上看看。

记者在节目中的每一次出镜并不是随意而为,都是为了报道的需要。记者出镜的介入方式既要讲究时机,更要讲究效果。记者杨春在与救援队进行搜救时,选择了一个绝好的时机进行了单独出镜,这样的出镜状态无

疑突出了记者的主体角色和主体话语,暗示记者正在引导观众对灾区进行近距离的了解和观察。

图 2-2　记者杨春亲自蹚水进入受灾村民家中,进行体验式采访

而后,杨春亲自走入洪水之中,对洪水的深度有了一个直观形象的展示(见图 2-2)。在这里记者的一举一动不仅成为现场重要的信息源,这样的主体行动也在传达这样一种信号——记者与被采访者处于一种平等对话的关系。这有助于记者和老大爷在接下来的个别采访中,能够在相互信任的基础之上自然而然地展开。因此,我们看到老大爷见到记者时不但没有拘谨和犯怵,而是仿佛见到了"亲人",主动走上前来介绍当时的情况,引领记者去深入现场,建立了良好的谈话氛围,形成了较好的对话场。

场景二:在记者采访报道的当天晚上,一家村民向舟桥营请求援助,他们被困在家中,房子几乎淹没了一层楼,家里断水断电,孩子又很小……在这个紧急的关头,舟桥营部队立即前往救助受灾群众,而在一旁的记者也紧跟其后,用摄像机记录下了这样的场景。

表 2-2　救援队解救灾民的场景

序号	画面	声音
1	紧急情况发生,五六名战士和一位居民乘坐在救援艇上准备解救被困居民。四周一片漆黑,救援艇朝着滚滚洪水,向救援地点驶去。	解说:22 日晚上,有村民向舟桥营求援,他的妻子和孩子都被困在家中,房子几乎淹没了一层楼。因为孩子太小,家里又断水断电,所以请易辉他们帮忙把家人转移到安置点。

续表

2	救援队吃力地撬开门锁,拿出梯子小心翼翼地搭在楼房的房檐上,一边爬上梯子,一边扶着被困在二楼的村民慢慢地往下爬。	同期声(救援队之间的对话): 战士一:进不去了。 战士二:解了吧。 战士一:解掉、解掉。 战士二:别急。 战士三:慢点,把孩子抱下来。
3	在一艘救援艇上,被救援出来的居民充满了欣喜,一位父亲怀抱着刚被解救出来的还在襁褓中的孩子,重重地在孩子脸上亲了一口,脸上的忧愁一下释放开了。 而救援队员们依然紧张有序。有的手持手电筒在漆黑的夜色中搜查被困人员,有的撑着简陋的滑竿帮助救援艇前进。	解说:洪水一来必然停水停电,战士们夜间营救的难度也就可想而知,躲避障碍、防止迷路、找到目标、安全转移,这一整套动作不能有半点闪失。

这是发生在午夜时分的真实场景,救援队不辞辛劳,连夜进行救援,而我们的记者团队同样敬业地跟随、跟随、再跟随。洪水肆虐的夜晚,给摄像记者、灯光师的工作带来了巨大的困难,但是他们本着记者的职责,用手中的摄像机认真地、一丝不苟地记录着,才给我们观众留下了这感人的一幕(见图 2-3)。

图 2-3 父亲怀抱着刚被解救出来的襁褓中的孩子,露出了笑容

由于现场稍纵即逝、不可逆转,要求电视采访必须前进式地、在动态进程中现场取材。① 电视记者应根据具体情况把握开机时机,并且依靠自己的直觉对现场进行判断,预见事件的发展方向和即将出现的场面,否则,很多精彩瞬间稍纵即逝。

(二)出镜采访中的现场分析

在报道现场中要求记者到达现场后,要尽快进入角色,向知情人了解情况,观察分析现场,了解事件发展情况,预测可能会出现的新情况。同时,记者还要在最短的时间里,构思整个报道的框架结构、主题与基调,观察重点采访对象,寻找适合表现现场特点和气氛的场景,以及思考如何开头、结尾,如何掌握采访的进程等,这些都要求记者首先要去做一名思考者。② 做深做透新闻报道,关键在于现场记者要有良好的新闻素养和思考的习惯。

在现场报道的前期,报道组对采访对象必须经过精心的策划和安排,记者在出镜采访前也必须有针对性地准备采访人物相关资料,将不同采访对象分门别类,明确不同采访对象在节目中所起到的作用,才能更好地把握现场,有的放矢。从本期节目中记者对采访对象的角色和功能分配来看,基本做到了采访视角的多元化,达到了对信息最大化传播的预期效果。

其中,对杨茂明(南京军区某集团军副军长)、易辉(南京军区某集团军舟桥营副营长)二人进行采访,采取的是救援官兵的视角,他们既是见证者,又是当事人;站在灾民的视角,选择了村民熊冬根(抚州市唱凯镇白山熊村村民);站在村负责人的视角,陈高林(抚州市罗针镇老郭村党支部书记)、徐火根(抚州市罗针镇丁湖村党支部书记)他们的村党支部书记身份显然很合适,因为他们对村里的具体情况相对了解;另外,为了掌握村里教育、医疗、生活供应和保障的情况,分别选择采访了华小明(江西省临川二中校长)、杨洁员(抚州市第一人民医院院长)、范天印(武警水电二总队副总队长)。

采访对象的准确定位是现场采访成功的首要前提,有了这个基础,记者才能在现场去主动发现新闻的线索,挖掘更多有效信息。如下的采访就

---

① 雷蔚真,朱羽君.电视采访学[M].北京:中国人民大学出版社,2012:113.
② http://www.tz2100.com/culture/1387265352640.shtml.

很好地体现了这一点。

  记者:当时的场面我想象虽然比较紧张,比较危险,但是还是有序地在进行。
  易辉:对,我们组织救援的时候,通常是按照三舟一组。
  记者:为什么一定要给它三舟编成一个组?
  易辉:三舟编成一个组是便于互相能够照应、支援。
  记者:像这样的操机手最多要往返多少次?
  杨茂明:这一个战士这一次就是48个小时,除了吃饭以外,每天只能休息两至三个小时,往返大概在五六十次以上。
  记者:战士受得了吗?
  杨茂明:撑过来的,就是靠着一种精神,靠着一种责任,没一个战士叫苦,所以我感觉我们的战士特别可爱。

可见,记者根据现场采访的情况,循循善诱,通过严谨的逻辑推理和深入思考,一步步引导救援官兵将现场救援的危险和艰辛呈现给观众。除了有情感性的引导问题——"战士受得了吗",更可贵的是记者对客观现场的取证和调查性的问题——"操机手最多要往返多少次",这一问题引出了令人惊讶的数据:"这一个战士这一次就是48个小时,除了吃饭以外,每天只能休息两至三个小时,往返大概在五六十次以上。"记者通过客观理性的解读方式让观众对救援官兵产生深深的敬意。

(三) 出镜采访中的事实还原

为了让观众对于新闻事件有一个初步了解,现场采访的重要任务之一就是对新闻现场的还原。在新闻事件发生的现场,出镜记者通过现场观察、现场分析,对新闻事件的来龙去脉和利害关系有清楚的认识和准确的把握之后,还需要通过出镜采访的方式进行印证,进而对新闻事实进行还原。

  记者:当时你们部队过来以后,你第一眼看到的情景是怎么样的?
  杨茂明(南京军区某集团军副军长):我到了这个现场之后,第一眼看到的就是一片汪洋,给我的感觉就是整个村庄都是漂在水上。所以在这个时候,我的第一个感觉,作为指挥员来讲,我们的部队恐怕就是要救人第一。

易辉（南京军区某集团军舟桥营副营长）：当时那个水，基本上都漫在一楼屋檐的底下，绝大部分村民都转移在二楼，或者是三楼的位置等待救援，当时人比较多，救援的压力比较大，确实因为我们刚开始过来，器材没有先行运到位，我们在村子里面转了以后，很多老百姓请求转移，当时的情况是比较危急的。

解说：易辉是南京军区某集团军舟桥营副营长，22日下午，他和大部队一起从外地赶到抚州后，就立刻在罗针、唱凯等镇展开营救工作。

记者选择事发现场的目击者进行了情景再现，对于当时的情况记者没有泛泛进行提问，而是聚焦于目击者的"第一眼"印象，这一问题恰到好处地提示和引导目击者对于现场的首要印象的再现，更具有真实性和震撼力。

二、目击式调查报道中的出镜报道

针对突发性危机事件采用新闻直击式报道，目的是为了更好地营造现场感，形成"信息场"。而新闻直击式报道中要强调现场的"信息场"，即对现场事件中人物行为动态的相互关系、形象、声音、环境、氛围、心态等要素的反映和呈现。《江西抚河唱凯堤决堤之后》这期节目主要通过对报道的过程化与故事化的呈现，形成一个现场的"信息场"。

（一）出镜记者的过程化报道

以《江西抚河唱凯堤决堤之后》为题，节目主要报道三方面内容：灾区救援工作的具体情况、受灾群众的生活境况、灾后的安抚和保障措施等后续工作的进展情况等。

节目中记者用镜头记录下了从救援行动到后期重建的点点滴滴。出镜记者在报道中的穿针引线不仅推动了报道的进程，同时也强化了新闻事件调查的过程。

1. 事件回顾

节目由出镜记者的出镜报道开始，用开门见山、直入主题的方式对新闻事件进行了简单的回顾，交代了新闻事件发生的时间、地点、事件、人物、起因等基本要素。

演播室：6月21号晚，江西抚河唱凯堤决口，周围乡镇受到严重威胁,一场十几万人的大转移是如何进行的?当地群众又如何看待这场灾难?6天后,当唱凯堤提前合龙、洪水退去,受灾群众回到家中,看到绝收的稻谷和满目疮痍的家乡,他们又如何去面对?《新闻调查》记者来到江西抚州,记录下一个真实的灾区……

解说:6月21日傍晚,抚河唱凯堤终究没有扛得住,50年一遇的洪水撕扯决堤形成一道400米左右的大口子,汹涌的抚河洪水灌入罗针、唱凯等镇,12万群众眼看着自己的房子被淹没,农田被摧毁,这是一场他们许多年都不曾经历的大灾难。

2. 过程记录

为了进一步地呈现事件的重大影响和救灾的迫切性,记者巧妙地选择跟随救援队一同进入灾区,记录和呈现灾区救援工作的具体情况。

解说:洪水一来必然停水停电,战士们夜间营救的难度也就可想而知,躲避障碍、防止迷路、找到目标、安全转移,这一整套动作不能有半点闪失。

记者:具体到这块地方它的这种地形、地貌给你们提出了什么样的难度?

卞云坚:这个地形,这个地方因为它是农田,农田的一个巨大的好处就是整个地势比较平坦。

记者:最害怕的就是什么?

卞云坚:就是电线,每幢楼房前面都有一个小晒谷场,怕的是这下面的障碍。

……

3. 再现灾情

记者在对救援队伍的具体工作展开全面了解的同时,也真实再现了灾区受灾的情景,并借机询问受灾群众遇到的各种实际困难。

解说:25日上午,舟桥营官兵还要进唱凯镇的各个村子再巡逻一遍,记者也随他们的冲锋舟进入洪水中的村庄。

……

记者:没有水、没有电,还要打着地铺,像这样的受灾群众在抚州千千万万的受灾群众中,他们只是一个最普通的家庭,他们把所有的家里的物资——最值钱的电视、冰箱搬上了楼,看这有两台冰箱都搬到了二楼,因为一楼已经完全被洪水淹没了,我们再到阳台上去看一看,这里更明显,所有的生活物品,他们所有的生活都在这里解决,还能看到还有刚刚洗净的这样的豌豆,但是怎么来解决每天的伙食?现在这都是一个大问题。我们刚刚跟着解放军解救了一直不愿意离开家庭,一直故土难离的两位老人,现在我要跟着冲锋舟把这两位老人送到紧急的安置点去。

记者:像他这样的情况,这几位、三位老人是不是在救助中也是很普遍的一种状况? 一开始不愿意走。

杨茂明:应该说是一个普遍现象,开始都不想离开这个家,故土难离,后来一看自己的房子不行了,水涨了,主动要往外走。这个现象是比较普遍的。

记者:水过来的高不高、大不大?

村民:好高,一下子就推过来了,冲上来。

记者:当时心里怕不怕?

村民:怕。

……

4. 背景探寻

灾后对群众的安置和保障措施等后续工作的报道,记者作为见证者,一路探寻,通过与村里负责人、普通村民一同生活、一起交流,并将自己的所闻所感告诉观众,从而完成这部分内容的报道。

解说:为了安置受灾群众,抚州市把全市大大小小的学校和体育馆都改成临时的安置点,按照每天26元的伙食标准提供一日三餐。

刚刚解救出来的大爷大娘被安排在临川二中安置点,这里前前后后一共安顿了2339名受灾群众。

工作人员:有一个卫生间,在那儿我们把这个被子领过来。

记者:被子都是新的吗?

工作人员:都是新的,昨天发的。

记者:行。

……

(二) 出镜记者的故事化报道

节目《江西抚河唱凯堤决堤之后》的基调比较严肃,但又不乏新闻传播的人文关怀。主持人以认真的态度采访地方政府,以关切的态度采访当地村民,以沉重的态度向观众介绍洪水的灾情。

大到堤坝重修,小到划船的船夫,记者都一一展现在观众面前。记者多次采访当地党委书记、救援队队长等人,了解最新的村民状态和救援进展。整期节目显得非常紧凑,而基调略显沉重。节目最后通过一个雨过天晴的空镜画面暗示美好明天的到来,也使观众看到了希望。此期节目报道也许没有想象中的跌宕起伏、大肆煽情等,但其中也表现了一些令人啼笑皆非、又令人反思的"小插曲",增强了报道的故事性。例如其中的"分水风波",就是全篇中的一个精彩小故事(见表2-3)。

表2-3 "分水风波"场景

序号	画面	声音
1	镜头一:村民们在发水处争论 镜头二:正在打点滴和打电话的徐火根书记 镜头三:徐火根书记家漆黑的楼梯间	解说:原来有村民建议按照户口本上的人数来发水,而村支书是按村里的实际人数来发放,这样一来这批水根本不够发,徐书记正在打点滴无法下楼,他把妇女主任找上楼来询问情况。
2	在徐火根书记房间里,徐书记坐在床上打点滴,与站在一旁的妇女主任讨论工作	徐火根:我不管你有多少人,哪怕是有一千人矿泉水都不能给他们,所有的东西不能哄抢,这些东西在三日之前,大家拿出觉悟来,你就这样安排。 妇女主任:水没动,一直放在那里。 徐火根:我马上下来发,你全部放到房间去,所有的人都发,(受灾群众)说他家有十个人…… 妇女主任:我也是这样说的,但是有人就这样签字领。 徐火根:哎呀,他签了别人的名字领水,等别人回来就会找他。

续表

3	镜头一:村内的巷道 镜头二:徐火根来到发水处,向村民们解释分配问题	徐火根:你家挑一个人签名,如果你家只有五个人在,你要签十个人的名,我就给你十个人的水,水是按实际人口发。 村民:我说我村组有600人,你会说我说多了。 徐火根:所以你这样讲话,就没有听懂我的意思,一般按照国家政策,就是在这里的灾民才有水,假如你的家人不在这里,在安置点上,你可以代领。假如要领,你给他签字代领,不要让他从安置点回来说领不到水。我们工作没做到家,就是要这样,本来在安置点的,要等他们回来再发,但你现在也可以签一个字,代领。大家都心里有数啦,我们这里得了多少水,我也好向你们群众代表和党员解释了,没有这个具体的数,老百姓又会说我们干部吃掉,其实吃了有什么用呢?好啦,去拿登记的东西来,留几个群众代表老党员来做登记,来了人就发,把党员叫拢来。
4	在发水处,记者对一名反对书记分配方法的村民进行采访	记者:你觉得怎么合理? 村民:全部分掉,全分。 记者:全分是家里有几口人就分几瓶吗? 村民:对,就是说家里有多少人吃饭。 记者:你是说在家里面的还是外面的人也算啊? 村民:我儿子没有回来。 记者:没有回来就不算了是吧? 村民:是。没什么了不起,七毛钱一瓶。

续表

5	在发水处,记者对一名支持书记分配方法的村民进行采访	村民:发了大洪水,国家政策现在也是,现在就是有些人小心眼看不过,好像多拿点多得了一点,这个都不要,国家能帮助你们这些群众,这是国家富有了是不是?会安排、赢得民心,这是好事,没必要去抢,谁都有,在家里受困了的群众才能吃,没受困你就不需要了是不是。 记者:你也这么看。 村民:对。 记者:你也支持村支书的分配方法? 村民:对、对、对。
6	镜头一:徐书记在发水处指挥村民领水 镜头二:徐书记还在按着刚打完吊针的手 镜头三:登记名单纸的特写	徐火根:你叫人来发水,一个一个来,叫人发、叫人发,把名字写下来,对,一个一个写,写三个打个括号,拿了多少,一个一个领,不要慌,一个一个来,大家都有,就是多半个小时而已。
7	村民在登记领水名单	解说:村民最后同意了徐书记的安排,每个在村里的人领了三瓶水,另外不够的部分,村支书也承诺会很快发放到位。
8	发水问题解决后对徐书记进行采访,过程中还穿插村民领水、吃着热腾腾的饭菜的画面	记者:<u>咱们今天争吵,你觉得也正常,是吧?</u> 徐火根:农村工作就是这样的,有争吵更好,可以发现我自己不足的地方,到底是我工作没做到家,还是村干部我底下的人没做到家,还是群众怎样?我说群众的心是好的,但是我们在改进过程中,要多说一点。 记者:<u>我看你今天挺火的,拿起电话冲着大家也都发脾气。</u> 徐火根:我是骂他,骂那个底下人(下属),这个工作就要解释清楚啊,农村工作就是这样的,谁叫你是干部嘛,干部就要做好农村工作。

续表

		记者:你觉得这件事情是没解释清楚呢,还是大家没做到位呢,还是老百姓的事情? 徐火根:干部也有,不管怎么说,老百姓都是好的,就是我们工作没做到家,但是通过我跟他们解释清楚,现在好了,没事了,就这么好,是吧。

由于村干部与村民的意见不统一,出现了争执,从而上演了"分水风波"。记者没有简单地判断事情的是与非,而是以静制动、静观其变,不动声色地观察各方的行为和表现,面对问题,村干部采取了应急措施,最后也与村民们达成了和解。这时,记者再抛出一些看似尖锐的问题:"咱们今天争吵,你觉得也正常是吧?""你觉得这件事情是没解释清楚呢,还是大家没做到位呢,还是老百姓的事情?"记者的适时介入,使新闻叙事节奏张弛有度,同时又体现了新闻应有的深度。

(三)出镜记者的细节化报道

真实是新闻的生命,新闻报道的每一个新闻要素都必须真实。在电视新闻中,真实还源于现场记者对新闻细节的把握,用摄像镜头和新闻眼捕捉、发现生动的细节。节目中记者观察发生了什么,同时也是努力发现新的新闻信息和细节。例如进入一间受灾房屋时,记者敏锐地捕捉到了表2-4中的现场细节。

表2-4 记者深入灾民家中的采访场景

序号	画面	声音
1	记者走到受灾房屋内部,看水位位置及淤积情况。	记者:这里是一个天井,借助南方农村特有的天井的光线垂下来,我们可以看到最明显的就是这个水印,新房水印特别清晰,当时的水位已经涨到了我的胸口,再看看这一堆淤泥,显然是这家住户刚刚清理过,但是短时间内显然是无法住人的。

			续表
		再来推开这扇门,可以看一下,这间屋子没有经过清理,可以想象,当时洪水来临时是多么凶猛。	
2	记者走到一家正在收拾房屋的村民家门口,询问情况。	记者:您好,还在弄这个淤泥呢? 村民:清理呢。 记者:这要清理多长时间啊? 村民:至少十天。 记者:至少十天。现在里面已经住人了吗?里面能住人了吗? 村民:不能。 记者:不能住人,那你住在什么地方? 村民:住在抚州。 记者:住在哪里?住在抚州市里?今天是趁着天气好来清理自己的家? 村民:东西都堆着清理不出来,清理不出来。 记者:慢慢来,别着急,好,我们到前面看看去。	

记者通过对现场信息的提炼和加工,向观众准确传递着真实可感、具体可信的信息。可见,记者在新闻现场的独具慧眼的发现,往往让新闻显得更加生动、具体。

三、目击式调查报道中的出镜评论

黄匡宇在《电视新闻学》中指出所谓电视新闻的现场报道,是指"电视记者直接进入事件现场对发展中的新闻事件作直接描述、评述和对有关新闻人物进行访问的报道形式"。他所说的评述就是记者对新闻报道的理性剖析,这将帮助观众更深刻地认识新闻从而加深新闻的厚度。因此记者现场出镜时,应该把及时报道和及时评论结合起来,做到边说边评,夹叙夹议。[①]

---

① 陈黎.电视新闻出镜记者常见技巧分析[J].视听纵横,2009(05).

记者在现场报道中,对于所处的新闻事件既要交代相关事实,又要对整个新闻现场作出自己的评述,这样才能让受众感同身受。出镜记者的评述在现场报道中不是可有可无的,作为媒体代言人的出镜记者,他带有立场的见解和观点往往会产生立竿见影的报道传播效果,记者入木三分、独辟蹊径的评论往往也会成为报道的闪光点。

(一)出镜评论的平民视角

《江西抚河唱凯堤决堤之后》这期节目以平民视角去打量和拷问受灾后的村庄,用新闻专业眼光去审视一场灾难带来的悲欢离合、酸甜苦辣。在记者跟随救援队的船进入村庄一起巡逻时,看到满目的洪水和灾民,发表了这样的感慨。

……

记者:此时此刻,你可能刚刚吃过晚餐,或许正准备和家人一起去散个步,也许还准备看一场精彩的足球比赛,但是也就是在这个时间,很多人的家园已经在洪水中被浸泡了很多天,他们就是江西抚州的10余万受灾群众。

……

这一段新闻评述融入了记者的真情实感(见图2-4),现场的所闻所感令他由衷地表达了自己对灾区人民的担忧与关心,无疑增强了报道的感染力。记者耳之所闻、身之所感的人、事、景以及由此引发出的即兴评述,使无声的视觉信息与有声的语言信息相互交汇,同时作用于观众的听觉和视觉感知,使观众在双重信息流动中,更深刻地去认识世界,从而加深了新闻的厚度。

图2-4 记者杨春坐在船头为观众作报道,身后是还没有退却的洪水

（二）出镜评论的民生焦点

"好的新闻报道一定要接地气"。这是《新闻调查》一贯的作风,这期节目也不例外。杨春是一位出色的出镜记者,面对各种复杂的采访信息,他始终专注于对民生问题的关注和质问。当他通过追问相关人员得知堵住堤坝的工作难度很大的时候,发表了如下的即兴评述,表现出了他当时的担忧和焦虑。

……

记者:一边是仍在滔滔奔涌的抚河的洪水,另一边是已经在洪水中浸泡了20多天的唱凯镇,我身后大堤的每一个合龙的进度都牵动着每一个人的心,因为大堤不合龙,洪水就不能够退去,受灾群众也就不能真正地返回家乡。

……

从记者的言语中也可以看到:灾后民众的安置问题和保障措施,以及政府的扶助政策等是本期节目的话题焦点,而灾后重建是一项重要的民生工程。

（三）出镜评论的冷静语态

在节目中,记者杨春一直保持着冷静、客观的语言风格。这与他在采访和评述时都保持平静的心态有关。"平静的心态要求记者在采访中对新闻事实保持冷静的态度。"

对记者而言,采访中的各色事实都是一种客观存在,不能对其轻易作主观判断,更不让这种判断流于情感的表露(当然,在采访当中为调动对方受访情绪而为的赞成应和、交流共鸣等主观态度的表达另论)。在采访中无论悲喜危急,记者都要尽量保持一种平静稳当的心态,只有这样,才能冷静地进行观察与思考,进而提出有效的问题来,这同时也是报道当中客观性要求的体现。

作为一名记者,在采访当中要善于摆正自己心态、控制好自己的情绪,不应该让对方看出你在某个问题或观点上的倾向,只有这样,才能真正对事实负责,才能挖出调查节目真正想要的事实。否则,对方就很可能根据记者有意无意流露出来的对事实的判断而跟进或改变。①

节目中的杨春不论是面对救援官兵、普通村民,还是村干部,始终平静地发问,平静地聆听,不以个人主观的意向和态度来影响受访者的观点与陈述。同时,也不轻易发表自己的评论。而这一平静的态度也让记者得以冷静而从容地驾驭整个报道和评述的张弛节奏。

第二节 回顾式报道:《农民连续自杀调查》

回顾式新闻报道是对过去发生的事实进行新的挖掘,或就以前曾经报道过并引起广泛关注的新闻事实的目前情况的再报道。这种报道方式的显著特点是"化陈俗为新奇",常常以当今的热点和新闻切入,带出已经陈旧但是有新意有看点的事实,或以全新的视角解读旧有的事实,把鲜活的事实呈现给今天的受众,让受众从旧有的事实中得到"新知"的满足。

回顾式新闻报道可以分为旧事翻新式和旧闻出新式两类。一是旧事翻新式报道。旧事翻新是就过去发生的史实进行新的挖掘的报道,包括旧闻中不为人知或鲜为人知的新鲜故事,以及对史实的全新解读等。二是旧闻出新式报道。旧闻出新是就曾报道过,并引起广泛关注的新闻事实的相关情况进行的再报道。这类报道常有"呼应"的特点。往往是对旧有报道的一种交代。它多见于和人物、事件有关的新闻中。一些曾经被媒体介绍过的新闻人物,或报道过的一些重大、特大新闻事件,在当时引起过轰动。随着时间的推移,虽然这些人物和事件已经淡出或正在淡出公众的视线,但是,他们并没有从公众的记忆中消失。对事件的结局,特别是对人物命运的关切,仍然是公众关注的热点。

强调时效,力求最大限度地缩减新闻事实的发生与报道这两者之间的时间距离,迅速及时地把新近发生的事实报道出去,是新闻报道的重要特征。但是,一些尽管是过去发生的重要事实,但人们并不知晓或了解并不完全,现在仍然是受众欲知而未知的信息。这些信息潜藏着较高的新闻价值,很有受众缘,一经报道也很受读者青睐。回顾式报道作为新闻报道品

---

① 夏骏,王坚平.目击历史[M].北京:文化艺术出版社,1999:36.

种和方式的一种创新,也应是新闻实践研究不能忽略的内容。[①]

一、回顾式报道中的出镜采访

出镜记者提问的功力决定节目的成败。面对同一话题,有的记者能问出自己想要的东西,有的记者就问不出来,这就是采访技巧的问题。注重提问技巧,不但能使节目在深度上更为拓展,甚至能取得意想不到的效果。在本小节,我们将从提问方式、采访态度和采访情绪三方面分析记者杨春在《农民连续自杀调查》的出镜采访。

(一)出镜采访中的提问方式

在本期节目当中,记者杨春在对工作小组的采访中表现十分出色,他通过冷静的观察、严谨的思维,对被访者直接提出了一个个可以说是"犀利"的问题,让被访者无处遁形,只能直面问题,哪怕不回答,被访者的表情也可以给观众一个答案。

场景一:

【同期采访】
薛成芳(桐木乡工作组组长):我确实没有听到。
记者:你没有听到任何李祥的家人的求救、喊叫声吗?
薛成芳:没有。
记者:两家相隔那么近会听不到吗?还是你睡得太沉了?
薛成芳:我确实没听到。

以上的采访是记者杨春询问薛成芳(桐木乡工作组组长)在李祥服毒后,工作组成员有没有听到呼救。在以上的采访中,记者三个问题全是在询问薛成芳"有没有听到李祥家人求救",将一个问题重复三次进行询问,并不是因为记者不会提问,这正是记者会提问的表现。在之前的节目中,我们看到工作组成员与李祥住在一个院子里。住得这么近却听不到呼救声是不太可能的事,因此记者一再通过提问向被访者确认。这体现了记者杨春严谨、求真的提问方式。

当然,有人认为,此处反复的提问体现了杨春自己对被访者薛成芳的

---

① 张平宇. 旧闻新报:谈谈回顾式新闻报道[J]. 新闻知识,2009(07).

讥讽态度。笔者认为,杨春在此处的提问中是非常冷静和客观的,如果是带有主观态度的,那么杨春完全不必加上一句"还是你睡得太沉了"的提问。

场景二:

【同期采访】

记者:当时有没有赶快冲出去看看李祥是一个什么状态,在什么位置,现在怎么样了?

尹和全:没有。

记者:当时有没有一个人提出来我们赶快看看李祥怎么样,然后把他送下去?

尹和全:当时没有。

记者:在我听来你们第一个反应是首先来看看李祥的自杀跟自己有没有责任,而第一个念头不是去救人。

图2-5　工作人员尹和全接受记者采访时的尴尬表情

这段采访中,记者用了两个问题,一问工作组成员得知李祥服毒后的行动,二问工作组成员得知李祥服毒后的想法,得到回答之后,记者可以说是非常直接而犀利地提出了自己对此事的观点和看法。在这个不能算作问题的采访问题面前,工作组成员并没有用言语回答,但镜头记录下他的表情(见图2-5)却可以说明很多。

(二)出镜采访中的客观态度

由于调查报道常常涉及一些批评报道,因此,在调查报道的采访中,记者保持客观公正的采访态度非常重要。

在报道时,记者应该摆正自己的位置,客观、全面地看待采访对象,对新闻事件的性质判断分寸应得当,做到褒贬有度;对涉及当事人各方要平等视之,不可因为轻信、失察和个人的好恶而偏袒一方,贬损一方;对待被批评者,也要注意分寸,留有余地。① 在以下的采访中,记者杨春很好地坚持了这一采访态度和原则。

【同期采访】

记者:对于李立文家的状况你了解么?

李春芳(桐木乡副乡长):不太了解,涌泉村有22户特困户,他家没在其中。

记者:后来你去过李立文家没有?

李春芳:去了,去了两三次。

记者:他家的状况你看到了么?

李春芳:看到了。

记者:那你有没有想到过你当时说的这560块钱对他家来说意味着什么?

李春芳:这个是因为工作方法太简单了,把工作做得不细,是我自己的失误。

在很多人看来,这段采访的出现似乎是完全不必要的,是多余的。实际上,新闻的客观与公正表现在让每个当事人说话,让观众自行评判。在本期节目中,不论村民自杀的原因是什么,桐木乡的相关政府部门负责人终究是难辞其咎,他们是被观众批评的对象,但他们也有权利说出自己内心的想法;也正因为政府部门负责人士是被批评的对象,新闻调查节目和出镜记者才更不能因为自身好恶,使报道有失公允。

(三)出镜采访中的情绪控制

记者在采访过程中,不仅需要做到客观冷静,还需要与采访的大环境相融,做到"随情而动"。这种"随情而动"指的是记者在采访中受到采访环境、采访氛围的影响,不经意间流露出的恰当的自然反应和情绪。在对服

---

① 石长顺.电视专题与专栏——当代电视实务教程(修订版)[M].上海:复旦大学出版社,2009:254.

毒村民李立文的采访中,杨春充分表现出了人性化的采访关怀。

【同期采访】

记者:让你交罚款,交多少钱?

李立文:560。

记者:家里没钱?

李立文:没有,吃盐的钱都没有。

记者:你家一年收入能有多少?

李立文:200块钱都不到。

记者:家里吃饭怎么样?能解决么?

李立文:现在退耕还林补助两亩地的田粮不够吃。

记者:新衣服多长时间买一件?

李立文:这衣服是因为小娃子在外地他不穿了我穿的,我没有买过新衣服。

《新闻调查》的记者杨春给观众留下的印象一向是冷静客观的,似乎不太在镜头前轻易流露情绪,但在以上的采访中,我们透过杨春对李立文所提出的问题,能够感受到他对李立文生活状况的关心与同情,特别是当发现李立文身上的衣服非常旧的时候,杨春"多久买一次新衣服"的提问充分表现出他对李立文的关切,他所流露出来的真实情感和观众的内心情感产生共鸣。

另外,在对去世农民陈音富的妻子进行采访时,记者也充分考虑并理解她的心理感受,静静等待她情绪逐渐平静后,再进行采访,使采访更加人性化。

二、回顾式报道中的出镜报道

回顾式报道往往采取故事化的叙事方式,其中,叙事中的悬念设置、视角选择和细节呈现是强化报道的故事化特色的主要途径。

(一)悬念式的报道结构

悬念式的报道往往不会在一开始就向观众交代事件的结果,只是告诉观众,在什么时间什么地点发生了什么事情,而事件发生的原因是什么、事情将会如何发展,观众无从知晓。

本期节目中,在一开始,记者就给观众留下了一个悬念,让观众形成一种很强烈的期待感。

演播室串词:2003年7月位于陕西省安康市旬阳县境内的涌泉村在5天之内连续发生了3起农民自杀事件。为什么会在一个村庄里,短短几天内会出现连续的自杀事件?是什么原因使得一向忍辱负重的农民走出这一步?不久前《新闻调查》记者前往陕西旬阳展开调查。

紧接着,在出镜记者到达涌泉村后,采访了当地的村民,又留下了一个悬念。

【同期采访】
记者:你们有没有想到李祥会自杀?
村民:那我们任何一个人都没有那么一个想法。
记者:那你觉得这样一个人怎么会自杀呢?
村民:那我们就不敢说。呵呵呵,我们是老百姓,我们不敢说。

当记者在对村民采访中,问起农民自杀的原因时,村民们表现得欲言又止。这样欲言又止的回答映在观众的眼中,形成又一个悬念,由此引发观众强烈的好奇心和期待感。

随着节目进行,李立文自杀的原因似乎马上就要水落石出了,节目又出现了另一个悬念:又一位村民服毒自杀了,而且这次自杀的是"一个正值壮年、性格直爽、受村民欢迎、和村干部一起愉快工作的村民小组长",他自杀的原因是什么呢?这两起自杀事件是否有着内在关联?观众心中充满了疑问和悬念,可以说,一问未解,一问又起。这样的悬念设置让观众始终对接下来节目中将要发生的事情保持着较高的热情和期待。

(二)多角度的叙述方式

叙事视角,就是叙事时的角度,通俗地讲,就是叙事者从什么样的角度来观察和叙述故事。不同的视角,会带来不同的感知结果。

《新闻调查》节目给双方当事人充足的辩论空间,让他们以各自不同的视角来叙述和解释该事件。第一位自杀也是唯一一位被抢救过来的农民李立文作为第一当事人和记者有着这样的对话。

【同期采访】

记者:那一天为什么要喝农药?

李立文:退耕还林的地里栽了桑树,套种了黄豆,还有点红薯,(工作组)让我拔了它。把黄豆给拔了,还有红薯也要拔了计数,没拔完,让我弄钱,我弄不到钱,没办法,借点药一喝。

从李立文的回答中,我们可以了解到,他服毒与两件事有关——退耕还林政策和罚款。根据这两个线索,记者分别采访了陈小坤(涌泉村村支书)、皇甫健(旬阳县副县长)、李春芳(桐木乡副乡长)和涌泉村的村民。以下选取记者与皇甫健的采访对话。

【同期采访】

皇甫健:我们确实不知道他们已经开始搞整改了。

记者:您觉得他们制定的文件和规定合理吗?

皇甫健:显然有些违法了国家退耕还林政策,比如说对套种(林粮间作)的,桐木乡文件上面叫套种的地块,要追回国家投入的粮钱,这个政策规定应该是很清楚的,操作程序也是规定明确的,程序就是先停止兑现,或者是当年不给你兑现,然后你改,改完了我再给你兑现,你坚决不愿意改又不愿意再退耕,那你把国家投入退回来。

记者:为什么桐木乡会有这么一刀切的一个做法?

皇甫健:这个就是把国家的这些规定,没有全面的理解,只记得,只知道,要追回国家已经兑现的钱粮。

通过以上的采访,观众可以发现,旬阳县副县长皇甫健对涌泉村退耕还林审改已经进行的事情并不知情,这也并不是来自县里的指令。记者杨春给双方当事人以充分的报道来阐述他们的立场,通过双方对同一事件的不同阐述客观地呈现矛盾的所在。

这种多角度的叙事方式既可以充分展现各方观点,也可以成功避开记者的过多介入,有助于记者对事件进行冷静的宏观把握和客观评价,也有助于潜移默化地引导观众思考。

(三)注重事实的细节呈现

首先,细节能给人一种很具体很生动的形象,使人有一种能触摸到实体的感觉,增强报道的生动性;其次,细节往往具有聚小成大、着微显著的作用,能够增强报道的深刻性;最后,细节的运用还有使报道更饱满、更真挚感人的作用,能够增强报道的感染力。在本期节目中,记者杨春非常注重对事实细节的报道。

【解说词】

根据记者了解,干警在永田村走访调查了多名村民,但询问时间在一两个小时左右,<u>而只有陈音富被询问时间长达七个小时</u>。

在调查过程中,记者抓住了"只有陈音富被询问时间长达七个小时"这一细节,并以此对旬阳县公安局干警的行为提出质疑。这个细节的捕捉和把握,使报道更具深刻性,使观众可以更深地窥探到事实的真相。

【出镜报道】

尽管在来之前我们对他的生活状况有过预想,但是当我们真正看到他们家的贫穷后还是让我们感到了惊讶,特别是当邻居们介绍李立文家的这种生活水平(见图2-6)在涌泉村并不在少数。

图2-6　李立文住房情况

【同期采访】

记者:有没有去借一下啊,向朋友邻居亲戚借一下?

李立文:到处借,借不到。

记者:你农药是哪里买的?

李立文:欠着账没给钱。

通过镜头,记者向我们展示了李立文家的生活状况,而之后的采访,更让观众得知,李立文自杀喝的农药也是赊来的。记者对这两个细节的捕捉,使得报道更具生动性和真实感,让观众充分感受到李立文生活的困窘,使报道更加真挚感人。另外,这个细节的捕捉,也与后来节目中工作组成员的不当做法形成了对照。

【解说词】:7月15日上午九点多,神情恍惚的陈音富离开家,几个小时之后焦急的家人四处寻找,最后在山上的一棵树上发现了上吊自尽的陈音富。在记者的调查过程中,陈音富的哥哥提到了一张<u>神秘的纸条</u>(见图2-7),这张纸条曾经在陈音富受到询问之前出现,陈音华认为它与陈音富的死有直接的关系。

图2-7 薛成芳给干警的纸条

在对陈音富的自杀原因进行调查时,出镜记者发现了一个重要细节,那就是薛成芳给公安干警的一张纸条,这个细节对于之后的调查进展有着重大意义,同时,这个细节的发现,也让观众看清了薛成芳的虚伪面目,孰是孰非自然已见分晓。

三、回顾式报道中的出镜评论

在现场报道中,记者在向观众讲述事件的过程中,大多数时间都藏于镜头之后,媒体的观点大都是通过叙事过程含蓄表达或是通过当事人之口说出的。这种评论方式包括当事人明确说出自己的看法的明评和通过叙事含蓄表达的暗评。

(一)事件当事人表达观点

在本期节目当中,在两处采访中被访者都明确提出了自己的看法。借助事件当事人的观点表达来印证和呈现出镜记者的事件认知,是回顾式报道出镜评论的重要手段。

【同期采访】

村主任:政府实施的时候,有些地方我看比较严重一点,比如说这个整改,在整改之前你应该下个整改通知,限你一个礼拜内整改完毕我也不罚你的款,这个文件在决策上还是有一定的失误。

以上的采访出现在记者询问村民对"退耕还林整改"的看法的采访中,其实通过之前对副县长皇甫健以及村民李立文自杀事件的采访,观众已基本能够了解,退耕还林整改政策在实施过程中有一些问题和缺陷,但通过当事人之口说出,使事实更具真实感,同时也有助于拉近观众与当事人之间的距离,使观众心理产生认同感。

记者:您同意这个看法吗?

皇甫健:从现在来看,这个结论还是有问题的。

记者:问题在什么地方?

皇甫健:怎么能跟工作组无关呢?尽管工作组没有打骂群众,没有破门扭锁等恶劣的行为,但是毕竟在执行退耕还林的政策的时候,有违背政策的行为。确确实实还是对人民群众缺乏一定的感情,没有考虑到群众的利益,没有想到群众利益无小事,这个事情确实对我们今后的工作也敲响了一次警钟。

以上的采访案例是在公安局以"李祥的自杀与工作组无直接关系"为结论的报告发出后,记者与副县长皇甫健的对话。节目通过皇甫健之口,引导观众对事件进行判断。

(二)出镜记者暗评

本期节目中的出镜记者暗评不仅仅隐含在记者与当事人的对话中,也隐含在节目叙述前后的对比中。

1. 对比式暗评

在上文中,我们对李祥服毒当晚的事情进行了分析。村民李祥服毒自杀时,任工作组组长的薛成芳就住在和李祥同一个院子的李祥叔叔家,事发当晚,李家人四处求救,但工作组的五名成员没有一个伸出援助之手。记者直面薛成芳,多次询问并反复确认当晚的情况,让这些干部狼狈不堪。这些采访中,薛成芳在镜头前展示出的形象与桐木乡党委书记张顺利在接受记者采访时谈到的那个"老干部,负责任"的薛成芳形成鲜明对比,让观众心里掀起轩然大波。记者在节目中对薛成芳的个人形象没有说一句主观的话语,也没有进行任何评价,但已经让观众自己有所判断。

除此之外,在记者采访村民对李祥的印象时,村民们用了"心直口快""忠厚老实"等词语来描绘,而旬阳县公安局在对李祥的死进行调查后,出具的死因报告上的结论是"李祥平时胆子小,心眼小,受不了气,于是就服毒死了,不怪政府工作人员",在之后记者对副县长皇甫健的采访中,皇甫健也坦言李祥的自杀与工作组不可能是毫无关系的。这前后的对比,让观众看清了公安局与薛成芳的真实面目,也让观众对他们的形象有了正确的认识和评价。

2. 对话式暗评

对话式暗评的典型事例就是记者与薛成芳的对话。

【同期采访】

薛成芳:李祥死之前见的最后一个人是陈音富夫妇,李祥死的前前后后有陈音富,所以他应该是调查的对象。

记者:你的依据是什么?你想要达到什么?

薛成芳:就是要他调查,看李祥死之前,陈音富夫妇跟他说了啥。

记者:很大的关系,你想表达一种什么样的意思?

薛成芳:把这个事情弄清楚。

记者:那你作为一个乡领导、乡人大副主任,你难道不知道,你写一张这样的纸条,对于一个普通的农民来说,可能会造成什么样的后果?

薛成芳:我无法回答这个事情,无办法回答。

通过以上这几个追问,记者将薛成芳在写纸条这件事上的不负责任完全呈现给观众,同时,薛成芳的回答也让观众彻底看清了他虚伪的面目。

(三)演播室点评

在社会转型期的急剧变化中,不可避免会产生种种不合理现象和一些社会问题,引发了群众的不满。作为深度调查类节目,《新闻调查》的内容很多是批评性报道,揭露社会中的丑恶现象,人们在观看时,也希望能听到来自节目和出镜记者的批评和鞭挞。值得肯定的是,《新闻调查》的评论往往没有简单迎合受众的"解气"心理,满足观众"解气"的这种心理需求,它在表述事实、给予评论时始终保持着冷静客观的态度。但在本期节目中,这种冷静客观的点评显得过于谨慎小心。以下是本期节目的演播室点评。

【演播室点评】

三位农民相继服毒自杀的原因,目前我们还不能做出正确的解释,在对此事进行调查的过程中,工作组对农民服毒见死不救的冷漠和麻木是最让我们难以接受的。在执行国家政策的过程中怎样避免工作方式的粗暴,怎样把群众的利益放在心上,把农民的甘苦放在心上,化解工作中所出现的新的矛盾,这是我们各级干部应该认真面对的问题。

以上的点评,出镜记者杨春明确表明了自己的立场,并在冷静分析事实的基础上,提出了解决问题的途径和办法。但是,在节目之前的解说词中已经提到了对张顺利(桐木乡党委书记)、薛成芳(桐木乡人大副主席)及工作组其他四名干部等人的惩罚,这是官方对这几个人的行为的定性,事件的原因可以说是比较明晰了:不论三位农民相继服毒自杀的根本原因是什么,工作组在他们自杀这件事上负有无法推卸的责任,工作组的不当做法是他们自杀的原因之一。

第三节 探索式报道:《虎照疑云》

探索式报道是指在新闻报道中,记者作为事件的调查者带领观众一起去探索新闻事件背后的事实与真相。一般而言新闻报道是指对新近发生、发现的事实的报道,探索式报道则更多呈现的是新闻中事实的发现,即解答"为什么"的问题,因此,对于新闻事件背后的真相的寻根问底是探索式报道的关键。

《新闻调查》的一位主持人曾这样描述他对在新闻现场工作的理解:"新闻是一盆水,从演播室到现场就等于把一个人整个放到这盆水里,浑身湿淋淋的,眼睛、鼻子、耳朵、嘴巴接触到的全是新闻。当你沉浸在水里面的时候,你就不用去想你是什么样,你需要怎么去问。你只要去感觉它,按正常人那样，按照欲望去发现就对了。"①探索式报道《虎照疑云》中的柴静正是以这样的一种工作状态去不断发现和探索，使节目以理性的方式为我们提供多角度的参照，让我们感觉到一种思想的力量。

一、探索式报道中的出镜采访

探索式报道是对未知的新闻事件进行探索发现并把这一调查过程直接呈现在电视镜头前的电视新闻调查报道方式。因此，探索式报道需要直接记录出镜记者通过出镜采访而进行探索式发现的新闻报道的过程。

（一）出镜采访的策略选择

探索式报道需要揭开掩盖事实真相的障碍和伪装，呈现表象背后的客观真实。这就需要有效的采访策略，通过事件材料的挖掘和事实片断的拼接，还原新闻事件的事实真相。

1. 采访视角的多元化

采访一定要深入全面，这是新闻采访必须坚持的一个基本原则。如果过分相信采访对象，仅依靠一方当事人提供的材料写新闻，是很容易造成失实的。因为有的当事人在向新闻媒体提供素材或在接受采访时，往往会根据自己的所见所闻和自己对事实的认识、看法来谈，也就不一定准确、全面。有的甚至为了达到自己的个人目的而故意隐藏一些对自己不利的东西，如果不作全面深入的采访就难保不失实。

特别是《虎照疑云》这一类探索式的新闻报道，必须通过不断地挖掘信息、不断地认真求证、不断地调查研究，才能剥开事件的层层外壳，探寻事实的真相，从而达到新闻的诉求——"是什么"与"为什么"。因此，在《虎照疑云》中面对备受关注的虎照事件引来的多方争议，记者充分运用了全面采访的方法，选择多元视角的采访和论证，在真实客观中求解，在相互印证中作答。

采访中关于虎照的真假，选择了挺虎派与打虎派两种不同观点的采访对象。通过交叉采访，形成一种对抗性的对话。(1)挺虎派：周正龙（当事

---

① 尹敬媛.从央视《新闻调查》看优秀记者型主持人的素质[J].今传媒,2006(04).

人,虎照拍摄者)、关克(挺虎派代表,陕西省林业厅宣传中心主任)等;(2)打虎派:刘宽新(摄影家)、奚志农(野外摄影师)、骆光临(年画生产商)、胡华(北斗星图片社设计总监)、黄恭情(苏州华南虎繁育基地兽医)。

关于虎照鉴定程序是否合法,采访中以官方视角、专业视角来挑选采访对象。(1)官方代表:孙承骞(陕西省林业厅副厅长)、吴平(陕西省镇坪县县长)、覃大鹏(陕西省镇坪县林业局局长动管站副站长)、李骞(陕西省镇坪县林业局动管站副站长)、曹清尧(国家林业局新闻发言人);(2)专业权威代表:王廷正(陕西师范大学教授)、谢焱(中国科学院动物研究所副研究员)、王锡锌(北京大学法学院教授)。

同时,为了达到多元视角的碰撞,关于虎照的真伪,记者还从民生视角进行解读,选择了于海等多位村民作为民间代表进行深入采访。从而不失公允,又不失客观地展开了对"虎照"的探索之旅。

2. 采访形式的多样化

在《虎照疑云》这期节目里记者的出镜采访使用了面对面采访、电话采访、网络采访等多种采访形式,拓展了信息获取渠道的同时,也使采访更具专业性与可信度。

图 2-8　柴静在进行电话采访

一般而言面对面采访是最佳的采访形式,而电话采访(图 2-8)能给人形象生动、真实可信的印象,在很多情况下往往能弥补其他采访形式的不足,使得新闻得以真实迅速地报道出来。

【解说】究竟当初关于照片的鉴定是如何作出的,在向公众发布这样一个重大发现之前林业部门是否遵循了应有的工作程序,我们打通了正在北京开会的省林业厅副厅长孙承骞的电话。

记者:厅长是这样,现在我拿到的是新闻发布会的通稿,上面说对这个照片陕西省林业厅组织了野生动物的专家和影像的专家进行了鉴定,分别都是哪些人参加鉴定呢?

孙承骞:参加的话就是主要以我们林业厅为主。……但是镇坪县人民政府以及县林业局正式向我汇报,向我们林业厅动管站其他几个单位汇报的时候,我们一再要求他们必须进行现场核实。

记者:后来县里头有没有向您提交过核实的材料?

孙承骞:口头的汇报,镇坪县人民政府以及镇坪县林业局向我汇报并且承诺到现场核实拍摄地点是真实的。

记者:当时林业厅为什么没有要求他们出示这些核实的资料呢?

孙承骞:我们认为作为一个地方人民政府,他给我们承诺这个东西是真实的,我认为就够了,我就相信他们。

在进行电话采访时的技巧很重要。首先,准备一定要充分,因为问题要事先拟好,要有个较为详细的纲目,不至于在几分钟的短促采访中,搞得手忙脚乱,柴静在电话中提的这三个问题层层递进,显然是有备而来。其次,提问要凝练,问题不在多而要精,做到简明扼要,柴静提问中的"有哪些""有没有""为什么没有"等措辞的使用,直击要害,令采访者汗颜。

(二)出镜采访的逻辑推理

好的采访提问,一定要基于逻辑推理。对一些违反客观规律、不合乎常理的事实,通过逻辑推理的办法可以合理排除一些新闻事实中存在的失实成分,从而达到对真相的求证。《虎照疑云》中记者在调查中寻找答案,整个调查的过程就是一个逻辑推理的过程。在关键信息的取证中,记者采取了反复核实的方法,看似简单,却见奇效。下面的一段连环式采访就是一个很好的例证。

【解说】按照周正龙的说法,10月3日,凌晨3点他上山找虎,上午十点发现老虎喝水的水印,下午4点30分左右,遭遇老虎,开始拍摄,他最后一张照片的拍摄时间为下午5点03分,而从拍摄地神州湾走回家又有四五个小时的路程,这一信息周正龙曾多次向媒体讲述过。

记者:你拍完那个照片大概那时候几点了?

周正龙:我反正从山上走的时候是5点多一点。

记者:往回走?

周正龙:嗯,走到家里是9点了。

【解说】我们了解到,10月3日下午就有人见过周正龙,我们找到了他。

于海:5点到6点半之间(碰到周正龙),他说华南虎拍上了,我问他用什么机子照的,他说有胶卷有数码的,我说你把数码相机给我看一下,他用数码照的,当时我自己拿来看了,他还挺神秘的,但是我拿过来他还是给我看了。

【解说】于海回忆,10月3日他是去接亲戚,就在周正龙居住的文采村的路上碰到周正龙,而且当时周正龙还告诉于海,自己已经拍到了华南虎的照片。

记者:10月3号当天,你拍完照片回来之后,你有没有碰到村里的什么人?

周正龙:没有。

记者:于海说他当时开着车在路边碰见你,把你捎上了车,你还给他看了华南虎的照片。

周正龙(死不认账):他在瞎讲,他根本没依据,我怎么可能在山上下来,就遇到他了呢?

记者:你没碰见他是吧?

周正龙:我在哪个地方碰过他?

【解说】究竟于海和周正龙的说法哪个真实?我们了解到当时车上还有其他的居民,我们又找到他们做核实……

以上的这段采访中,为了证实周正龙的说法,记者采取了反复核实的方法,对见证人于海的采访进行取证后,再与周正龙进行核实。在周正龙进行反驳后,记者没有就此打住,而是继续进一步核实。在看似简单的核实过程中,周正龙渐渐露出了马脚,自相矛盾的说法令人忍俊不禁,真相在观众心中逐渐水落石出。记者通过不断取证、不断核实、再进一步取证、再进一步核实的采访过程,达到了步步为营的效果,不但使真相浮出水面,给观众带来了侦探小说般的悬念和跌宕,也让观众领略到了紧张思考后的兴奋和畅快。

（三）出镜采访中的问题设置

美国著名记者约翰·布雷迪在《采访技巧》中指出采访中不妨用一些强硬之道，击中对方心理上的薄弱环节。提问问到节骨眼上，问到要害处，涉及新闻中最重要的事实，拨动被采访对象的心弦，引起观众的关注。

《新闻调查》在报道中不是停留在事实表象上就事论事，而是力图挖掘出现象背后的实质意义和能够引发大家思考的内涵，揭示"新闻背后的新闻"，栏目内容向更深层次开掘。在采访中，记者往往能敏锐地捕捉到最关键的问题，在事件症结点上、体现本质的要害点上提问，切中其弊，尖锐中又处处体现记者机智的快速灵敏的应变能力。柴静在《虎照疑云》中的采访也很好地贯彻了这一点，以下的提问正是切中要害，问到节骨眼上的问题。

【解说】按照林业部门的工作程序，现场核查需要在尽快的时间内，有两名以上工作人员对现场动物遗留痕迹，做出专业的测量、拍摄、分类。对周围的植被、地理等环境做出准确描述，还需要对当事人及周边群众进行调查走访，并做出记录和初步判断，以保证核查信息的及时可靠和完整，但在调查当中我们却发现，对于周正龙拍摄的华南虎照片这一重大发现的核查工作没有任何资料可以证明。这也使得在照片引起巨大争议后，丧失了一个重要而有效的解决手段，但是，这样一次无法证明的核查行为是如何被认定和上报的呢？

记者：<u>那么李骞当时有没有给你出示说，他认为这个背景真实存在的证据？</u>

覃大鹏：那就是口头上就是这样。

记者：<u>仅靠他一个人的说法吗？</u>

覃大鹏：难道不可以相信他吗？

记者（用眼睛盯着采访者）：<u>除了他的说法之外，他没有任何其他的依据能够证明他去过？</u>

覃大鹏[故作镇定（见图2-9）]：我对我的干部，我在用他的时候，我对他们我是很省心的，就是干部是什么品质，哪种人是什么人，我心里非常清楚。

【解说】那么,把核查事实上报省林业厅的镇坪县政府对这一情况是否知情呢?

记者:您当时相信覃局长的工作,所以没有问他要现场的核查,您认为肯定有,但是结果我们调查发现是没有。

吴平:这个情况我不太清楚。

记者:从刚刚这个细节上可以看到说,这种主观的相信,有的时候是很脆弱的,很难站得住脚的。

吴平:那你说(我们)可能对这个有一点忽略。

图 2-9　覃大鹏面对记者提问时的表情

采访中需要验证的关键信息是"林业部门是否对现场进行了核实"。记者就这个问题紧追不放,根据拿到的第一手证据进行问询"仅靠他一个人的说法吗?""除了他的说法之外,他没有任何其他的依据能够证明他去过?"尽管柴静提问时的语气似乎有点和风细雨,但是反问带来的强烈质疑效果已从被采访者非常态的表情中显现出来。

二、探索式报道中的出镜报道

观众的关注度和信服度是衡量一则新闻报道成功与否的重要标准。《新闻调查》一直强调在有限的45分钟的时间里如何吸引观众眼球,如何打动观众的心,这的确是一个值得研究的问题。这不仅要求故事本身要有社会关注度,更重要的是讲故事的方式要利于观众接受和理解,也要能引人入胜。

(一)出镜报道的悬念设置

《虎照疑云》这期节目围绕记者的调查过程而展开,节目中围绕虎照设置了这样几个核心问题:"虎照是真是假""产生虎照的原因是什么""如何应对虎照事件"等。带着这些疑问去解答与验证的过程中形成了节目的悬念,而这些悬念又是节目中的关键,随着悬念的出现、发展和结束,节目也完成了自身的起承转合。

本期新闻节目的主要叙事结构如下图所示:

新闻事件回顾
↓
挺虎派与打虎派的争辩
↓
求证的过程
(关键证据的获取、关键人物的对质与询问)
↓
事实背后的真相揭露
(对相关社会问题的反思)

图 2-10 《虎照疑云》叙事结构

《新闻调查》报道的宗旨是"正在发生的历史"和"新闻背后的新闻",在调查理念的引导下,记者跟踪记录和剖析社会事件或社会现象发生发展的过程,以镜头揭密、展示证据的调查技巧,在一定程度上实现了观众的"全程参与",走进了新闻背后。"由于这种方式满足了观众发掘'隐蔽嘉宾'的愿望,自然也就受到关注。"[1]《虎照疑云》的整个报道过程都是紧紧以调查为核心,将调查的过程一览无遗地展现给观众,带领观众一同去深入探寻"新闻背后的新闻"。

(二) 出镜报道的理性思辨

在报道中过于理性和烦琐的调查过程容易让观众感觉到枯燥乏味。在《虎照疑云》的报道中,观众却惊喜地发现很多让人忍俊不禁的画面和场景,丰富了这期节目的叙事元素,使节目的报道节奏张弛有度,理性之余而富有生气。下面的场景就是其中的一个生动的片段。

这段对话是记者询问当地村民对于周正龙拍虎照一事的看法时的场

---

[1] 惠东坡.新闻调查——节目特色与形态解析[J].中国记者,2003(09).

景,村民们生动的表情和趣味性的语言使故事一开始的叙事基调就带有一定的反讽意味,从而增强了故事的趣味性和人情味。

(三)出镜报道的画面设计

电视记者在新闻事件的现场做采访报道,通过形象的画面让观众看到记者采访调查的全过程,也让观众身临其境地参与到记者的采访过程中。电视直观形象的优势,让观众接受的信息不仅包括记者现场采访报道的语言,还包括神态、表情、动作、氛围等非语言符号,所以它是一种可视的立体信息传播。在观众接受语言符号的过程中,非语言符号也同时加强了语言符号的传播效果。[1] 柴静在节目中就很好地运用了自己的一些非语言符号,增强了新闻报道的叙事效果,幽默反讽又耐人寻味。

在柴静采访拍虎照的当事人周正龙时,周正龙煞有兴致地回忆起自己如何遭遇老虎、如何拍摄老虎的细节。其中关于周正龙当时"离老虎究竟有多远"的求证,柴静与周正龙有了下面的一段精彩对话。

周正龙:我当时一眼看到它,我想,怎么这么大。

柴静:你当时大概离它有多远?

周正龙:从这儿就到上面那个树。

柴静:山崖上那个树吗?

周正龙:那可能比那个还远一点。

柴静:离咱们这儿?

周正龙:嗯。

柴静:那这么估计的话,也就是个不到50米吧。

周正龙:诶。

柴静:是吧?

周正龙:那不止咧。我往前头爬的时候它耳朵一下就竖起来了。

柴静:隔了这么几十米远,50米之外你能看到老虎的耳朵竖起来吗?

周正龙:哎呀,那就讲不清楚了。反正很近了。

---

[1] 安百杰."接近真相,从现场开始"——从《新闻调查》看电视节目的现场意识[J].青年记者,2007(12).

图 2-11　采访中与周正龙交流

这个画面中(见图 2-11)柴静与周正龙的中近景很好地呈现了他们的神态与动作,也形象地交代了采访者与被采访者间的关系。此时出镜画面中更好地表现出柴静的"静与动"的结合,尽管柴静采取的是以坐姿来进行的静态采访,但是当被采访者提供新的线索时,她机敏地一扭头,打破了静态画面的限制,呈现出记者此时脑海里在不断快速思索的动态行为,凸显了记者的新闻专业素养,也使报道中的叙事更具张力。

三、探索式报道中的出镜评论

探索式电视新闻调查报道中的出镜评论与其他新闻类电视节目不同,出镜记者往往需要通过直观的调查过程准备大量的验证材料之后,才能对新闻事件进行围绕基于证据材料的评论。因此,探索式报道中的出镜评论,既是观点的表达,更是过程的呈现。

(一)出镜评论的观点梳理

作为一档电视新闻调查节目,《新闻调查》既注重调查过程,也善于点睛之笔的评论。《虎照疑云》中记者边采边评,善于借他人之口,巧妙地进行评论,做到将述与评结合起来。述、评融合的特点需要记者在采访的过程中坚持以理性的目光自觉去审视事物,透过现象挖掘本质,并通过对各方人士的采访,给观众以透彻了解事件来龙去脉的机会。而多侧面、多层次、多角度、立体化的叙事说理方式正是《新闻调查》的又一特色。在这一点上,它具备了深度报道的个性,可以说是深度报道基础上的评论。以下这段很好地表现了通过采访来达到评论的效果。

【解说】其实有关科学问题上的不同争论非常正常,但我们了解了王廷正的专业背景,发现他的研究方向为啮齿类动物,他的专著及论文都是有关田鼠的研究。

记者：您没有发表过关于华南虎这方面的论文是吧？

王廷正：我没写这个。

记者：您也没有在华南虎的基地做过专项研究？

王廷正：没有。

记者：就是说您是在没有研究过华南虎，也没有实地考察的情况下，做出这个地方有华南虎的判断的。

王廷正：只能是根据我搞动物分类学，这个角度上我认为它应该是华南虎。

我们还查询了其他几位参与论证会专家的专业背景，发现也并无大型兽类的研究方向。

记者：您是研究啮齿动物的，刘教授主要是研究金丝猴的，还有一位许教授主要是研究鱼的？

王廷正：对。

记者：听上去这个跟华南虎差距都挺大的。

王廷正：人家要开鉴定会了，这个省上没有研究这个的，他只能是找动物学工作者。

记者：不管是哪个级别的鉴定吧，比如说假如是一个关于田鼠的鉴定，可是由研究华南虎的专家来做，您觉得合适吗？

王廷正：好像也不太合适。

这段采访中既有"述"的部分，即展现事实，对事实的分析、调查、透视，这是论点、观点赖以形成的基础，同时也通过选材的精确和提问的逻辑性，鲜明地体现了记者对问题的立场、观点，体现了传播者的主体引导作用。被采访的这位王教授在记者的引导中陷入一系列的逻辑问答中，最终道出"由不相关的专家进行华南虎的鉴定是不太合适"的结论，而这一结论其实也是记者想呈现给观众的，只是通过记者的现场采访，借助被采访对象的口说出了，做到了纪实性与思辨性的结合，加强了对事实"评论"的分量。

(二)出镜评论的理性表达

作为一名女性记者,柴静在以硬新闻调查为主的《新闻调查》中,以女性的温柔、感性和新闻本身的深刻形成了一股对比张力,凝成了一种特殊的吸引力。她的语言比较委婉、含蓄,不过分张扬但也不缺乏思想力度,在《虎照疑云》中柴静始终保持一种冷静客观的理性语态。下面一段是节目的演播室开场白。

> 演播室出镜:两个月前,这张照片由陕西省林业厅发布,宣告陕西农民周正龙拍摄到了已经失踪多年的野生华南虎,但是紧跟着这张照片被怀疑是伪造,并且引发了巨大的争议,直到今天也没有平息,<u>照片的真假之争已经不仅仅是专业或者是技术的问题,而是对事件各方科学精神的检验</u>,《新闻调查》跟踪此事。

尽管这是一般节目中必不可少的对事件的简单回顾和介绍,但是节目并没有仅仅停留于此,而是适时进行了对问题的深化和解读——"照片的真假之争已经不仅仅是专业或者是技术的问题,而是对事件各方科学精神的检验"一语道出了虎照背后引发的深度思考,这期节目中最大的新闻诉求点是对真相的还原和对事件各方的拷问。柴静平静冷调地述说给整个节目奠定了一个客观理性的基调。

(三)出镜评论的观点呈现

一个现象或者一个问题,引起了受众的关注,记者进行调查,整个调查过程是一个揭示事件真相的过程。记者在向受众展示这样一个真相时,其叙述话语和叙述行为,在很大程度上决定了信息的传播效果。毕竟,在不违背新闻真实性原则的前提下,如何提高讲故事的水平,把它讲得更有张力、更吸引人,应该是我们追求的方向。《虎照疑云》中采取生动的叙事手法,产生了强烈的反讽意味,从而达到评论的预想效果。下面两段采访的对比就是一个典型运用。

> 【解说】在镇坪当地,很多居民也对他拍到的老虎持怀疑态度。
> 村民:周正龙拍的老虎就这么听话,趴到那儿动都不动?
> 记者(一本正经):你是觉得很奇怪是吧?你觉得很古怪吗?
> 村民(不由自主地嘲笑):<u>老虎这个东西是很敏感的东西,要不就</u>

是老虎感冒了,实在动不了的。

记者(抿嘴笑):我怎么觉得你们村里头把这个当笑话说呀?

村民(立马严肃起来):本来不是个笑话的,它本来不是个笑话的,它最后成了个笑话了。

【解说】但周正龙对这些争议有自己的解释

周正龙:这个专家教授最后开新闻发布会的时候是这样跟我说的,他说你老周命大,我最后通过多次验证,这个老虎就是那天吃饱的,它要不吃饱,你老周今天还在什么西安啊!

主任:周正龙是一个了不起的猎人,这些猎人在面对野生动物的时候,他的一些举措,他能跟动物之间达成的这种交流,不是我们常人能够想象的。

记者:你是说周正龙有一种力量能让老虎镇静下来?

主任:不是说周正龙有这种力量让老虎镇静,但是周正龙有一种力量,让他面对老虎这么近的时候他个人能保持镇静。

在听取了村民对周正龙拍虎照这事持怀疑态度,并把它当做笑谈后,紧接着将记者与周正龙、陕西省林业厅宣传中心主任的对话与村民的观点进行了对比。两方观点迥异,语言表达中充满了相互矛盾,又具有强烈的讽刺与喜感,把周正龙及陕西省林业厅宣传中心主任在相关证据下顽固不化的滑稽形象刻画得入木三分,与此同时也表达了这期节目中对于虎照的判断和立场指向。

第三章　专题类电视新闻节目的出镜记者

专题类电视新闻节目指的是以某一重大新闻内容为主题,围绕其展开比较详细、全面和深入的分析报道,有特定的新闻取向,以深度报道为主,综合运用各种电视表现手段,按周期、按栏目播出,它与消息类电视新闻节目互为补充,是新闻类节目中的重要类型。[①]

专题类电视新闻节目的目的首先是为受众释疑解惑,这也是其最基本特征。通过记者对新闻背景及材料的分析、思辨,以及对现场由表及里、由点及面,全方位、多层次透视,追溯历史,预测未来,说明现在,对复杂问题进行剖析解答。其次是充分开发利用新闻资源,捕获热点,总结规律的过程,就是对新闻资源进行集约开发、利用的过程,专题类电视新闻栏目能够以其力度和密度强烈影响并引导受众,进而"设置"出可操作的舆论"议程"。再次,对重大题材形成舆论强势,从而对舆论导向进行引导,专题类电视新闻栏目大都涉及重大题材或社会舆论关注的重点、热点、难点、疑点问题,因为正是现实中这些最集中、真实、典型的新闻事实,才能揭示出生活的本质规律,并探究到新闻所体现的价值,了解到那些熟而未察的社会生活底蕴及社会生活的发展规律,并给人以启迪。能在一定时间内对重大题材营造出强大的舆论氛围,形成"轰动效应"造成"舆论强势"。最后,是为了更好地进行舆论监督。

围绕着以上的主旨,电视人进行着专题类电视新闻节目的创作。在一般情况下,专题类电视新闻节目以深度报道与专题节目形式出现,与短平快的消息类电视新闻节目相对应;因其时效性不强,所以在后期制作上就能更加精细些,并可以尽可能多地调用多种体裁、多种表现手段来表现细节、情节,弥补了某些消息类电视节目新闻性、现场感等相对比较差的弱

---

① 孙凤毅.论搬演在专题类电视新闻节目中的应用[J].学术问题研究,2010(02).

势,加之现代的剪辑手段的不断创新以及高科技表现手段的使用,从而使专题类电视新闻节目越来越多地呈现在荧屏上并受到观众的喜爱。

第一节 人物类专题:《郭明义:简单中的伟大》

人物类电视新闻专题节目是近年来国内电视新闻快速发展的一种节目样式,它适应电视平民化的发展趋势,把镜头对准日常生活中的普通百姓,以生动的形式讲述平民百姓不平凡的生活故事。人物类电视新闻专题节目不同于纯粹的新闻报道,在节目主题思想的确立上更有余地,选择空间更大。制作人物专题,要把最闪光、最精彩的风景展现出来,要着重反映的是人物的个性特征、性格内涵等令人回味、引人思考的东西。

本文中作为案例的《面对面》是中央电视台的一档长篇人物专访节目,时长45分钟,每周日晚21:30在新闻频道播出。进入《面对面》的人物都是重量级的,他们中有新闻事件中的焦点人物,有新闻话题中的权威人物,有时代变革中的风云人物,有备受关注的公众人物。[1]

一、人物专题中的出镜采访

出镜采访指的是参与报道的记者直接出镜对新闻事件进行解说。出镜采访的记者型新闻节目主持人,要亲临新闻现场,对新闻信息做冷静的梳理分析,要对新闻事件的内涵和外延做深入挖掘,在对整个新闻事件进行充分了解后,还要做出深入真实的现场报道。他们要将现场采访能力和节目主持能力融入新闻报道中,要集新闻策划、采访、写作、主持、制作于一体。[2]

《面对面》栏目出镜记者名叫柴静,现为中央电视台《看见》栏目主持人,曾是《新闻调查》和《面对面》的主持人兼出镜记者。在央视新闻频道《面对面》栏目播出专题《郭明义:简单中的伟大》中,柴静对鞍钢集团矿业公司齐大山铁矿采场公路管理员郭明义进行了现场专访。

郭明义,全国道德模范、中共中央候补委员、全国总工会兼职副主席、

---

[1] 百度百科. http://baike.baidu.com/subview/43632/5071434.htm#viewPageContent.
[2] 吴海风.出镜采访的记者型新闻节目主持人应具备的职业素养[J].赤峰学院报,2013(05).

鞍钢矿业公司齐大山铁矿采场公路管理员、鞍山军分区预备役通信团预任军官、中共十八大代表。① 他有如此多的头衔,他有那么多感人的事迹。而郭明义为什么会有这么多头衔？为什么能做到这般的无私,这般的伟大？柴静带着这些普通老百姓应该会有的疑问和好奇,通过走访郭明义的真实生活,来展现和解读观众的这些困惑。而要做好这些,首先要做好采访的设计。

(一) 出镜采访的问题设计

首先,是对采访问题的设计。访前准备是采访中很重要的一环,被称为"静态采访"。有人把采访比作"面对面的短兵相接的战斗",意指采访是记者与采访对象在思维上的交锋。要想取胜必须知己知彼。这种"战斗"往往在一两小时甚至几十分钟内结束。而为了这短暂的一瞬,记者往往要准备几天、几星期、几个月,甚至更长。为赢得采访机会,记者不但需要精心准备,有时候还要根据现场情况,灵活机动地运用心理战术,把采访对象的积极性调动起来。另外,在非突发事件采访前,要把采访的目的、要求告诉采访对象,请他们做好准备。必要时,把采访提纲交给采访对象。② 下面的一段采访(见图 3-1)中记者的问题设计就较为巧妙。

图 3-1 郭明义接受柴静采访

记者:我看你的文章中写过一句,说你在当兵的时候有一个排长给你的印象很深。

郭明义:有一天晚上轮到我站岗了,可能白天也太疲惫了,我意识

---

① 百度百科. http://baike.baidu.com/subview/3542563/6081811.htm? fr=aladdin.
② 陈丽萍. 电视新闻节目主持人的采访技巧[J]. 学术纵横,2011(09).

中好像没动,没动了以后,排长知道了以后他也没找我,完事他就替我站岗,我睡到什么时候呢,朦胧当中好像觉得有事,突然一惊醒,漏岗了,这时候赶紧穿上衣服,拎起半自动步枪,就往室外一个健步冲出来,冲出去一看不远处有人站岗,我跑出去一看是排长,那天晚上大风雪天气,这边刮着雪花往脸上打,排长就靠近我说,你挺辛苦的白天,也非常累,但是一定要记住,当兵的第一责任就是站岗,如果说站不好岗,仗打起来以后绝对不会打胜仗的,我当时眼泪唰的下来了。

  记者:你当时流眼泪是因为受批评了难受还是因为什么?

  郭明义:是排长这种行为感染了我、教育了我,使我懂得如何当好一名战士,这是非常关键的,当战士就有责任,要牢记这种责任。

  在这段采访中"我看你的文章中写过一句,说你在当兵的时候有一个排长给你的印象很深",这种启发引导式的采访效果很好,源于记者在采访前做了大量功课后对被采访对象有了深入的了解。记者看过郭明义的文章,这个故事原本可以用画外音来简单叙述,但通过引导让郭明义自己来讲述这一经历,让观众有更加深刻的感受。

  而第二个问题就属于顺理成章的临场提问,郭明义答道自己当时眼泪唰的下来了。记者追问流眼泪的原因是什么,《面对面》采访郭明义这样的先进模范,其目的不是为了单纯地歌颂、赞扬他,把他吹嘘得如神一般伟大、深不可测,而是更多地想去还原郭明义,带领观众走进郭明义的真实生活。劳模也是一个有血有肉的活人,一个平凡的人。

  其次,对记者本身的设计。这包括记者的姿态、衣着等方面。柴静在出镜时做得最好的就是能够认真"倾听"。既让观众感知到现场,又不失人的真性情。作为出镜记者,在现场采访时无论被采访对象是谁,记者的行为视角不宜"仰俯",而应该是"平视",注意区别不同的场合和对象,要学会提问和倾听。在大量的新闻节目中,记者常常会犯的错误是:神态居高临下,提问咄咄逼人。可见出镜记者的提问能力很重要。出镜记者在采访时的角色其实是一个问询者、探寻者,提问几乎就是采访的实质。

图 3-2　柴静采访郭明义时的姿态

柴静在采访中总是向前倾斜着身子,离采访对象更近(见图 3-2)。郭明义无偿捐献血小板给临产孕妇,柴静向前倾着身子,望着郭明义缓慢地问道:"您没见着?"郭明义:"我没见着,我完事我就打车赶回来了,赶到班上了。第二天我正在现场工作呢,她的丈夫打来电话,说非常非常感谢你,你就是我的救命恩人,我的孩子能够降生,我这辈子感觉到非常愉快,我非常希望有个孩子,电话里他还哭了,我说你既不要给我钱,也不要给我买什么东西,我说你也不要来。"当郭明义说出这段话时,镜头打向柴静时,她总是在点着头,给对方以反馈。

针对对方的话,柴静会从中挑出可以使谈话更加深入的问题,她又问道:"那您为什么就不跟他见见面呢?见见面您起码知道您帮的是什么样的人,自己心里不也是一个安慰吗?"柴静这样提问显得亲切又自然。完全站在对方的角度去思考,而不是站在一个旁观者的角度,冷冰冰地问"你为什么不去见面呢?"

这样的提问拉近了与采访对象的距离,对方更容易放下心里的防线,说出最真实的想法,可以通过谈话剖析出人物的内心世界。同时也方便观众了解情况。郭明义答道:"不。我不见,因为我一直献,很多患者我都没有见着过。"此刻柴静点点头,表示知道了,与采访对象时刻进行交流。"我这么做是让他坚定有个信念,这个社会上还是有比较好的人在做这个事情,还有这么一个人,或者这样一群人在做这个事情。"镜头转向柴静,她的笑容被定格在了画面中。柴静的笑容饱含着她对于郭明义说法的认可,同时也通过画面向观众传递了这个社会的美好。我们可以感受到柴静思维的敏捷,在得到对方回答之后,她总能快速反应,顺着对方的话追问出更加深刻的实质。她提的问题总是亲切自然,好像朋友之间闲暇时的聊天。

再次,是对采访环境的设计。适合的采访环境能使得采访者更有倾诉欲,而不恰当的采访环境不仅会使得采访过程不顺利,还会使得整个新闻事件的叙述与画面格格不入。

这组采访中无论是采访采血站的站长李莎还是采访郭明义本人,都选择了与被采访者、与叙事主题相关的场景。试想,若对李莎的采访不是在采血站,而是闹市街头或者李莎自己的家中,新闻事件叙述的可信度便会降低,并且与本次报道的主题也格格不入。对于郭明义的采访,如果不是在工地,而是换一个咖啡厅或者餐厅,那么他在讲述自己事迹的时候,观众是否会心生疑虑?所以,适当的采访环境对于采访是有益的。

(二)出镜采访的提问技巧

1. 提问宜简洁

由于人的记忆能力是有限的,记者对每个要提的问题,时间长短上都应当事先精心设计和推敲,原则是易短勿长。如若所提的问题过长,采访对象容易前记后忘,导致在记者提了一个较长的问题后,采访对象只能要求记者重复问题。因此,简明扼要的提问显得尤为重要。柴静在医院采访郭明义时(见图3-3),问题设计得较为集中与简洁。

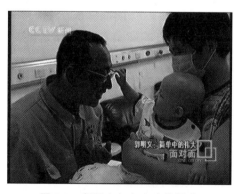

图3-3 郭明义与白血病儿嬉戏

记者:现在这个医疗保险什么的没有吗?

严寒的妈妈:有啊,但是俺家孩子小,国产药140元一针,进口的5000元一针,但140元一针因为她过敏用不来,你只能选择5000元一针的,她不过敏,就是这些东西几乎是全报不了的。

记者:现在不是有白血病青少年基金会嘛,能找他们吗?

严寒的妈妈:我们都申请了,咱不在范围之内,人家救助2到14周岁的,有一个资助0到14周岁的基金会钱都没有了,人家说要申请也得明年,那你说等到明年,咱能挨到那时候吗?

在这段采访中柴静提问简单明了,不宏观提问,每一发问都出自细节,提问让被采访者容易回答,也把事实完整地展现给观众。

2. 提问宜具体

任何事物都是错综复杂的,且有个形成、发展、结束的过程,记者如果笼统、抽象地提问题,采访对象就难以回答。因为这不符合人的思维心理活动规律,思维心理活动不是一下子能完成的。

记者:那么庞大一个血库,可能有人会觉得不缺一份两份的,你用不着那么坚持。

郭明义:我不那么认为,那么大一个城市,时时都在需要给躺在病床上的患者准备好这些各种血型和血小板,需要我这样的去献血。

记者:你根本不知道他们是谁,你也不认识他们。

郭明义:很好,我的血液一旦在他们身上流淌,这难道不令人高兴吗?

记者:您也不是年轻小伙子了,然后这么个献法的话对自己的身体也不好。

郭明义:我不是年轻小伙,但是我也不老,我55岁才能终止献血,我还可以献呢。

记者:您身体怎么样?

郭明义:身体没有问题。

在这段采访中,柴静的问题都十分具体形象不会让人难以回答。然而像"请您谈谈体会""请您说说感受"之类笼统、空泛的问题,往往使采访对象茫然无措,不知从何谈起。提问要具体,具体地发问才能得到具体、有意义的回答。

3. 提问要把握主线,适时引导

在采访中记者要起到中介作用而不可喧宾夺主。记者在采访中要注意引导采访对象说出事实真相,而不是把采访对象的思维禁锢在他指定的范围内。一般的采访目的性很强,由于时间和环境的限制,采访者和采访对象之间不可能像拍摄纪录片和写人物通讯那样可以长时间地共同生活、工作,所以要抓住关键问题,一旦采访对象的谈话偏离了主题,一定要及时将它拉回到主线上来,切勿跑题。

节目的最后一段访谈,是柴静面对面与郭明义坐在齐大山铁矿采场的观礼台上展开的这样一段对话。

柴静问郭明义:"难道就在这个矿山里这样一圈圈地走下去吗?"

郭明义:"我还要走8年。"

柴静再次用试探性的语气问:"有人会说,你这是不是太一条道走到黑了?"

郭明义的回答十分直率:"就走到黑吧,就这样了。"

此时柴静认为一个鲜活的郭明义已经展示在了观众面前,节目也应就此画上句号。所以,柴静最后准备以对郭明义的祝福来结束访问。

柴静:"好,谢谢,谢谢郭大哥,希望您多保重身体,在这条路上走下去,走得又长又远又稳,好吗?"

郭明义回答:"好。"

郭明义:"你会看到我做下去的!"

柴静:"那您为什么情绪这么激动呢?"

郭明义:"我们能做到今天,也有酸甜苦辣,但是我们走过来了,我们留下的这个眼泪不是我们悲伤,是一种高兴!"

当她面带真诚的笑容说完祝福的话语后,然后,突然郭明义的情绪变得激动,声音哽咽地说出了这样一句话:"你会看到我做下去的!"此时的柴静面对郭明义这种意外的情绪表现,她凭借这多年来练就的超强的随机应变能力,平静地问道:"那您为什么情绪这么激动呢?"郭明义依旧哽咽地回答:"我们能做到今天,也有酸甜苦辣,但是我们走过来了,我们留下的这个眼泪不是我们悲伤,是一种高兴!"说完,镜头画面出现的是郭明义穿着工作服,在采矿场的道路上朝着远方继续向前走,同时给画面配上了低缓、抒情的钢琴曲,直到郭明义在镜头中渐行渐远。从这样一段看似意料之外的对话,直接切入这样一个策划好的结尾,比原本柴静想直接以祝福结尾或许会留给观众对郭明义更多的理解和崇敬!

二、人物专题的出镜报道

基于人物类电视专题节目的故事化报道特色,出镜记者的出镜报道要求通过选择合理的报道方式、建构独特的报道思路和抓取有机的人物细节来实现故事情节的设置和人物形象的塑造。

（一）报道方式的选择

报道方式是指报道者将新闻事实示于人的方式。① 报道方式的重要性是毋庸置疑的。从柴静在采访中的表现来看,记者在采访过程中是以双重身份出现的,一个是个性的我,一个是职业的我。"个性的我"要求记者在采访过程中具备常人常态,喜怒哀乐,随情而动;"职业的我"则要求记者的情感生发始终围绕采访主题,切不可恣意蔓延影响采访进程和新闻判断。采访中的她像一个朋友,静静地听被访者讲故事和人生,她和被访者的情感是同步的,随着他们一起回忆、欢笑,倾听故事时认真专注,在情绪点上仍能理性地组织语言来挖掘故事本身的深度。端正自己的采访态度——诚实、诚实、再诚实,倾听、倾听、再倾听,基于"诚实"和"倾听"这两点基本态度,柴静安静地听郭明义讲自己的故事,去到施工现场感受郭明义的工作氛围,倾听,用她的心去倾听血液在生命中流动的声音,她不单单只是进行一次采访,而是一次深度的心灵交流。

当去到那个40平方米的家,看到那么多的献血证,大家先是惊叹而后是敬佩。面对这个相比较来说较为贫寒的家庭,当柴静提到郭明义的妻女时,他也有了满满的愧疚,同时,更把他的这种大公无私体现得淋漓尽致。读女儿的来信时,气氛一下子变得感伤,看得出柴静随着他的情绪也变得有点低落,表情在平和中带着凝重,语气中透出惋惜和关爱。记者首先是人,也有丰富的情感,但她适时地提问引导,耐心地倾听和发问,让每个人

---

① 丁柏铨.报道题材、报道方式与传播效果关系探析[J].中国出版,2012(01).

都觉得这是一个幸福的家庭。对于每个人都惊叹的 54 本献血证,柴静问郭明义到底值不值得坚持,她是用真诚的态度去询问,在问答过程中融入了自己的感情,同时也做到了尊重对方。

(二)报道思路的建构

节目通过一个个感人至深的案例介绍郭明义身为公民、身为职工所表现出的大爱,也表现出郭明义身为父亲、身为丈夫时对家人表现出的歉意。从小严寒到张国斌,从鞍山市红十字中心血站副站长李莎到郭明义的工友,从献血到没有成功的捐肾,从捐助特困生到愧对妻女,无一不是真实的郭明义。这样的叙事,涵盖了这些年来郭明义所作所为,大爱大勇。

节目一开始,柴静在演播室(见图 3-4),就以主持人的身份,装束淡雅、语调平和地介绍了本期节目所关注的郭明义:"他所做的每一件事情,我们依靠一时的热情也能做到,但是他的特殊之处,在于长期坚持。但他说他依靠的并不是理想主义和自我要求,用他的话讲'我只是一个非常天真的人'。"然后,不同于往期《面对面》,将嘉宾请到演播室内进行访问,而是让柴静走出了演播室,走进了被访问对象郭明义生活、工作的环境中。因为郭明义无私奉献最多的就是献血,所以第一站,柴静就走访了郭明义长期去献血的医院、血站。恰巧见到了郭明义正在无私帮助的一个白血病患儿家庭,郭明义自然是第一新闻人,而围绕第一新闻人的还有第二、第三新闻人,要想全面地了解新闻主人公,仅仅只是单方面地访问主人公,是不可能真实全面、令人信服的。为了还原真实全面的时代楷模郭明义,柴静除了面对面和郭明义交流访问外,还采访了如白血病患儿小严寒的家人、曾经成功救助过的一个白血病孩子的父亲张国斌、他在齐大山铁矿的同事、医院和血站的医生、郭明义的妻子等这些第二新闻人。

图 3-4 柴静在演播室出镜

除了让更多郭明义身边的人来讲述郭明义,记者柴静还跟着郭明义来到了他平时的岗位。因为郭明义是鞍钢集团矿业公司齐大山铁矿采场公路管理员,他每天都要在矿场的公路上独自步行40多公里,以确保公路的安全,所以柴静在郭明义的带领下,小小地体验了一下郭明义的工作环境。同时柴静还去拜访了郭明义的家。这种体验式的采访不仅带领观众一起感受了一下郭明义真实的工作和生活环境,而且通过郭明义同沿路工人打招呼、为工人唱歌、读女儿在大学里写的家信等细节的展现,不用柴静再用更多的华美语言去解说、赞扬,观众也能通过记者的体验镜头生动形象地从郭明义的工作、生活中去进一步认识这位楷模。

(三)报道细节的捕捉

柴静特别注重细节,一个不经意的动作,一句平淡的话,她都会认真思考,对于细节的把握,是柴静采访中的一大特色。就比如说随郭明义一起到工地,这段长长的路途让她想到了被访者平时上班路上的心情,然后把提问融入两人的交谈中,感性地表达,说话亲和宽容,善于倾听,注重细节"一问一答"式的采访。记者居高临下,容易让人有反感心理,但柴静把问题融在交谈中,与采访对象作平等交流,乐意倾听其谈话使采访更加顺畅。她在采访中理性中夹杂着感性,感觉她不是单纯以地记者的身份去记录被采访者的心声,而是作为朋友去聆听他们的倾诉,不管她自己对当事人有何种看法,她又总是站在客观公正的角度。

记者:您看郭大哥,好多人总觉得这一生的奋斗,很大一部分是为了老婆孩子,你要生活得好一点,或者比别人更好一点,这也是人之常情啊,你心里有这个吗?

郭明义:我现在过得也挺好。

郭明义的妻子:我们三口人生活都是比较简单,也不是说今天看人家买一件衣服,人家买了咱也得买,就是没有那个感觉,就是简简单单地过日子。

记者:其实这也是很多女人的天性嘛。

郭明义的妻子:但是我就对这个没有什么(感觉),我觉得有几件衣服穿着就行了。

记者:那从心里头你想要什么呢?

郭明义的妻子：我也没觉得我有什么太多的需求。

记者：那你觉得你幸福吗？

郭明义的妻子：我觉得我很幸福。

记者：这个幸福是什么呀？

郭明义：有一个好老公。

郭明义的妻子（笑）：对。

记者：（笑）你真好意思说。

郭明义的妻子：有时候我好像没想其他的，就自然而然地说了。

在郭明义家中，柴静与他的家人亲切聊天，把各种问题融入谈话中，而不是"一问一答"的死板与苛刻，营造了一种欢悦的氛围，这都是因为采用了一种交谈式的采访技巧。在郭明义的妻子评价丈夫的做法时，柴静也是耐心倾听，面带微笑，从不会为了自己的提问而中途打断说话者，即使因受访者的悲伤而悲伤时，也会克制自己的情感，这些都是体现了采访技巧和一位合格记者的临场处理方式与控制能力。

三、人物专题中的出镜评论

（一）出镜评论的视角选择

横看成岭侧成峰，远近高低各不同。是说事物本身都是多侧面的，它好似一个五光十色的多面体，既可以从这个角度去表现，也可以从那个角度去提示，不同的角度得到的是不同的认识价值。我们从事新闻评论也一样，角度选择的不同，产生的宣传效果就不一样，如果选择的角度平常，新闻就平淡无奇，反之，如果解说新颖独特，新闻就富有新意和感染力。

面对面采访郭明义这样的先进模范，其目的不是为了单纯地歌颂、赞扬他，把他吹嘘得如神一般伟大、深不可测，而是更多地想去还原郭明义，带领观众走进郭明义的真实生活。进行新闻评论自然不能从一个高角度出发去赞许他去歌颂他，也不能从低姿态出发去仰视他或纯粹地崇敬他。柴静选择的角度是平视的角度，以一个普通的旁观者或者说是叙述者的角度来对郭明义的事迹进行评论。劳模也是一个有血有肉的活人，一个平凡的人。人都有七情六欲，多少也都有私心，而郭明义却能做到这般无私，这般伟大。

(二) 出镜评论的焦点汇聚

整期采访柴静发出的评论性语言甚少,却字字珠玑。评论性语言少,就把思考和评价的权利交给了观众,柴静担当的只是一个叙述者的角色。但这个叙述者是有引导有倾向的叙述者,在叙述方式、结构等方面都能体会到柴静的态度。更多的时候把评论的主动权交给了在这次采访活动中除郭明义外的其他人,借他们的口来进行评论,也更让人信服。比如下面这几段采访。

场景一:记者采访杨思雯的奶奶,询问她第一次见郭明义的印象。

杨思雯奶奶:第一次上"希望工程"我没去,那次老师领她去的。第二次就叫我去,我就去了。去了我一见面,我合计,能赞助这孩子念书,我合计这人得穿得西装革履的,皮鞋锃亮,起码外表一瞅特别像有钱的人,是不是?等我这一见面,我的天,我这心酸,那眼泪就要淌出来了,一身劳作服,穿着大头鞋,后屁股那裤子还有补丁,我这心真是太难受了,这样的人这么有爱心,都穿这样了,还赞助这孩子念书,真是一般人做不到。

场景二:记者采访郭明义夫妇,郭明义妻子说起丈夫为了省钱不吃中午饭的事。

记者问郭明义:她不是把钱给你了吗?

郭明义的妻子:给他,他为了省那什么钱,就是中午少吃点,省点钱,完事了……

记者对郭明义:你瞧你把她给气的。

郭明义的妻子:我现在想想这事我都可生气了,我说你不吃饭也不行啊,完事他说我省两个钱,我说那就饿死你吧,你别吃了。他看我生气了,完事他说别生气了别生气了,我明天吃明天吃。后来我说,我说得了你明天也别吃了,我说那什么你还是回家吃吧,我辛苦点就辛苦点吧。

记者:你还心疼他?

郭明义:省那个钱可能用于资助孩子。

记者:但是郭大哥你这个帮人之前你心里头难道没有自己的一个打算吗?就是起码我得是健健康康的,然后我才能帮别人啊。

郭明义的妻子:这方面想得少,他好像一天心里就想着别人,他就不想他自己。

杨思雯的奶奶在叙述故事的同时也发出了评论:这样的人这么有爱心,都穿这样了,还赞助这孩子念书,真是一般人做不到。郭明义的妻子发出的评论:这方面想得少,他好像一天心里就想着别人,他就不想他自己。这些都是柴静想要讲的话、想要发出的评论,借被访者的口说出,郭明义无私助人的形象便因此而更加生动。

(三)出镜评论的观点表达

在语言表达风格上,平实质朴。同样也是非常简单,没有什么华丽的语言,用词很得体。若用华丽的辞藻语句堆砌,反倒会让人觉得浮夸不可信。平实质朴的语言更能表达出态度,如跟郭明义的工友交流时时用非常亲切的语气。同时又不累赘,简洁明了,一语中的,抓住关键,节省了更多时间交给被采访者。

2008年柴静荣膺"首届中国职场女性榜样"称号,在颁奖仪式上她作了一番演讲。没有其他演讲者的那么慷慨激昂,她娓娓道来,却字字打动人心,平和也有平和的力量。这样更能使人静下心来,对她说的每一句话有所思考,有所感悟。她的这种语言风格在采访过程中也被表现得淋漓尽致。有人说:"她的目光闪烁着青年才女的知性与睿智,她的端庄仪态代表中国古典女性的雍容典雅,她的文字犀利中不失温情,她的谈吐在亲和中总能令人深思。她就是柴静,央视极少见的优秀记者,一个看似柔弱却在骨子里透露着北方女人刚强之风的'新闻女侠'。"

第二节 情感类专题:《生命美得让人流泪》

情感类专题节目是指以表现普通人的情感经历、情感心理、情感关系为主要内容的节目类型。这一类节目的主体应该是普通人,而不是名人,更不是英雄,而对象则是具有极强私密性、个体性的私人情感。当然,关注公众人物的私人生活,揭示其不为人知的个人情感生活,也是电视情感类节目的重要的内容。[①]

作为本节中案例的《看见》栏目是中央电视台一套综合频道于2010年

---

① 刘国强.电视情感类节目的类型解析[J].视听天地,2008(01).

推出的一档午间专题栏目。在节目开播介绍中,主持人柴静表示:"很多人都问我们栏目为什么叫《看见》,我说有一个作家说过,人们都知道什么是石头,但是我的任务是让你看见它,感觉到它。这个时代每天都在发生大量的新闻,但我们的任务是要让你看见新闻中的人,感觉到人的存在。"在《生命美得让人流泪》这期节目中,柴静的表现完美地诠释了她的这番话。

一、情感类专题中的出镜采访

《生命美得让人流泪》这期情感类新闻专题节目主要以室内采访为主,雅安现场录像以及廖智生活片段为辅,三者相结合为我们叙述了事实的经过以及主人公廖智心路历程的转变。柴静在此次采访中的表现有很多可圈可点之处。

(一)出镜采访的问题设计

1. 问题设计以人为本

人文关怀是记者进行提问的一个重要的出发点。下面这段采访里体现了柴静浓厚的人文关怀。

> 主持人(柴静):那有人可能会觉得,有专业的救援队伍嘛。
> 嘉宾(廖智):对。
> 柴静:你可以不用去,你可以用别的方式来帮助他们。
> 廖智:我就是想不到别的方式,我就是觉得如果我不去现场,谁往洞里面钻,他们钻不进去,可能也是想得严重了一点,像我这种个子很小,又有被救的经验,知道怎么去打洞,我觉得是很能帮得上忙的。
> 画外音:廖智说这次雅安地震,自己之所以想第一时间,去灾区救人,就是因为当年5·12地震的时候,她被卡在废墟里,救援的人怎么都进不来,最后是一个小个子的男孩,钻进洞里救了她。
> 柴静:那些被从废墟里救出来的人,一般这一辈子都不愿意再接近这样的地方,你不觉得?
> 廖智:我就一直觉得,我的命是别人给我的,所以也是从那个时候,我觉得人有时候是要忘记自己的,要忘记自己去做一些事情。

在这组提问中柴静都以廖智的角度出发,问题中蕴涵着对廖智痛苦经历的关心。柴静不认为廖智去灾区帮助灾民是一件理所当然的事情,她问道:你可以不用去,你可以用别的方式来帮助他们。""那些被从废墟救出来的人,一般这一辈子都不愿意再接近这样的地方,你不觉得?"这样的问题必然是前期做采访准备时写在采访提纲上的疑问。问题中浓重的人文关怀令人动容,而这样为廖智考虑的问题也更能够拉近与她的距离,有利于后续采访的展开。

2. 出镜记者的形象与报道主题相符

此次报道活动要讲述的是廖智的故事,告诉大家廖智的善良之美、坚强之美、生命之美。作为采访人的柴静自然不能喧宾夺主,因此柴静衣着朴素并以深色系为主,黑色的长围巾、深棕色的风衣外套、近乎素颜的淡妆,这些都成为了廖智的衬托,让身着白色衬衣的廖智显得更加青春阳光。甚至在打光上,打到廖智脸上的光都要比柴静这一边的明亮,观众的注意力也因此更集中在廖智身上(见图3-5)。

图3-5 柴静采访廖智时的一组表情

3. 选择适宜的场所

人总是离不开环境的。记者出镜选择怎样的场所,往往会直接影响到出镜的效果。在情感类电视专题节目当中,出镜人的采访活动起到的作用是如同针线般把一个个片段串联起来,对真实的故事进行还原从而挖掘主人翁在故事背后的整个心路历程和情感变化。因此在这样的访问中的出镜,应当考虑的是:能否让双方都静下心来,形成融洽的谈话气氛,保证谈话的顺利进行,能否录到清晰自然并能显示访问对象的身份或工作特点的音响、画面等。总之,适宜的出镜访问场所,要根据具体的访问对象、访问内容和实际条件来决定。在本期节目中,柴静所选择的环境相对比较安静和舒适,也易于被采访者进行回忆。

(二)出镜采访的提问技巧

1. 做好采访前准备工作

古人说:"预则立,不预则废。""知己知彼,百战不殆。"一个电视采访在初步构思后,为了更好地完成摄制,采访前的准备必不可少。在确定了采访对象后,要想获得好的采访效果,得到有价值的信息,必须对被采访者做一个全面的了解:年龄、经历、成绩、家庭等。很多采访对象对于出镜记者来说是陌生的,不全面了解就不可能提出有价值的问题。出镜记者想采集到鲜活的生活素材、拍摄到完美的情节画面、让被采访者能够自如地在镜头前活动,就只能与被采访者相互交流、相互沟通、相互了解,让被采访者了解记者的意图、想法以及报道的形式,更好地消除与采访对象的隔阂,缩短彼此的距离。在柴静对廖智的一段采访中,有一段采访令人印象深刻。

<u>柴静</u>:我记得你博客里写,小的时候你看琼瑶的《一帘幽梦》,想过如果说绿萍的命运放在你身上的话,你死也不能接受。

<u>廖智</u>:是,小时候我真的是这样想,我看《一帘幽梦》的时候,觉得绿萍好美啊,她一条腿没有了。我也是跳舞的,我想如果有一天我的腿没有了,我一定会自杀,我绝对自杀也不要活下去,我非常坚定地这样认为。但当它真的发生在我身上的时候,原来不是那么简单,不是死就可以解决问题的,那个时候会想很多,甚至连虫虫(廖智女儿的小名)都是一个我无法放弃的理由,因为我一直相信她看得见我在做什么,我觉得如果我放弃,她一定会嘲笑,她一定会很羞愧,觉得自己的妈妈很没用。

从这段采访可以看出在采访前柴静所做功课之仔细。而这问题的提出与解答不仅仅把廖智心路历程的前后变化告诉了我们,也拉近了柴静与廖智之间的距离。柴静会经常在提问中说,她从采访对象的博客中发现什么什么,这说明柴静完全对当事人有了解,一篇一篇地看采访对象的微博,从微博中发现问题,同时也更好地知道当事人的想法,提问也更加有重点有深度。这也是报道策划中的重要一点,访谈节目的提问也一定要有深度才会更加吸引人,也与其他只有噱头没有内容的访谈节目区别开。

2. 从细节出发

一个好的细节画面,不仅能准确地反映新闻事实,而且能生动地传达新闻价值,从而增强电视报道的可看性、信息量,甚至升华电视报道的主题。

柴静:现在应该有不少小伙子。

廖智:都是在网上过过嘴上的瘾,顶多就是打一打电话,都还是打给我妈的。

柴静:看你自己写的这个征婚的条件当中,并没有一条说希望对方照顾你。

廖智:对,我希望是互相照顾,我觉得这样子两个人才会都快乐。其实刚刚地震完我也有一种心态就是说我要找一个很有耐心,然后很有爱心的人来照顾我,但是这种心态会让我变得很自怜自艾,我后来就一直反思,如果有一天我真的遇到一个很有爱心,很疼爱我,他可以爱我超过爱他自己的男人,但是因为我这样索求无度,总有一天会把他吓跑的。

柴静捕捉到了廖智并没有在征婚条件中列出希望对方照顾自己这一细节,于是顺理成章地在聊到婚姻这个话题时抛出。任何一个身体有缺陷的人都会希望自己能被人照顾,廖智却没有。这不仅仅是采访人的疑问,也是观众的疑问。这一疑问的解开,也使得廖智坚强勇敢的人物性格展现得更加饱满。

3. 不懈追问。

追问是采访过程中一个十分重要的技巧,在追问中可以找到更多的新闻线索,展开更为广阔的被采访人的世界。在这期节目中柴静的几次追问都十分精彩。

图 3-6　廖智最喜欢的一张自己的照片

柴静：你所有的照片中，我最喜欢的一张，是你洗完澡出来裹着浴巾，摆了一个大力士造型（见图 3-6）。

廖智：那个假肢装了以后，要给我包扎成腿的样子，我说不要包，就这样子，很特别。

柴静：坦率地讲，我真没见过女孩可以拿自己的这样一个身体来有幽默感的。

廖智：但是我从来没有为我失去腿而流过眼泪，比如说我看到别人可以穿裙子，起初我的假肢很难看不能穿，我第一时间想的是，我怎么能穿得上裙子。我为了找到一双可以穿的靴子，花了三个月的时间跑遍了重庆市所有的地下商场。为了穿一双有跟的鞋子，我就想尽办法，拿着螺丝改刀把我的鞋，把我的假肢拧开拧开拆掉重新组装，想办法怎么把它弄到可以穿，我就自己去研究，反正我就在这件事情上，我觉得还蛮有斗志的。

柴静：你为什么一定要就是穿短裙、穿长靴？

廖智：我很爱美啊，我觉得爱美的心，是我生命里不灭的一件事情，我在医院腿包得像棒槌一样，缠满了纱布，穿着病号服，那个时候，我都不忘记做一件事情就是拍照。

柴静：爱美的女孩会觉得说我只要拍下我漂亮的时候才可以，至于说腿上都是绑带，然后要坐轮椅我不要拍这个，你怎么想？

廖智：我觉得这个很特别，为什么（不拍照）就是觉得一般的女生，你想要这样还不行嘞。

柴静的三次追问，把廖智幽默、坚强、乐观、积极健康的形象生动地展现在了观众的眼前。廖智这个人物一下子就活了，她不是电视里树的模范而是活生生有血有肉有自己的爱好小性子、正处于花样年华里爱臭美的小姑娘。她爱漂亮、爱臭美，即使身体有了缺陷也对生活充满热情。

二、情感类专题中的出镜报道

柴静的出镜报道主要是作为一个引子，去引开廖智的话匣子，去把装满廖智的一个个动人的故事的小盒子打开，把故事呈现给观众看。

（一）层层递进的叙述性报道

本期节目主要分为四个板块——救灾、跳舞、假肢和婚姻。大家是通过微博——最美志愿者·雅安地震而了解她的,节目从救灾切入一方面是她在雅安地震救援的现场,另一方面是她是汶川地震的受害者。这样一下切入主题,从她现在的乐观和坦然,来进一步挖掘她的另一面,是否有过迷惘、害怕、愤怒和死亡。而跳舞则是她更为大众所熟悉的,一个双腿都截肢的人是如何完成舞蹈的,这样更加有卖点,也更加体现了她的毅力。后来对假肢运用得如鱼得水,刚开始一定承受了超乎常人的痛,这种痛不仅是身体上也有精神上的,这样显得人物更加鲜活,不只有光辉,其中也有挣扎和痛苦,这样才显得更加可贵。最后的婚姻也是当事人较为敏感的问题,也是别人的痛处,这样略显沉重的问题更适合在和当事人聊天,了解了一段时间后开始深入,这样更加符合常人的思维模式。

问题的设计可以说是层层递进,由表及里地向我们展示了这个女孩人性中最美的品质,通过一些简洁而又具体的问题,使整个节目自然流畅,并且每个问题都承担着承上启下的作用,推动了节目流程的发展。可能廖智身上的一些闪光点或是品质她自己没发现,或是她自己没办法表述,但通过柴静的问题我们全都了解,廖智质朴又自然的回答让人铭记在心,问题也是起着强调和说明的作用。

整个节目叙事的方式有三种。一种是通过当事人自己口述;一种是对特殊场景的呈现,比如说在医院翻身,在舞台上跳舞的有标志性的声画符号;第三种,也是最特别的一种,就是捕捉的当事人在生活中的点滴。这也是节目能够打动人的原因所在。我们以往看到的电视上面的人物要么遥不可及,要么就故意让你感觉他很亲民,但那都是在电视节目中给观众呈现出的,跟他在自己的生活中所处的状态多少会有偏差。想要了解当事人,拉近他们和观众的距离,不是通过节目告诉他的经历,也不是要告诉观众他曾经做了什么大事,而是要将他的生活原原本本地反映出来,小到生活的点点滴滴。这样才会让观众觉得,哦,原来他也是个普通人,原来他每天也是要去菜场买菜做饭。他们跟我过着差不多的生活,却做出了我永远无法做到的事。

大框架上,可看出"新闻资讯＋新闻背景＋新闻评论"的"新闻包裹"理念的运用。这有利于观众在视听时注意力的集中和情绪牢牢集中。而从节目在叙事过程的处理来看,线索是引出下文的关键。先从新闻重要事实开展到新闻背景的阐述,再到新闻评论深化主题,始终依靠事件线索来控制进程。每个情节的讲述中的关键词都用来为引出下文事件作铺垫,这样的逻辑方式使节目在情节的调控上显得更顺理成章。所以,报道结构的策划也是一个节目取得较好播出效果的至关重要的一步。

(二)倒叙的报道思路

倒叙是指根据表达的需要,把事件的结局或某个最重要、最突出的片段提到文章的前边,然后再从事件的开头按事情先后发展顺序进行叙述。①本期节目采用了倒叙的叙事手法,一开始由雅安地震中"最美志愿者"廖智走红网络为引展开廖智经历过汶川地震后的一系列心路历程。

表3-1 《生命美得让人流泪》节目开场介绍

序号	画面	声音
1	廖智在雅安地震现场组织当地群众进行抗震救灾活动	廖智:你们有几个点现在?每个点多少人? 群众:几十个点,每个点人数不一。 廖智:大妈,你别说话了。你们听我说,如果家家户户发太浪费了,大家都相互照应一下在一块,不要自己扯自己的。救灾,是朝那边救灾。
2	廖智和柴静面对面坐着进行采访对话 (在廖智讲到拔腿时切画面)廖智坐入卡车内开始拔掉假肢	廖智:后来下大雨嘛,我的假肢就很有优势,被泡也是假的腿被泡,他们全部人都很羡慕我,一上车都在脱鞋,然后只有我在拔腿,拔下腿举起来后他们都看着,还是假的好。
3	灾区残垣断壁的空镜头 后切回柴静对廖智的访谈画面	廖智:唯一不方便的地方就是,后来到龙门乡,要上厕所的时候,找的那个小姑娘带我去,结果把我们带到一个坡的旁边,那儿种满了很高的,好像是油菜吧,然后她一掀开说,"就在这里,"我跟我妈当时都愣在那里,说:"这里?"她说:"你放心吧,躲到里面去蹲下来。"她不知道我不能蹲下,因为我装假肢,只能蹲九十度蹲不到下面去,她就一直说:"姐姐,你蹲下去一点,你蹲下去一点。"我心想我只能蹲成这样子好不好。

---

① 百度百科. http://baike.baidu.com/view/223183.htm? fr=wordsearch.

续表

4	演播室中柴静口播背景资料	柴静:这是一个二十八岁的女孩,这是她第二次经历大地震,第一次是五年前,汶川大地震当中,她失去了婆婆和十个月大的女儿,失去了自己的双腿,失去了婚姻。五年之后,雅安地震发生之后,她戴着假肢去往灾区参加救援,当余震发生的时候,她戴着棉线手套坐在地上搭帐篷,被人们称为最美志愿者(见图3-7)。她叫廖智,她说:"苦难不是人活下去的理由,快乐才是。"

图 3-7　廖智在雅安地震现场当志愿者时的照片

在讲述完廖智在雅安地震中抗震救灾的经历后,对廖智整个人生故事的叙述就此展开,时间回到 2008 年对她人生产生翻天覆地变化的汶川地震,开始讲述她从汶川地震开始的整个改变。痛失爱女,丈夫的离开,终结了的舞蹈生涯,对这些变故的挣扎和恼怒等等一切遭遇换做我们任何一个人都是无法承受的,廖智却不屈不挠地坚强地走下来了。最后则是叙述了廖智现在的生活,观众的情绪也得以从怜悯和敬佩中走出,变成欣慰和祝福。叙述中,突出了两点,一是残疾对廖智带来的不便,还有就是廖智乐观地接受了一切的伤痛!其中让人印象最深的,是廖智引用电影《绿里奇迹》的那一段,那种宽恕一切悲痛的豁达,让人震撼和感动!

图 3-8　廖智接受柴静采访时坦然的表情

这期节目叙述的情绪曲线呈"U"形分布,廖智的角色也从志愿者转换成受害者再转换成救赎者。起伏的情绪能最大限度地形成对比,对观众也能产生最大的冲击和震撼。而贯穿叙述始终的关键词是乐观和坚强,而由两者衬托出的节目中心是生命的美丽。

(三)报道中情感元素的运用

同感,即感同身受。采访者虽不能亲历被采访者的故事,但能产生同感,便能更好地把信息传递给观众。柴静是把自己完全融入廖智的故事中去,作为一个很好的倾听者,又像是一个好朋友,廖智讲到轻松好笑的事情的时候,柴静比她还要开心,当讲到伤心难过之处,可以看到柴静的眼中闪着泪花,在采访中柴静几度哽咽。

柴静:在我看你博客当中写到婚姻的那一篇的时候,我曾经有过一个疑问,我会在想这个人的心中真的没有怨恨吗?还是她在写的时候,抑制了自己?

廖智:其实婚姻带给我的痛苦。我觉得是大过地震本身带给我的痛苦,地震之后,我的丈夫没有来照顾我,他曾经说过一句话,我当时觉得很残忍。他说你知道吗,我这么做是为了让你更坚强,我听了这个话就哭了,你凭什么来让我变得更坚强,你应该照顾我。

柴静:那时候你会责问他吗?

廖智:我每当想责问的时候,他比我还难过,他会哭得比我还伤心,他会因为他的妈妈离开,女儿走了,他也非常爱女儿,但他这样一讲我觉得是有道理的,我是觉得他比我更伤心,我很想埋怨,我说不出口,我说不出口,我就只能陪着他哭。但是到后来,现在我再回想起来,我真的我发自内心地觉得我是要感谢他,的确是他让我变得更坚强。如果他在,我不可能成为现在的我。

  柴静:这个不会让你对爱或者对人性失望吗?

  廖智:不会,会让我变得更冷静,不会再像以前,接受一段感情如果对方对我很好,很疯狂地追求感动,我就会接受。现在是也会有一些感动的时候,我会很清楚,这个人是否适合。

柴静哽咽着提出的这个问题,她问廖智会不会因此而对爱或者对人性失望。她为廖智的经历而难过也为廖智勇敢乐观向上的态度而动容。柴静的哽咽没有让人觉得媒体报道不客观不真实,它顺理成章地在那里。廖智坚强善良的美好品质也更为闪光。

三、情感类专题中的出镜评论

主持人柴静以其娇小、柔弱但富有抗争精神的姿态贯穿节目始终,以一位女性特有的感性、敏感、委婉解读事件,刚与柔、情与理的结合使《看见》具有浓厚的人文气息。

(一)平和从容的语言风格

柴静的采访,理性中夹杂着感性,感觉她不是单纯地以记者的身份去记录被采访者的心声,而是作为朋友去聆听他们的倾诉,不管她自己对当事人有何种看法,她总是站在客观公正的角度。这是需要很高的道德高度才能做到的。她把最真的东西呈现在观众面前,这种真最令人感动,平淡、质朴才能吸引受众。

片中语言呈现的两种形式:一是叙述,二是评述。针对《生命美得让人流泪》始终本着对采访对象的尊敬,开场时柴静坐在演播厅里,声音低沉,姿态端庄地介绍廖智的情况。

  柴静:这是一个二十八岁的女孩,这是她第二次经历大地震,第一次是五年前,汶川大地震当中,她失去了婆婆和十个月大的女儿,失去了自己的双腿,失去了婚姻。五年之后,雅安地震发生之后,她戴着假肢去往灾区参加救援,当余震发生的时候,她戴着棉线手套坐在地上搭帐篷的样子,被人们称为最美志愿者。她叫廖智,她说:"苦难不是人活下去的理由,快乐才是。"

以一句"她叫廖智。她说,苦难不是人活下去的理由,快乐才是。"结束,一锤定音。明明说的是快乐,却又似乎没那么快乐。好像是从《新闻联播》开始,电视节目表情严肃、语态平和才能增强可信度。柴静的语言风格就定型成了这样,不论之前情绪如何,一回到演播厅里就开始声音低沉。这期节目的题材比较沉重,但柴静只在画外音和演播厅的段落才会恢复声音低沉,一副伤痛的样子。这样有愉快有沉痛才是张弛有度的评论方式。片子最后的评论也是如此,廖智希望人们看到的是一个真实富于人性的人,不是一个充满光辉的伟人,而评述也给了我们这样的希望,有魅力的人,就在你我身边。

(二)客观中立的叙事视角

节目中的评论基本上都是发散式的评论。在节目的最后三分钟才引出了柴静的评论,引出了一部电影,其中把影片主角形象地比作了廖智。虽然他们俩的经历迥然不同,但是他们在面对改变不了的事情后的心态却相似。选择忘记。这种评论的方式恰到好处,可以直观地去诠释廖智的良好心态。

> 柴静:谢谢廖智把这一切告诉我们,那么真实,那么动人,那么悲哀,那么欢乐。我们理解她,不是因为她异于常人,不是因为她比谁强大,恰恰因为她的每一种感受都那么普通、真实、富于人性,在当中蕴涵着我们自己。廖智在博客中写过:这世上没有绝对完美的人,每个人都有各自的心酸、艰难、软弱和悲哀。但是,只要还有呼吸,就有盼望。她说,每当想到这一点,就觉得,生命美得让人流泪。这句话,由一个曾经承受过无边黑暗但又从中挣脱过的人说出来,才会显得那么震撼人心的力量和光辉。

节目最后柴静的这一段话深入浅出,寓情于理。讲述了廖智从汶川地震,再到她孩子的死,丈夫的离去,她的双腿截肢,阐述了一系列她的悲惨经历。但这些残酷现实没有打垮她,反而让她变得更加乐观。最后柴静的一句"那么普通、真实、富于人性",也点出了节目的主题,这样评论的方式显得更加透彻,让我们了解知道了事件的另一面,也使观众们的内心得到升华。"世上没有绝对完美的人,每个人都有他的心酸、悲哀、艰难。"柴静的一句话让人感到评论的丰富和充满色彩。这种评论会赢得观众们的赞同和认可,符合评论的逻辑。评论贴近民心,能以小见大,具有典型性,也是社会所弘扬的意识观念,抓住了社会的焦点。

第三节 社会类专题:《岩松看日本》

社会类专题节目就是以某种社会状况、生活方式、地方风情等为主题,围绕其展开详细、全面和深入的分析报道。社会类专题节目为观众介绍陌生国家或者地域的奇异风情,融知识性、有益性、趣味性于一体,在介绍闻所未闻的社会生活时,对这种社会状况进行剖析,解答民众疑惑,同时蕴涵浓郁的趣味性,非常吸引观众眼球。

本节引以为例的《东方时空》栏目开办于1993年5月1日,这个40分钟的杂志型新闻节目播出伊始就产生了广泛影响,改变了中国大陆观众早间不收看电视节目的习惯,被誉为是"开创了中国电视改革的先河"。[①]

《东方时空看世界》是一个以走访其他国家或地区为主题的特辑,共有《东方时空看日本》《东方时空看台湾》《东方时空看香港》三个篇章。本节主要以其中的《岩松看日本》展开对出镜记者的分析。

一、社会专题中的出镜采访

随着电视新闻事业的迅猛发展,"出镜记者"这个名词被越来越多的人所熟知。人们在看新闻时,可以看到记者活跃的身影,他们中有的直接面对镜头作报道,有的与采访对象面对面交谈,有的作为新闻事件的调查者正在深入现场。

白岩松是中央电视台《新闻周刊》《新闻1+1》等栏目主持人。在这期央视新闻频道《东方时空》栏目播出专题《东方时空看世界·岩松看

---

① 百度百科.http://baike.baidu.com/view/43565.htm?fr=wordsearch.

日本》中,白岩松在日本千叶县的我孙子市进行了一系列体验式采访。白岩松深入日本友人家中,从一名日本公民的一天生活的视角来看日本的环保事业,将我孙子市的生活垃圾从普通居民家庭到大型回收站的整个过程展现在了观众面前,意在向大家更明了清晰地介绍日本的环保工作的优势所在,也是我国应当学习之处。

（一）出镜采访的问题设计

采访设计的第一个问题就是记者的角色定位。电视新闻节目当中,根据出镜的目的、采访对象以及节目时间的长短,出镜记者大致可以分为两种：一种是"现场报道出镜记者",主要针对新闻事件,如日常消息报道、直播和连线报道等；一种是"人物访谈调查出镜记者",主要面对采访和报道中的典型人物。[①]

在节目的一开始,白岩松站在地铁站垃圾桶旁发现了日本的垃圾桶对于垃圾的分类十分详细(见图3-9)。再经过观察,他发现很多来来往往的人似乎还比较遵守垃圾投放的规则。他不由得提出了疑问——那普通的日本人在日常的生活中又是如何做到环保呢？紧接着白岩松去到千叶县的我孙子市的一位普通居民家中,去探究普通居民的垃圾分类回收的状况。他以理性的语言描述他走在日本的每一步,这让这期的新闻节目有点像旅游节目,引人入胜。

图3-9　白岩松在各式垃圾箱前进行现场报道

---

① 百度百科. http://baike.baidu.com/view/294814.htm?fr=wordsearch.

表 3-2　记者在各式垃圾箱前进行现场解说的场景

序号	画面	声音	备注
1	文字:"记者:白岩松"。 画面:主持人在日本新干线的站台上,背后是日本市民在等车。记者介绍垃圾箱的分类,逐个给出不同垃圾箱的特写镜头。 然后回到主持人全景上。 最后给出一排完整的垃圾分类箱。	同期声 出镜记者(白岩松): "到日本之后,整个的生活的节奏就处在不停的旅行当中。但是在旅行当中,经常可以见到这样的一个普通的场景,比如说我现在是在日本新干线的站台上,就会看到它分得很细的垃圾分类的垃圾箱。这个是投入塑料瓶的,它这块也设计成圆的了。这个是投入新闻报纸,还有杂志等等,你看它适合把报纸或者杂志扔进去。这一块是像易拉罐,还有玻璃瓶子等,它也设计成了圆的。这一块是收集其他的圾。我想刚才在仔细观察的时候,很多来来往往的人似乎还比较遵守规则,那么普通的日本人又会把环保如何在生活当中去保持得很好呢?"	垃圾箱的特写镜头根据分类顺序逐步拉过去,突出其形状和作用的协调
2	文字:"岩松看日本:体验全民环保。" 画面:我孙子市的街道上以及城市的整体房屋街道形象 镜头切换为白岩松和几个人步行前往采访地	解说词:"位于千叶县的我孙子市,是一个只有十几万人口的小城市,但在日本,它的垃圾回收处理工作却很有名。2005年,我孙子市的废品再利用率达到了40%。在10万人以上的日本城市中,排名第一。我们的体验就从这个城市的一个普通居民家里开始。"	画面为汽车行驶时的拍摄镜头

续表

3	画面:白岩松站在居民家门口,以若干居民为背景。最后镜头跟随记者进入户主家中	同期声 白岩松:"因为收垃圾的时间是在上午8点的时候完成,所以我们现在来到了千叶县我孙子市的一个居民的家中,这个居民的户主的名字叫佐佐木,我们来看看他已经做好了怎样的(回收)垃圾准备,接下来将是怎样的一个回收过程,一起来看一下。"	后面的镜头为跟拍

白岩松在此档节目中就是属于"人物访谈调查出镜记者",在"体验环保"中,从发现垃圾桶的特别之处再到一步步地探究。白岩松身体力行穿梭于日本的大街小巷、居民家、超市商场和垃圾回收加工厂,对普通居民、工厂负责人、超市负责人、集团总裁、各种群体进行采访,来做到真正的全方位体验和报道。这是作为出镜记者的一种对新闻的敏感,知道从哪方面入手去抓住新闻,挖掘新闻,让观众在感觉与视觉上都有体验。

其次是要认清展开采访的目的。本次报道的目的是发挥媒体的力量来增加中日两国民众之间的知识了解和良性互动。白岩松看日本环保的问题更能给国人以警示,让国人认识到日本这样国土面积很小的一个国家是如何处理日常生活垃圾等重要问题的,以及日本公民对待环保的态度是值得我们国人学习的。

(二)出镜采访的提问技巧

1. 要善于设问

比如在新干线车站的时候白岩松问:"那么普通的日本人如何将环保在生活中保持得很好呢?"这样接下来就顺理成章地转场到我孙子市,探究普通人在生活中的垃圾分类回收做得如何。

在佐佐木家外面准备去小垃圾站的时候说:"接下来是一个怎样的回收过程,一起来看下吧!"场景便顺其自然地转到小垃圾站了。

接着垃圾分类车开走了,于是他说:"现在垃圾分类的车已经开走了,它会去哪呢?它来到了我孙子市的垃圾清洁中心。"于是引出了垃圾清洁中心的详细报道。

在垃圾场前,"我们这回来的这个色彩斑斓的建筑物,这是哪呢?迪斯尼？不对啊,这是科技与艺术的高度结合,那该是哪呢？不跟您兜圈子了……""啊,一个垃圾场设计成这样？是啊,市民也是这么想的,因为是社保基金增值的盈利的部分建成的。"这样的设问然后又自我解答引人入胜,让整个报道扣人心弦吸引人往下看,起到充实节目内容的作用,让节目显得没那么严肃和无聊,更有乐趣。

2. 平易近人的采访语态

在佐佐木先生家采访准备处理垃圾的佐佐木太太的时候,谦逊有礼。因为佐佐木太太是站着的,白岩松并没有坐着采访,而是与女士并排站着,从他的提问中也能体会到他把自己定位为与日本普通的家庭妇女是平等的,不因为自己是名人就高人一等。

图3-10 白岩松去佐佐木家进行采访

比如说:"这些都是什么垃圾,能给我介绍一下吗？……这个小袋是？"在说这话的时候有一个弯下去的动作,说明他是准备自己捡起这袋垃圾的。

还有就是:"那我要问一下了,像平常生活垃圾是不是随时满了就随时会倒？""那我要问一下了,现在春天还好一些,到了夏天的时候,可能会有一些味道,在家里头为了垃圾分类要把垃圾储存一段时间,这会不会增加很多的麻烦？"比如在问别人的时候都会用到"能……吗？"礼貌用语从不离口,他能把自己放在普通日本市民的位子上设身处地地为他们着想,另一方面也回答了正在看电视的中国观众的疑问,一举两得不可谓不聪明。

还有这句:"像这些可回收的资源是多长时间回收一次,您平常是不是就像今天一样,都要在来之前提前把它整理好?""这样做垃圾分类的事情,您已经做了几年了?"在与女士的谈话中,人称代词都是"您",表现了对日本妇女的充分尊重,并没有大男子主义,而是平等对待。

3. 思维敏锐,应变能力强

白岩松在对佐佐木太太采访时有一个表现,当他还准备问些什么的时候,看到佐佐木太太还没说完就及时收声,并没有打断他人的说话。这一点是非常难得的,因为中国记者出去采访的时候有一些语言上的障碍,所以在对话的时候,你并不知道对方什么时候讲完了,所以常常会出现一下子没人说话,下一句两个人又同时开口的情形,但整个片子看下来,白岩松并没有打断别人发言,不管是普通家庭妇女还是超市负责人,或是官员,他每次都有足够的耐心听人家把话说完,这是非常难得的。

二、社会专题中的出镜报道

(一) 多视角、多对比的报道方式

白岩松在全片中报道的方式有:自己的亲身体验和对群众的采访。他的采访对象有普通居民、垃圾回收场的管理人员、超市负责人、公司总裁等各种人,以不同视角来报道。然后,就是自己的亲身体验,以自己的角度来看待事物,以自己的观点来解读事物。

片中,不仅报道了日本这个国家对环保的理念,还深入群众报道,以宏观和微观的不同角度进行报道。还有就是对正面和负面都有报道,报道了日本以前在发展经济时没有注意环保而遭到的灾难,也报道了现在的进步。这些报道的方式都可以使事件报道更加生动。

从组织叙事的角度上来讲,白岩松是中央电视台很有名的主持人了,大家对他也是比较熟悉。他在着装上给人一种庄重的感觉,在主持新闻评论类节目的时候他的逻辑思维比较严谨,评论也很有思想,很有道理,深入浅出,让人容易接受、信服。在这条片子当中我们也可以感觉到他的组织叙事的层次是很明显的,一层一层逐步深入。

比如在介绍垃圾集中站的时候说道:"在这个阳光明媚的早晨,佐佐木家的女主人完成了这个垃圾分类,在这样一个小型的垃圾集中站里头,据资料显示,一共有17种垃圾。因此每一个家里可能只分为6种或8种,到这再进行详细的分类。"

这说明他在采访之前就已经做好了资料的收集,并且能保证资料的真实性。而他将收集的资料与现实正在发生的事件结合在一起,根据日本市民回收垃圾的动作得出一个结论,让人们觉得有证据,更能接受。

另外,在运用组织叙事的技巧时对场景变换的连接是很注意的,通常在变换场景后都会用观众的眼光首先提出疑问,然后再进行回答。这样的话,吊起观众的好奇心,让他们对接下来要说的事情抱有强烈的兴趣,这样再讲解的时候,大家就会在心里想:哦,原来是这样的。无疑起到了最好的传播效果,并且有客观的经济效益,有效收视率也能提高不少。

比如在进入五洲垃圾处理厂的时候,看到了一个像电视机一样的东西,可是摆放的位置很低,于是他马上解释了。"你看,它们这些屏幕高度并不高,大人看的稍微有点儿别扭,原来这是为儿童方便来设计的。"这下观众才恍然大悟,接着人们又会有一个疑问,就是它具体是做什么用的。显然白岩松就是想到观众会这么想,于是进一步地解释这是为了让孩子们了解环保,能够从小树立环保的意识。于是有了下面这段演示了手动发电的过程,代替观众去感受这个垃圾处理场的奇特。

图 3-11　白岩松在五洲垃圾处理厂演示手动发电的过程

表 3-3　记者在五洲垃圾处理厂进行体验式报道

序号	画面	声音
1	白岩松在一个书本外形的展示物前进行讲解,随着讲解的展开,他亲自演示了如何手动发电。	白岩松:进了五洲垃圾处理场,你的两个感觉很强烈。它是个小型的印钞机,同时呢,又像进入了一个儿童的科技馆。为什么要这样说呢?咱们先说这个印钞机。你看,它现在在发电的这个功率达到两万一千九百九十千瓦,它随时在变。这是什么样的一个概念呢?它现在发的这个电能提供家庭用的吸尘器四万四千多部。你想想,于是它不仅供了自己的电,而且还能卖出去很多电。每年要卖出六亿日元,它的这个收入还是可以的吧?同时我又说它又像一个儿童科技馆。为什么这么说呢?你看这样的介绍书的设计,本身就像对儿童的心理研究之后(的成果),儿童会很喜欢。同时旁边就是这个垃圾场里边发电的一个机关,同时这也有一个很奇妙的地方,就是可以让孩子亲身体验,旁边有这么多花,现在它是暗的,大家可以看到它现在是暗的,可没亮,那让孩子怎么体验呢?我摇动它就是一个发电的过程。这面有一排红钮,一旦我人工发的这个电足够,这排红钮全亮了之后,刚才镜头中大家所看到的花就会亮。来,我现在给大家试一试啊。三格、四格、五格……九格、十格,结果出来啦,看见没有?你想象一下如果带着家里的孩子到这里,经过这样的一个体验的话,(孩子)会不会由于自己浓厚的兴趣开始对垃圾处理感兴趣,以及自己将来在家里倒垃圾的时候会督促自己的父母"请做好垃圾分类"。

从这一系列的报道中可以看出,白岩松在说每句话的时候都想到了下一步应该做什么,这是一个很有策划的动作,他每一步都是有计划的,层层递进,并不是一下子就告诉你这是个什么东西,而是引起你的兴趣之后才慢慢告诉你,这样更符合观众的心理,在接受和记忆上都能达到最好的效果。

(二)报道思路的建构

在这档节目中,白岩松最重要的作用就是带着疑问来探索日本怎样从污染严重的国家发展为现在环保做得这么好的国家,是来学习经验寻找答案的,也是带领中国的普通观众树立环保的意识。白岩松从一个垃圾箱入手探访了垃圾从分类、收集、制作再利用的整个流程。

比如来到垃圾中转站采访佐佐木先生:"你什么时候清理一次?"等等问题,都是观众想知道的。

整个报道的流程大概可以是:普通家庭的垃圾分类—社区垃圾整理待回收—市区垃圾回收—垃圾回收的终点站。这是报道中的一条主线。在这条报道线中,把日本的垃圾回收的全过程十分详细地介绍了一遍,让观众能十分清晰地了解日本垃圾处理的模式。之后报道的是对饭盒的处理,在报道中体现出了日本人对环保的意识已经在思想中根深蒂固了。最后报道日本对电子垃圾回收的做法。这些都是对日本的环保由小见大的体现。

在报道的主线中,白岩松主要是以讲述如何处理生活垃圾,从小的东西入手,然后逐步地放大,给人视觉和思想上的震撼,体现了日本人在环保上的意识,对观众可以有很好的教育意义。

由小见大,是本期节目的内涵所在,从垃圾回收这些小事可以看出一个国家人民的素质,但这些也都是靠出镜记者一点点挖掘、深入和一系列的精心安排,从而把精彩的节目呈现在观众的面前。

(三)报道细节的捕捉

1. 留心琐事,善于发现细节

在白岩松探访居民小区内的垃圾回收点时有下面这么一段采访。

表 3-4　记者对当地居民的采访场景

序号	画面	声音	备注
1	居民将垃圾分类后,不同的垃圾车过来运走垃圾	解说词:据了解,每天八点半之前,居民们会把垃圾投放到指定地点,在之后的一个多小时中,垃圾车会分别将不同种类的垃圾取走,并送到相关的地点去处理。在这天上午的九点到十点之间,我们就见到了十辆运送不同垃圾的垃圾车。不过,在拍摄的过程中,有一件事使我们很好奇,有一位赶来送垃圾的女士,在这里转了一圈后,却又将带来的垃圾拿走了。	

| 2 | 画面:居民接受记者采访
居民将垃圾放上车随后居民B将自己的垃圾放上自行车离开。 | 同期声:
记者:我想问一下拿着垃圾过来,怎么又没在这儿扔,又要拿走啊?
日本居民B:因为这个罐子已经收集结束了,车都已经拉走了,没有了,所以我拿回去。
记者:那您这拿回去是拿回家里等下一次再收集的再送过来,还是要拿到其他的垃圾收集点再放到那儿?
日本居民B:因为我们都是有规定的,比如这个社区要在这个地方,当然旁边有还来得及的地方,可以放的话,我可以向他们打一下招呼送去,但是基本上我们是要遵守自己的垃圾收集区,所以还是要拿回去。 | 收录居民日语原声 |

如果没有善于发现的眼睛留意到这一细节,就不会有后面这段采访,我们更不会知道如果居民错过某一种类的垃圾回收时间后该怎么做。有善于发现细节的眼睛对于记者而言十分重要。

2. 善于追问

在我孙子市垃圾处理中心,白岩松对工作人员野口一直有这样一段采访。

解说词:而有些垃圾在经过回收再利用后,还可以发挥出很独特的作用。比如说,您能想到野口先生穿的这件衣服,和这些废弃的塑料瓶之间会有什么关系吗?

野口一直:最终把塑料瓶还原成纤维,然后和棉一起做成"混纺",然后生产我现在穿的这种制服、衬衣、领带等。

记者:那我们举个例子来说,您现在穿在外面的这件制服,里面有多少成分是用塑料瓶做成的,多少个塑料瓶就能够做一件您这样的衣服?

野口一直:要是做现在这样一件衣服,是用容量为两升的大的塑料瓶,17 瓶就可以做一件。按照这个比例来计算的话,用塑料瓶的成分是占总体的 48%,其他的成分是合成纤维或者是棉。

在得知可以用回收塑料瓶做制服的材料后,记者并非知道这件事就完了,而是继续追问制作一件制服外套所需要的塑料瓶的量,如此便扩展了信息量,采访内容充实且让人信服。

三、社会类专题中的出镜评论

(一)充分挖掘支持观点事实材料

白岩松从来不怕脏不怕累,在超市里采访时,他从回收塑料饭盒的垃圾桶里捡起一只已经用过的饭盒拿到镜头前,虽然那些饭盒已经洗过了,但观众还是会为他这种敬业的精神所感动。同时这样的亲力亲为也增强了观众的现场感。在日本某大型超市时,白岩松站在一排饭盒回收筒前一边翻看一边进行了下面这样一段出镜采访。

表 3-5 记者站在饭盒回收筒前的采访报道

序号	画面	声音
1	白岩松站在超市包装回收设施前一边翻看一边介绍	白岩松: 你看这就是在超市里头各种包装回收的这种设施,这里头是装着牛奶的这种纸盒,也有很多的消费者喝完牛奶之后,在下一次来买东西的时候,又把这个盒带回来了。我们集中看这个,这就是跟大家说的白色的饭盒。而且我们注意到一个细节,很多的白色饭盒已经相对洗得干净。据当地人介绍,这成为了一种习惯。
2	一位来送回收饭盒的日本妇女	画外音:而就在我们拍摄的时候,正好遇到了一位来送回收饭盒的日本妇女。

续表

3	记者采访日本市民	采访提问： 白岩松：每次买完东西，下一次来买都会把这饭盒拿回来吗？ 日本市民：是这样。 白岩松：我注意到好像也洗得比较干净。 日本市民：是，我都洗干净以后再拿过来。 白岩松：您为什么要这么做？ 日本市民：我为了给我的孩子们留下很漂亮的自然(环境)，我做不了很多大事，就从这样的小事做起。

这段记者出镜解说，直观地烘托出日本市民对环保的重视。在许多情况下，受众对现实场景的认同感比看口头播报要高得多。白岩松在镜头前向观众讲述事件的经过、现场的气氛以及自己的感受等，大大增强了真实性和可信性。

（二）坚持理性严谨的评论语态

从评论态度与情感的角度上说，在一档节目中主持人抱着怎样的态度与节目的质量息息相关，如果主持人没有做好充分的准备，或是没有严谨的态度，那么节目的质量是不会好的，但我们可以看到白岩松不管是语言还是态度都是非常诚恳谦逊的，就像上文提到的，在采访佐佐木太太的时候全都是礼貌用语"您"，令人印象最深刻的是当得知白色塑料盒是可以回收再利用后来到了一家普通的超市，打开了其中一个垃圾箱，并从中拿起一个塑料盒展现在镜头前，他在对待工作的态度上勤勤恳恳，是非常敬业的；在对待采访对象的时候是很尊重别人的，平等对待。

> 白岩松："你想象一下如果你带着家里的孩子到这里，经过这样的一个体验的话，(孩子)会不会由于自己浓厚的兴趣开始对垃圾处理以及自己将来在家里倒垃圾的时候会督促自己的父母'请做好垃圾分类'。说明他十分想让后代能有很高的环保意识，让人们都能为社会作出一点贡献。"

积极的态度，进取的精神，传递给观众的是阳光的正能量，也能引起观众对于自身的反思,对于后代的忧思。在情感的角度上,他既从日本人民的角度上设身处地地问问题,又完全知道自己的职责是什么,并且尽最大的能力做到最好,比如说在佐佐木家里采访他太太的时候就设身处地地问她是否垃圾分类工作给平常的生活带来一些麻烦,有没有异味等,让人家觉得你的问题很贴心,态度也很诚恳。这样人们才会说出你想知道的答案。另一方面也照顾到了看电视观众的心情,能做到这么耐心,又有超高的专业水准的主持人其实并不太多,而他就是出色的其中之一,很值得传媒人学习。

  白岩松:"看着背后垃圾处理厂烟囱里面飘出的烟,可能会想这样一个问题,烟会飘向何方?其实完全不能确定,它要根据风向的不同,去选择它的走向,我为什么要说这段话呢?说到环境问题,它不能说只属于哪一个国家,你中有我,我中有你,而且互相影响,不管是日本、中国、韩国,或者是其他的很多国家,可能共同把自己的环境治理好,每一个人都会成为真正的受益者。"

这段结束语无疑是以一个自然的、亲切的方式在告知大家不论是什么国家都应该为自己、为他人在环保方面做出努力。这段话不仅体现了白岩松能借景生情的语言表达能力,也充分体现了他的大局观,有些问题并不是只有表面现象,主持人能深刻地挖掘出这些联系,这是需要很广的知识面才能达到的。他不是直白地告诉你——保护环境人人有责!不是空喊这样的口号,而是用实例、用形象的语言去启迪观众,让观众自行思考得出结论。

(三)客观与幽默兼具的评论风格

白岩松的采访非常细致,他由小观大的论述态度让观众深刻感受到了他的社会责任感和对国家民族命运的深切关注。白岩松采访过后时不时地反问自己和反问大家,其实也是传达给观众一个信息,要学习日本这样的环保意识,才能做到经济科技民生的和谐统一。这样的节目主题内容极大地感染了观众,赢得观众的青睐,而在同时还不忘反观自己的国家社会。日本其实是一面镜子,很多地方可以供我们在发展过程中参照。当这个国家有很多做得很出色的地方时,我们应当虚心地去学习。白岩松很明确地将理性和感性有机地结合在了一起,这样的报道方式更易让大众接受。

不管是对待日本历史问题,还是看待日本现代的发展,白岩松一贯都是先做出实质性的评论(这些评论往往是独到和犀利的),然后再做出思考性的反问,最后提出完全代表自己意愿的希望与思索。机敏和语言犀利是白岩松的优势,传播上的贴近感和亲和力是他给观众最深的感受。当他介绍所见事物时,不去刻意渲染而是去做一些相关的对比和类比。面对国家发展,他利用媒体这样的媒介尽最大的可能去了解探究学习,展现给人民大众一个熟悉而又陌生的日本。

白岩松在做完每一个专题和每一个采访之后,都有自己所总结的最终主旨,日本之行他的主旨就是"把爱恨放下,先去了解",简单而明了,意味深长。可以看出白岩松以一种冷静理智的思维带我们游览完日本,以清晰明了的态度告诉我们其中所蕴涵的意义,这种独特清新不媚俗的新闻报道值得我们学习。白岩松在现场受到感染,是感情的自然流露,往往语速较快,讲话抑扬顿挫、感情色彩比较真切,更符合我们日常的讲话习惯,并且基调轻松幽默和语言风格亲切自然。在记者以日本某家超市为背景进行报道的时候,白岩松有下面这样一段出镜解说。

*白岩松:说到垃圾回收,不能不提到白色污染,当然说的不是我,而是装食品的很多白色的饭盒。*现在我来到日本东京的一个比较大的超市,在这个超市里头我们发现一个很特别的细节,也就是说在超市里买走东西之后,它由于是用白色的塑料饭盒装着的,等回家里头使用完毕之后,还有人要把这饭盒交回来,来我们看看这样的设施。

因为自己姓白所以讲了一个关于白色污染的笑话,无疑是让节目更生动活泼,让想换台的观众留了下来。语言方式多样化也是现在电视观众的要求,不能一直是一个腔调主持。风格多样更能留得住观众的心。

第四章 述评类电视新闻节目的出镜记者

以《焦点访谈》为代表的电视新闻述评开启了中国电视评论的新时代。它充分发挥电视媒体的声画特色,融形象性、现场性、动态性等为一体,客观叙述与主观评论相结合,形成了一种电视化的特色评论形式,该类节目播出后在社会中产生了广泛的影响。①

述评类电视新闻节目是一种述评结合的电视新闻节目,有些学者也将其认定为电视新闻评论节目的一种,例如叶子在《电视新闻节目研究》中将"电视述评"定义为"是针对某一重要的事件或普遍关注的问题,综合运用多种电视手段,将新闻报道与新闻评论融于一体的形式"②。这种定义方式实际上是将"述评"作为电视新闻评论的一种表现方式,是比较片面的认识。

本书对述评类电视新闻节目采用石长顺的概念:"电视述评是一种夹叙夹议的述评形式,即融新闻报道和评论于一体,通过画面、同期声、论述语言、字幕等手段,既报道事实的具体情况,又对事实进行分析评价的节目形式。它以对事实的报道为基础,但对事实的报道又不是平铺直叙的,而是力求透过纷繁复杂的事态表层,抓住其本质和内在逻辑,引导观众思考,并作出自己的判断。"③

《焦点访谈》是我国电视述评的标志性栏目和代表性节目。自 1994 年开播后,它迅速成长为一个在中国家喻户晓的电视栏目,也是中央电视台收视率最高的栏目之一。节目开播以来,受到了党和国家领导人以及老百姓的广泛关注和重视,平均每天栏目能收到 2300 条来自观众通过电话、信

---

① 谢彦云.电视新闻述评节目的困境与突围探析[D].广西师范学院,2011.
② 叶子.电视新闻节目研究[M].北京:北京师范大学出版社,1999:168.
③ 石长顺.电视专题与专栏——当代电视实务教程(修订版)[M].上海:复旦大学出版社,2009:204.

件、传真、电子邮件、手机短信、QQ等方式提供的收视意见和报道线索。①这都源于它"述评结合,用事实说话"的独特方式。

"用事实说话"不仅高度概括了栏目的特点,而且这种公开倡导新闻客观性的做法,为更好地进行电视述评树立了一面鲜明的旗帜。"用事实说话"表明节目中所有的访谈都是围绕某一问题的"事实"进行的,访谈又是以深度报道的手段层层剥离,展现事实、分析事实,对事件进行认真调查,深入追踪,对新闻资源蕴涵的深层背景深挖细掘,最后配以深刻的评论,用事实说话,形成了独特的言说风格。②

第一节 社会类:《长江大学救人》

一、社会新闻述评中的出镜采访

在述评节目中,记者往往以调查者的身份出现,在新闻事件的现场进行采访报道,讲述事件发生发展的来龙去脉,通过节目当事人、各界群众、政府官员、权威人士等,对新闻事实作出客观的记述和评论。③

因此,述评类电视新闻节目的出镜记者,不仅需要具备新闻敏感,根据实际情况,现场报道,客观具体地表达给观众,更要通过记者的"镜前"新闻叙述,以及对当事人或有关人员现场采访,充分发挥电视媒体声音和图像的双重优势,使观众产生同步感、现场感、亲切感、参与感,把观众带入身临其境的现实环境之中。

通过笔者的统计,《长江大学救人》这期节目中外景记者出镜或拍摄下来的采访所播出时间占节目总时间的二分之一,而主持人只有在节目开场和结束时共1分13秒的出镜时间,这充分说明了外景记者在节目中的重要地位。外景记者在实地进行的拍摄和采访通过画面同期声或解说词的方式播出,其定位是一个讲述者和记录者,也是提问者和解答者。他会站

---

① 百度百科. http://baike.baidu.com/link?url=7UE5HJroZvptWdaJivRfw1zXU9xi7Cjtx_v_aaSMpQVk47ti.
② 谢彦云.电视新闻述评节目的困境与突围探析[D].广西师范学院,2011.
③ 石长顺.电视专题与专栏——当代电视实务教程(修订版)[M].上海:复旦大学出版社,2009:204.

在受众的角度去向受众介绍事情的来龙去脉,用镜头和自己的语言记录这件事情的起因结果,用话筒询问相关人员来解决受众对事情的疑惑和对真相的渴望,用完整的节目向观众解答他们需要知道的一切。这就是焦点访谈的外景记者所要做的——用事实说话。

(一)多层次的采访对象

采访对象能够向记者提供所需的新闻材料,但是不同的采访对象,由于其身份不同、在事件中所处的位置不同,能够提供的信息也不尽相同。因此,采访对象的选择直接影响采访的质量。[1]

在采访中,记者对采访对象必须经过精心的挑选和安排,明确不同采访对象对节目推进所起到的作用和功能,才能更好地将事件发生发展的过程再现。本期节目中,采访对象依次包括参与救人事件的当事人、目击者、旁观者以及权威人士。其中,对包括施救者徐彬成、姜梦淋在内的三位长江大学学生,对溺水大学生进行施救的冬泳队成员进行采访,采取的是当事人的视角,他们既是见证者,又是当事人,通过对他们的采访可以将现场的情况再现,如下的采访就很好地体现了这一点。

【同期采访】

长江大学学生:我们同学定于10月24日去万寿宝塔旁边的那个小树林集体野炊,我们集体准备好之后,早晨9点多的时候我们集体出发。

【解说词】

下午2点左右,野炊结束的时候,一些同学到附近的长江堤游玩。忽然间他们听见一阵急促的呼救声,几个同学迅速冲了过去,看到有两个小男孩在水里挣扎。

【同期采访】

徐彬成:有两个小朋友已经在水里漂起来了,就一直往下沉。

【解说词】

两名少年落水的位置离大学生所在的沙滩大约有10米远,徐彬成同学水性非常好,很快就游到了最前面,他先救起了一个距离他比

---

[1] 何志武.新闻采访(第三版)[M].武汉:武汉大学出版社,2011:98.

较远的、快沉到水底的男孩。

【同期采访】

徐彬成：(我救人后)游向那个离我们最近的、离我们水中位置最近的一艘渔船，把小孩送上去了。

【解说词】

在徐彬成救起这个男孩的同时，其他几个男同学也已经跳下水去救另外一个男孩，但是施救并不顺利。

【同期采访】

姜梦淋：当时看到前面几个男生，体力不支，后面才知道是暗流的问题，就是已经游不动了，然后我们几个就是手拉着手，向前游想救他们。

以上的采访中出现了三位采访对象，事件发生时，他们都在现场，目睹了全过程，其中，徐彬成和姜梦淋都参与了救人过程，虽然没有记者的提问，但通过他们的讲述，可以让观众基本明确当天事件的大致过程。

在之后的采访中，站在目击者的视角，记者选择了普通荆州市民李艳；站在旁观者的视角，记者选择的几位在江边缅怀溺水大学生的荆州市民显然非常合适，他们站在社会的角度充分赞扬三位大学生的英雄事迹；另外，对张其宽(湖北省荆州市政法委书记)的采访，充分体现了权威人士对本次事件所持有的观点和视角。

(二) 善于倾听的采访技巧

出镜记者是新闻现场报道的灵魂人物，他在现场的角色行为决定了他是新闻现场的观察者、采访者和叙述者，甚至是现场信息的直接调度者和聚合者。倾听和提问交流对出镜记者而言是电视采访的手段，也是采访的内容。

在本期节目中，由于记者的提问并未播出，我们只能通过被采访者的回答，猜测出记者所问的问题：当时你们在做什么？当时的情况是怎样的？……以下是节目中采访的节选。

【同期采访】

姜梦淋：当时下面有暗流，水很急。很多同学当时就是一下子，下面流沙一下子被踏空了,很多学生就被冲散了。然后有几个学生,体力比较好的,就先把孩子拉上去,我们剩下的人就在水里挣扎着。

【解说词】

就在这时意想不到的事情就发生了,由于宝塔湾的水情复杂,深江中有一个大坎。有的同学被绊倒,还有的同学体力不支。最终搭起的人梯被冲垮了。失去同学牵引使得更多参与搭人梯的同学落入江中,情况比先前更为复杂,这时候百米以外的冬泳队队员们听到了呼救声。

【同期采访】

冬泳队队员:有一个女生在喊叫救人救人,我一看不对头,有八九个头露在水面上,都是大学生。我赶紧跑过去,还有三四个女孩手拉着手,连在一起。其他的几个拖着,几个被冲下去了。

【解说词】

3位冬泳队员中有2位已年过六旬,他们冲过来看到很多学生落水,立刻奋不顾身跳下去救人。

【同期采访】

冬泳队队员:当时我救起了两个男生,杨师傅救起来一个女生,韩师傅救起来两个男生一个女生,我们也尽了最大的努力,也是没得办法的。

记者提问的任务主要是获取未知事实、还原事实本相;核对已知事实,进行信息的验证;收集感想与评论,组织社会舆论以及激发采访对象的情感,展现人物的个性与内心。① 也就是说,记者提问的目的在于获取信息。通过以上的采访,尽管我们没有通过镜头看到记者的提问,但通过被访者对记者问题的回答,我们可以清楚地了解事件发生和发展的过程。

除了提问,出镜记者还要会倾听。倾听有助于帮助我们获取现场需要的信息。以上的采访中,记者始终保持认真倾听的态度,使采访对象感到自己受到尊重,心甘情愿讲述更多的现场情况。

---

① 蔡之国,潘佳佳.出镜记者:现场报道的限制性叙述者[J].现代视听,2011(07).

(三) 合适的采访时机

首先,采访时机指的是采访对象的时间状态,也就是他有没有时间和心情接受采访。信息交流中,理应是双方都有较充裕的时间、在情绪稳定的情况下才能实施采访。如果采访对象有很重要的事情要处理,或刚才做完一件事,心情一时难以平复,此时强行采访,采访对象只会应付了事。[①] 在本期节目中,《焦点访谈》的记者们并没有选择三位牺牲大学生的父母亲属进行采访,这是对采访时机的正确把握,在痛失爱子的情况下,三位牺牲大学生的父母绝不会有心情接受采访;同时,对当事人(参与救援的大学生和冬泳队队员)的采访时机也都选择在他们相对空闲的时间进行采访,而不是在其焦急地等待牺牲大学生的下落之时。

其次,采访时机也指的是,事件发生发展到了采访对象可以表明自己立场和态度的时候。如果一件事情该如何发展,并不十分明朗,记者的采访请求很可能会被拒绝。即使勉强接受采访,也很难得到明确的表态。此例集中表现在对代表权威人士的张其宽(湖北省荆州市政法委书记)的采访上。

【同期采访】

张其宽:荆州市见义勇为促进会授予这一个群体为"10·24"舍己救人、见义勇为英雄群体(称号)。这是我们给予的最高荣誉。第二个,我们将尽快地向省里申报,在更高层次上授予他们更高的荣誉。

试想,如果在三位大学生还下落不明的情况下,马上对张其宽进行采访,能否得到他这样肯定的回答呢?

二、社会新闻述评中的出镜报道

电视新闻报道中出镜记者的存在就意味着新闻现场的真实,他们是突发事件报道中的现场符号。同时,出镜记者在现场报道中的出现,缩短了新闻传播者与受众的距离。出镜记者可以灵活地调动新闻的每一要素,如电视画面、新闻配音、同期声等,受众不再只是面对一台冷冰冰的电视机,

---

① 何志武.新闻采访(第三版)[M].武汉:武汉大学出版社,2011:230.

对他所报道的新闻有更亲切、更真实的体会。[①]

(一)"用事实说话"的报道方式

《长江大学大学生救人》这期节目中,记者的出镜报道不仅体现了节目"用事实说话"的宗旨,还运用了电脑模拟场景的报道方式。

"事实"是指真实的事件,真实的时间、地点、人物等,而"说话"是指依据新闻事实所给定的信息,对新闻事件本身进行主观评说或把观点蕴涵于巧妙的结构安排、恰当的内容选择中。这集中体现在对现场画面的编排与剪辑上。场景如表4-1所示。

表4-1 《长江大学大学生救人》节目的开场介绍

序号	画面	声音
1	长江岸边,许多年轻人在这里望着江面哭泣、默哀。	解说词:直到今天,长江大学的许多同学都不愿意相信,
2	画面上又打出3人的照片。	解说词:陈及时、何东旭、方招的离去。因为他们一起跨进大学校园才一个多月,大家刚刚开始相识,大学里的青春梦想刚刚拉开序幕。
3	大学寝室内的布置。	解说词:但是他们的3位好伙伴的一切梦想,却在10月24号这一天戛然而止。

这是本期节目画面自演播室场景切换后,最先出现的现场画面。事发现场的画面、事发现场的自然声音,都能够为观众带来一种真实感。而精心选择的现场真实画面配合声音(解说词)实质上让观众不知不觉接受了记者的立场和观点。

在无法拍摄到现场救人的情形或所得的画面不够清晰明了时,《焦点访谈》在本期节目中运用了电脑模拟场景,利用电脑模拟出大学生们手牵手搭救落水者,并模拟出人链被江水冲垮后冬泳队队员施救的场景。

---

① 张蕊.浅谈出镜记者在电视新闻报道中的作用[J].理论界,2010(04).

图 4-1　电脑虚拟出当时救人的场景

根据事实还原的模拟场景,使现场情形一目了然,也使看清真相的观众大受震撼,更加感动。

(二)叙事化的报道思路

《焦点访谈》的报道思路就是"用事实说话"的思路,"说话"带有极大的叙事性。就本期节目来说,事件当中蕴涵着一个由三个叙述环节组成的报道思路——叙述事件基本情况、现场多角度调查采访、权威人士定性。

首先,记者在报道中要向观众叙述事件的基本情况,而在叙述过程中,记者只把事情发生的背景、经过、结果展示给观众,甚至这样的基本情况也是通过采访当事人来进行展示的,记者的观点大多蕴涵在对事件过程的叙述之中,前文中提到的对当事人的采访,虽然记者没有在镜头前说过一句话,但我们已经基本了解了当天事件发生的基本情况。

其次,当对事件情况的叙述不足以表达记者的观点态度时,记者将会在报道中通过采访者之口明确表示一定的观点和立场。

【同期采访】

李艳:全部牵一条,手牵手,还有女生,那一条大概有将近八九个人。就再现那个九八年抗洪的那一幕,真的非常感人。

【同期采访】

荆州市民:"十九岁大学生救人。英雄!"

"确实蛮伟大,感到蛮伤心,看到都感到蛮伤心。"

"他们蛮伟大。"

以上采访中,记者分别通过对目击市民的采访、悼念市民的采访表达了自己的立场。最后,是权威人士定性。

【解说词】

荆州市见义勇为促进会表示:要向湖北省见义勇为基金会申报,认定英雄群体的见义勇为行为。

【同期采访】

荆州市见义勇为促进会授予这一个群体为"10·24"舍己救人、见义勇为英雄群体(称号)。这是我们给予的最高荣誉。第二个,我们将尽快地向省里申报,在更高层次上授予他们更高的荣誉。

通过叙述事件基本情况、现场多角度调查采访、权威人士定性这三方面的叙述,记者不仅完成了对事件的基本叙述,还巧妙地将自己的观点隐藏在采访报道之后,使观众不知不觉接受并认同。

(三)报道细节的捕捉

用事实说话的方式,不仅包括对事件的描述,还包括镜头对现场画面中相关细节的捕捉。场景如表 4-2 所示。

表 4-2　报道中捕捉到的现场场景

场景一:

画面	声音
长江岸边,许多年轻人在这里望着江面哭泣,默哀。	解说词:直到今天,长江大学的许多同学都不愿意相信,陈及时、何东旭、方招的离去……

场景二:

2	在江边悼念的群众,镜头聚焦接受采访的三个群众。	同期采访:"十九岁大学生救人。英雄!""确实蛮伟大,感到蛮伤心,看到都感到蛮伤心。""他们蛮伟大。"

以上两个场景中,在江边哭泣的同学、悼念的群众都是出镜记者通过自己的观察发现的,并且将这些发现置于镜头之下,使得整则报道更为丰满。但在报道细节的捕捉中,本期节目还存在着许多不足,场景如所示。

表 4-3　记者进行现场报道的场景

序号	画面	声音
1	长江大桥远景、作为出镜记者的报道背景。	记者：长江从我后面的大桥流过来，突然在这里发生了一个之字形的转向，那么回流的水就会在这里形成很多的漩涡，现在我们都可以看到。
2	聚焦记者，将记者镜头由中景转为近景。	记者：而同学们当时手拉成手呈人梯救人的时候，这个人梯被水流冲断了好几次，但是断开了以后他们又拉上，设立的人梯再往下走十五米的距离会突然出现一个七十度的陡坡，这个陡坡有四到五米深，而且是大片的漩涡，人一旦游进去以后很难再游出来，而牺牲的三名同学的遗体最终就是在这漩涡的底部发现的。

这里的出镜记者仅仅是向观众简单描述了事发水段的险情，虽然客观，但是显得非常生硬，与身后悼念的市民环境完全不符。

新闻是"要保持客观"，但笔者认为，它是指在整个新闻层面要保持客观真实，不能歪曲事实。很多人将其曲解成"任何时候不能有个人主观感受"。这样的理解是片面的，如果记者到了新闻现场，那么记者的主观感受就应该符合现场的氛围。当记者的感受跟公众完全一样，正是公众最想表达的，那么记者就是客观的。代表公众说出大家的感受，也是一种客观。

出镜的目的就是让新闻更真实，更生动。从这个角度看，代表公众去现场并通过镜头与公众交流的出镜记者更应该向公众表达自己在现场的"所见、所闻和最大感受"。如果在本期节目中，出镜记者能更多地运用自己的感官，例如触觉，去触摸江水，然后告诉观众水流的湍急、江水的温度等，我相信这样的报道一定更显真实，更有说服力。

三、社会新闻述评中的出镜评论

一般来说，《焦点访谈》评论的形式可以分为明评、暗评两类。《焦点访谈》主要采用暗评的方法，明评一般只用在短短的几句开头话和结束语中。

明评的方法与观众的关系是单向的,说教意味较浓,容易让人产生逆反心理,但有时不可缺少。暗评是指,在现场报道中,记者向观众讲述事情的经过,而在对事件的叙述过程中,记者大多数时间藏于镜头之后,而把事情发生的背景、经过、结果展示给观众,媒体的观点大都是通过叙事过程含蓄表达或是通过当事人之口说出的。[①]

(一)事件相关人的客体评论

新闻评论的论证过程具有群体性特征,就是包括主持人、记者的主体评论,也包括当事人、目击者、社会、权威人士等群体的客体评论。

本期节目中的客体评论首先体现在被访者接受采访时与记者的对话中,也就是对话式评论。对荆州市民的采访(见本书 117 页)就是其中的典型。

现场记者没有对救人大学生的行为作出明确而直接的评论,而是通过与采访对象之间的对话由被访者之口表达了对此事的观点和立场。

其次,客体评论还通过社会和权威人士对"大学生救人"事件的关注上。

表 4-4　介绍社会各方面对此事的看法

序号	画面	声音
1	网络上对大学生英勇救人的评论和留言。	解说词:这英雄事迹很快被传开,在社会上引起强烈反响。
2	市领导慰问遇难人员家属的照片。	目前,陈及时、何东旭、方招的家属已经赶到荆州市,荆州市领导分别前往看望慰问。长江大学已经成立专门机构处理善后工作。
3	搜救队员在江边打捞遇难者遗体的录像。	荆州市见义勇为促进会表示:要向湖北省见义勇为基金会申报,认定英雄群体的见义勇为行为。

镜头向我们展示了网络上对于大学生英勇救人的评论和留言,通过社会对大学生英雄的评价,来间接表现记者对大学生救人行为的称赞;最后,画面配合声音(解说词)向我们展示了权威人士(政府人员)对大学生救人

---

① 王向辉.解说《焦点访谈》的说话[J]. 新闻采编,2006(05).

行为的充分肯定。

（二）评论语言分析

《焦点访谈》的评论语言，字面上不直接批评，没有明显褒贬的词语，这并不表明没有主观看法，只是《焦点访谈》的主观看法是通过多种语言手段间接地表现出来的。本期节目的评论语言在用词上就显示出了强大的评论语言功力。

【解说词】

为了救两名少年，十多名大学生手拉手扑进江中，在大学生身处险境时，冬泳队的老人们奋力营救。三名大学生最终不幸被江水吞没，英勇献身。

在提到冬泳队时，节目特别指出"冬泳队的老人们"，作为社会中常见的两个弱势群体——学生和老人，在他人遇到危险之时，马上伸出援手，非常符合本期节目主题的定位。这样的评论，可以说是《焦点访谈》引导社会舆论的典型评论。在上述解说词中特意提到的"冬泳队的老人们"这个词语的运用，也表现出灵活运用语言的高超技巧。

（三）主持人点评

虽然在《长江大学大学生救人》这期节目中，主持人只在节目开场和结束仅1分13秒的出镜时间，但主持人敬一丹的点评起到了深化节目主题的重要作用。事实上，主持人作为新闻评论节目中的重要评论员，是电视节目的名片，其在节目中对新闻事件深刻、独特的述评本身就是节目的看点，是增加节目生命力的重要因素。主持人的评论往往是述评节目评论的升华与点睛之笔。

作为一档舆论监督节目，《焦点访谈》往往在评论语言上显得非常保守，不单总以暗评为主，仅有的主持人结尾点评也通常都是冷静客观，甚至让人感觉不痛不痒。但本期节目是一期正面舆论的节目，所以即使是谨慎评论的《焦点访谈》节目也丝毫没有吝啬对它的评论与赞扬。

【主持人点评】

敬一丹：大家都注意到一个细节，当大学生们走向激流的时候，他们采取了手拉手的方式。手拉着手组成的人梯人链传递着一种力量。

陈及时、何东旭、方招这三位同学,在人链中留下了他们青春的气息和温度。人们的手心里感知着,人们内心里铭记着,这种力量将传递给更多的人,让更多的人手拉起手,用爱面对这个世界。

以上的评论,主持人敬一丹以其一贯平和、亲切、沉稳而自然的语言风格,在节目结束时对救人事件进行了评论升华,将救人大学生的行为延伸至整个社会,号召社会中更多的人传递这种大爱的力量。

第二节 民生类:《安置房成为商品房》

作为中央电视台的一个新闻评论栏目,《焦点访谈》自创办以来,每期节目不过13分钟,但却以鲜明的特色,成为中国政治生活中"下情上达"和"上情下达"的重要窗口,在社会上产生了极大的社会影响,被誉为是"舆论监督、群众喉舌、政府镜鉴、改革尖兵"。[①]《焦点访谈》所进行的舆论监督推动了中国的改革开放和民主法治的进程,而且许多报道也成为有关方面工作的决策依据和参考。

本节重点分析的节目《安置房成为商品房》就是《焦点访谈》进行舆论监督的典型。笔者将从记者的出镜采访、出镜报道、出镜评论三方面一一分析论述本期节目中出镜记者的表现。

一、民生新闻述评中的出镜采访

采访是新闻记者为进行新闻报道所做的了解客观情况的活动,不同媒体的记者在获取关于新闻事件的信息时都要进行采访,相对于广播、报纸新闻采访,电视新闻采访有着画面、声音、场景的配合特点,现场感强。在电视新闻采访中,新闻记者的出镜便与其他媒体采访方式有显著区别。而新闻记者作为社会正义的代表,其从事的是一门专业化的工作,在从事新闻报道工作中记者必须坚守自己的道德操守。出镜记者的采访不仅会影响到现场报道的水平,同时也会直接影响新闻节目的质量,影响着我国新

---

① 梁建增,孙金岭.新闻舆论监督的成功实践——关于《焦点访谈》栏目的思考[J].中国广播电视学刊,2003(03).

闻事业的发展和社会舆论的发展发现。以下,我们将从本期节目中出镜记者对采访对象的选择、对采访角色的定位及其采访语言风格三方面来进行分析。

(一) 对采访对象的准确选择

因为《焦点访谈》是一档舆论监督节目,作为这样一档节目的出镜记者,要采访的人物多种多样,如事件的当事人、权益受侵害者、相关负责人等。本期的《焦点访谈》节目以《安置房成为商品房》为话题,主要是讲河南省淮滨县由于天气地质等原因导致了洪水频繁,居住在滩区的村民存在着生命的危险,政府因出台了政策要帮助滩区的村民移居并下发补助金和建安置房,但几年过去了村民并没有得到补助金与安置房,相反安置房却变成了商品房,由此村民的利益受到了严重影响。此时,出镜记者最重要的是要准确选择与新闻事件最为相关的人物进行采访,获得最真实的新闻信息。与事件最为相关的人物,也就是淮滨县台头乡的村民们。

【同期采访】

村民3:一连下三四天雨,这个河水都涨上,涨出这个槽子了,大地都是水,都围着宅子了。

【同期采访】

村民2:你看这后面,这都是大水上来。

村民3:到这个地方看。

村民2(手指受损墙体):这个地方都是大水,到这个地方(手指墙体),大水都是到这个地方泡的。

【同期采访】

村民2:这个地方原来都是有住家户,这个房子建的跟这个(手做比划)模样一样的,冲下去了。

记者:就都被淹到水里去了?

村民2:嗯,淹到水里去了,房子都倒到水里去了,倒到河里面去了。

记者:那现在这个房子就成了第一户了是吧?

村民2:原来这是最后一户,现在就占到第一户了,冲了好多好多户。

通过以上的采访,我们可以清楚地了解当地的情况多么危急,居住在此处的村民们的生命财产安全时刻遭受着洪水的威胁。

在了解了水灾和当地居民的基本情况之后,记者又采访了相关部门负责人,并随着事件发展所显露的问题,一一采访事件当事人,了解事件的真相和本质。

(二)明确清晰的角色定位

上文中已经提到,本次节目的采访对象涉及多个人群,那么作为出镜记者本身,在明确采访对象后,应当对自己有明确的角色定位。

首先,出镜记者把自己当成一名观众,从观众的角度去思考观众想要知道什么想看什么。在本次新闻事件中出镜记者首先采访了利益受损的滩区居民,这是非常正确的。

接下来出镜记者把自己放在一个职业传播者的位置上,具体了解居民的主要困难与面临的主要问题,层层推进报道以及新闻的发展。或者说出镜记者要把自己的身份定位在一个新闻引导者与阐述者上,带领观众去关注这段新闻和这个问题。比如在此过程中记者从居民的口中了解该地区水患频发,究竟严重到什么程度时,除了居民口中的描述之外,记者还跟随居民来到房屋后面查看受损房屋的情况。通过镜头可以看到洪水在房屋的围墙上留下冲刷的痕迹,这一痕迹留在房屋的三分之一高处。

了解情况后,出镜记者找到了相关部门负责人——李怀科(河南省淮滨县台头乡党委书记)和任方明(河南省淮滨县国土资源局纪检组长)。

【同期采访】

记者:那就是说每户要补助多少钱呢?

李怀科:每户按照国家的中央财政补贴是20400元。

记者:那这个补助了没有?

李怀科:补助了。国家财政补助的这一块,国家财政补助已经到位了。

记者:那目前这个补助到户了吗?

李怀科:没有。

记者:还没有?

李怀科:一部分用于征地了,要是他本村有地方的话,可以通过自己用地的置换,采取这个办法,自己盖房子,在自己的地方盖房子。但是他本村的没有,在其他村的,必须通过征地的方式。

这个时候,出镜记者提出的问题主要是站在台头乡居民的利益点上。当听到涉及台头乡居民们的切身利益的采访回答时,记者马上开始进一步开始更细致的问询。通过记者询问的问题和政府的相应回答,观众跟随着记者一起慢慢接近事件的本质。

(三)因人而异的采访语言

《焦点访谈》的出镜记者是向观众描述新闻现场,叙述新闻事实。因此,他的语言表达样式主要有叙述和对话两种形式。出镜记者到达现场后,会对现场有价值的信息进行叙述或描述,也可能将自己在新闻现场采访到的相关人员、事前的调查背景等内容,用有声语言叙述。一个好的记者,在采访时应该有与其身份相符的语言风格,适当亲切的语言风格能够拉近记者与被访者间的距离。以下的采访集中体现了这一点。

【同期采访】

记者:那你们这个补偿款,20400元你们去管相关部门要过这个钱吗?

村民2:要过。

村民5:要过多次了,那个乡里说是,拨付给群众了。到现在可以问我们老少爷们,大伙群众一分一文都没有得到。

记者:那你们问乡里,为什么不给你们呢?

村民5:他说是等都盖齐以后再领,可是咋能都盖齐呢?没有宅基地,宅基地都让他们抢了,买宅基地了,他把我们的20400元拿去买宅基地去了,扣掉了。

在这一期的节目中,记者对受灾区建设的安置房变为商品房的事件进行了调查。面对利益受损的村民时,记者表现出的是关注与关切,是对村民所受困难的一种关注,语气亲和朴实,平易近人;在采访相关负责人时,以其公正的态度进行采访,在被采访者做出回答时记者会点头示意,认真倾听。如若记者在提问时语气强硬,就会与自身记者形象不相称,也难以得到被访者的回答。同时,在采访时记者不可面无表情,或询问任何问题时都是一个表情,这样会造成记者与被采访者之间情绪的隔断,被采访者就不会把自己看到或自己知道的全部告诉记者,采访仅停留在表面,这样就使报道不完整,真实性欠缺。

《焦点访谈》出镜记者恰当的语言风格,使被采访者乐于把自己所了解的事情告诉记者,使记者能够进行更加深入的采访。

二、出镜报道

（一）以现场采访为主的报道方式

《焦点访谈》节目一般都是在节目开始前先播放片头,其中包含本次主题的几个采访镜头和画面,再之后通过片头的设问进行报道。在本期《安置房成商品房》节目中,采取的也是这种报道方式,出镜记者力求事实准确,做到冷静的观察。在报道时,以现场采访调查的方式为主,多方听取意见,不轻易下结论,留给观众自行评价和判断。

【同期采访】

李怀科：华盛集团是我们招商引资进来的一个企业,在刚开始做这个基础设施的时候就是没人来建。华盛集团通过投标的方式,它建了有一部分基础设施,不建群众房子。群众房子是由群众自己建的。

【解说词】

台头乡负责人强调,华盛集团只建基础设施,不建设群众住房,而记者从华盛集团的《台头乡灾后重建房屋销售公示》上,却看到了这样的内容:"门面房按照政策规定,原则上,以安置区灾民购买做安置房为主,售价为每套249800元,凡是宋营、大营、丁营的村民,每套可以优惠20000元。"

一套带门面房的安置房,市场价格近250000元,迁建居民购买则只便宜20000元,也就是近(每套房)230000元。在安置区内,记者遇到了一位刚购买了安置房的居民。

【同期采访】

村民9：因为我们的房子没有了,房子水淹倒了,大水冲倒了,租了房子一年半了,想着租房子一年也得四五千块钱,我们想着,最后开发商叫我们交这个钱,先交4万元,你们能住进来。

记者：你现在交了多少钱？

村民9:这个房子我已经交了14万元了。

【解说词】

那么台头乡如此操作移民迁建,究竟是在安置灾民还是在搞房地产开发呢?

【同期采访】

记者:那现在有些门面房已经售出去了吗?

李怀科:一开始那是华盛集团他自己的私自行为,我们是坚决制止的。

记者:那乡政府跟华盛集团到底是什么关系呢?

李怀科:刚开始搞灾后重建的时候,我们招商引资进来的一个企业,现在来说与我们没有关系。

【解说词】

那么台头乡政府与华盛集团到底有没有关系呢?这是一份台头乡政府与华盛集团签订的委托建设工程合同。合同约定:台头乡灾后重建安置工程和公共设施建筑即整个灾后重建规划区内的所有工程委托给华盛集团以包工包料的形式进行施工。包括公共设施、临街房以及灾后重建居民房。

记者在帮助受灾村民寻求一直未得到解决的问题时,很好地做到了引领事件发展与清楚地做出阐述的作用,而出镜记者一旦从村民口中发现问题便会找到相关部门了解情况,体现了良好的新闻敏锐度。

同时,通过这些问答和解说词,我们能够轻易地发现,政府相关负责人的回答与事实是矛盾的。本期节目中记者的报道方式很好地做到了带领观众在新闻现场感知信息,使新闻事件的传播报道方式简单易理解,线条清晰,从实际出发,在不夸大问题的同时,引人们深思。

(二)层层递进的报道思路

基于《焦点访谈》是舆论监督节目,出镜记者在报道思路上也很有讲究。在本期《安置房成商品房》节目中,在刚开始的片头预告中,先播出记者采访灾区村民和相关负责人的画面以及同期声,同时配以解说词。用设问的方式,在接下来的节目中进行报道。在让观众对节目有了大致了解之后,开始对受灾村庄的村民进行采访,询问了他们的受灾情况,在对有争议的问题采访时,听取了多方的意见,没有轻易下结论,从而体现报道的真实性。同时,出镜记者提出的问题有普遍性,做到了选题为受众所关心,有典型性,能揭示事件真相。最后,记者争取得到主管部门和权威部门人士的表态,从而推动报道的进展,使观众更接近事实的真相和本质,使报道有深度,有内涵。

《焦点访谈》的报道采用故事叙述的组织关系和表达方式,在报道上很有条理,对事件逐步推进,逐步深入。这样的报道方式不仅符合人们认识事物的逻辑,也更有利于悬念的设置。

(三)用镜头捕捉事实细节

细节具有其他事实材料所不具备的特性,它能集中而深刻地揭示事实的本质。它集生动性、鲜明性、深刻性于一体,同时又具备其他材料的共性,它属于全部事实的一个环节,和其他环节共同表现事实的本质。在评论节目中,细节是调查、揭示新闻背后的原因和实质的关键,是发表意见的出发点。①

《焦点访谈》的宗旨是"用事实说话",对于电视节目而言,用事实说话,就是用"镜头"说话。

表4-5　记者深入现场对村民进行采访的场景

序号	画面	声音	备注
1	(画面切换)在受损房屋后墙采访村民2与村民3	采访同期声 村民2:你看这后面,这都是大水上来。 村民3:到这个地方看。 村民2:手指受损墙体这个地方都是大水,到这个地方(手指墙体),大水都是到这个地方泡的。	两个村民带领记者来到受损房屋后看受损情况
2	近景	采访同期声 村民2:这个地方原来都是有住家户,这个房子建的跟这个(手做比划)模样一样的,冲下去了。 记者:就都被淹到水里去了?	

---

①　杨玲香,吴庚振.解读《焦点访谈》用事实说话——兼论电视述评的说理理念[J].河北大学成人教育学院学报,2004(04).

续表

| 3 | 河水远景 | 村民2:嗯,淹到水里去了,房子都倒到水里去了,倒到河里面去了。 | 村民近景镜头 |
| 4 | 记者采访村民画面 | 记者:那现在这个房子就成了第一户了,是吧?
村民2:原来这是最后一户,现在就占到第一户了,冲了好多好多户。 | 以河水作为拍摄背景采访 |

在此过程中记者从居民的口中了解该地区水患频发,至于究竟严重到什么程度,除了居民口中的描述之外,记者还跟随居民来到房屋后面查看受损房屋的情况,通过镜头可以看到发洪水时在房屋的围墙上留下洪水冲刷的痕迹,这一痕迹在房屋的三分之一高处。事实是最好的说明方式,镜头的景象也比村民所说的更让人觉得真实可信,能够让观众感同身受。

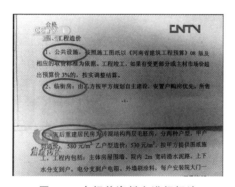

图4-2 在相关资料上进行标注

上图中,文件"灾后重建居民房"几个字在节目中被打上了红色圈,以达到突出的效果。这几个字是证明前述采访中河南省淮滨县台头乡党委书记李怀科隐瞒事实的证据。这个细节的捕捉,使事件真相更加明了。

三、民生新闻述评中的出镜评论

(一)采访明评

新闻评论的论证过程具有群体性特征,就是既包括主持人、记者的主体评论,也包括当事人、目击者、社会、权威人士等群体的客体评论。借他人之口或引用文件或上级主管部门的结论作为评论依据是《焦点访谈》评论的一个特点。在本期节目中,同样的,出镜记者并没有明确对事件进行定性的评论,但节目通过当事人之口对事件进行了定性。

【解说词】

记者了解到,在台头乡的安置区内,老百姓的安置房就是由华盛集团以及大大小小的开发商建设的。村民想住进来,只能以每平方米600多元的价格购买。

【同期采访】

村民1:这让有头有面的抢走了(房子),他搞开发商(建设),谁有钱谁去买,谁没钱谁都走不掉,你淹死了也走不掉。

村民2:他这是给这移民迁建的地皮改成商品房对外拍卖,他打着移民迁建的旗号来搞开发。

以上的村民采访,节目通过村民之口表示,华盛集团实质上是"打着移民迁建的旗号来搞开发"。

(二) 采访暗评

在本章上一节的分析中,笔者提到,《焦点访谈》节目评论的一大特色,就是以暗评为主。记者在采访过程中坚持以新闻的理性观点观察事物,透过现象挖掘本质,采用多侧面、多角度、立体化的叙事方式使观众彻底了解事件的发生发展过程,并摒弃以往评论节目所采用的那种带着观点找例子的说教模式,把观点蕴涵于巧妙的结构安排、恰当的内容选择中。[①] 本期节目中最典型的暗评就隐藏在相关部门负责人自相矛盾的回答中。

在记者对河南省淮滨县台头乡党委书记李怀科的采访中,李怀科先是强调"华盛集团是政府招商引资的一个企业",并且这个企业"只建基础设施","群众自己盖房子"。而经过对搬进门面房的群众进行采访后,记者却发现,群众要从开发商手里买房子,并不是像负责人说的"群众自己盖房"。而后的采访中,李怀科又否认政府与华盛集团之间的关系,此时,节目拿出了政府与华盛集团签订的合同,这份合同的内容让观众完全看清了真相。

自始至终,记者并没有明确评论负责人的功过对错,但通过记者展示的证据,观众自己已经作出了判断。

---

① 石长顺.电视专题与专栏——当代电视实务教程(修订版)[M].上海:复旦大学出版社,2009:205.

【同期采访】

任方明：河南的这个防汛重点在信阳，信阳的防汛重点在淮滨。必须在规定的时间之内让这个淮河滩区的人民群众全部进行搬迁。不论你有啥原因，必须得搬迁。

记者：无论有什么原因？

任方明：嗯，现在都搬了。

记者：都搬了？

任方明：嗯，台头的这个滩区里，这个行洪区里。

记者：都迁出来了？

任方明：基本上都迁出来了。

记者：你怎么知道都迁出来了？

任方明：因为报批这个项目的时候，我们到实地都看了。

以上的采访是出镜记者和河南省淮滨县国土资源局纪检组长任方明的对话。在节目一开始，通过镜头，观众就已经认识并接触到了还处在行洪区里的村民们，镜头真实记录了他们目前所处的困境，而河南省淮滨县国土资源局纪检组长任方明却说台头行洪区里的居民四年前就已经迁出来了。究竟是事实，还是撒谎，虽然记者没有明说，可观众心中早有论断。

（三）重述轻评的节目点评

本期节目中虽然出镜记者凭借其所具备的专业素质和端正的态度，把事件完整真实清晰地报道出来，体现了一位好的出镜记者所应具备的各方面条件。也许为了保证节目的客观性，出镜记者不便作出明确的定性评论，但《焦点访谈》的定位是电视述评节目，主持人仅在结尾处进行了几句就事论事、不痛不痒的点评，对这种政策不落实现象存在的深层次原因并没有进行探究。笔者认为，这样的评论不能算作真正的电视评论。不可否认的是，《焦点访谈》对于镜头语言的运用、对于暗评方式的评论表达可以说是炉火纯青，主持人评论语言中也可见强大的语言功底，但笔者认为，作为评论升华部分的主持人，应该对事件进行明确的评论，否则，节目也就失去了评论节目的真谛，也失去了它存在的意义。以下是本期节目中的主持人点评。

【主持人点评】

敬一丹:为了让滩区群众早日脱离险境,政府拿出了补助资金启动了迁建工程。这件关乎民生的大事,在淮滨县的台头乡却变了味儿,成为这样一个怪圈儿。你看,移民们想要享受迁建补助就必须从开发商手里买房子,而买不起房子的移民也就失去了获得补贴的权利,而拿不到补贴,一些移民就搬不出滩区。面对着仍然住在滩区老房子里的百姓,面对他们时刻受到威胁的生命财产安全,这个怪圈儿该打破!

对于"滩区迁建房变商品房"这类不重视人民生命财产安全的事件,《焦点访谈》主持人的评论仅仅认为"是个该打破的怪圈儿",并没有深入探究发生这类事件的原因何在,也没有说明寻求解决问题的途径。这样的评论未免太过不痛不痒了。

有人将这种结尾无病呻吟式的所谓电视评论形象地比喻为就像一个人光着身子,却穿着鞋,戴着帽子一样,有点不伦不类。尽管《焦点访谈》拥有诸多优势,但如果在今后依旧只述不评或重述轻评,评论的色彩终归会淹没在画面和声音中,"评论"二字也就会成为"聋子的耳朵",仅仅是个摆设和噱头了。

第三节 时政类:《当麦子遇到苹果》

出镜记者是我国电视新闻事业发展的产物,电视新闻事业的发展促使行业内分工进一步细化,同时,日益复杂的新闻现场也要求记者出镜以满足电视受众更高层次的信息需求。

在电视新闻报道中,出镜记者是在电视镜头前,引领摄像镜头的方向,对事物进行现场报道的记者和主持人。他们有时直接面对镜头进行报道,有时针对采访对象进行面对面的提问,有时作为新闻事件的调查者深入现场……可以说,电视新闻成功与否,与出镜记者在现场的表现有着莫大的关系。[1]

---

[1] 华晔.浅谈出镜记者的采访、报道与表达[J].新闻记者,2007(10).

《焦点访谈》作为中国重要的电视舆论监督类的节目,承担着"上情下达"和"下情上达"的重要职责,对出镜记者的要求更加严格。以下,笔者将就本期节目中出镜记者的表现做具体分析。

一、时政新闻述评中的出镜采访

(一)"随情而动"的角色定位

很多电视新闻会因为一些记者的出镜而增色,但是也有因记者现场的表现大失水准,而影响了新闻的真实性和感染力。电视新闻的成功与否,同出镜记者对自身职业角色的准确定位息息相关。

记者的职业角色定位首先应是对报道现场感的呈现。记者在现场的描述要仔细、具体,能够给人形象鲜明的感觉。其次是对真实感的把握。记者在现场的叙述与现场的音响实况要融为一体,使观众感到真实可信。最后,还包括情感态度的把握。面对镜头,记者应该是"职业的我"和"个性的我"的统一,"'个性的我'要求记者在采访过程中具备常人的常态,喜怒哀乐,随情而动;'职业的我'要求记者的情感生发始终围绕采访主题,切不可恣意蔓延影响采访进程和新闻判断"[1]。在采访过程中记者一定要明确自身的角色,控制好自己的情绪。[2]

值得注意的是,"随情而动"并不是在镜头面前故作表演。一个合格的出镜记者,不是表演者,而是受现场氛围感染,情感会不自觉地流露出来。

本期《当麦子遇到苹果》节目中,出镜记者雷小鸽角色定位非常准确,节目中出现这样一段采访(见图4-3)。

【同期采访】
记者:那您栽了苹果树以后,您现在家里吃什么啊?
村民4:买粮吃,村里要叫种苹果树。
【同期采访】
记者:不让种小麦您吃什么?
村民5:买粮吃,我现在就买粮吃。

---

[1] 陈巍.如何做好出镜记者[J].记者摇篮,2008(01).
[2] 刘倩.体育赛事报道中的现场采访环节——以北京奥运会报道为例[J].新闻窗,2008(05).

以上的采访,记者雷小鸽从观众的角度传达信息,不仅传达给观众他们想要知道的信息,而且还传达出他们需要知道的信息。

图 4-3　记者出镜对村民进行采访

同时,通过以上的视频截图,我们可以发现,记者在这一连串的提问的过程中,一直是紧锁眉头。从这个表情可以看出作为出镜记者的雷小鸽表现她的情感态度时,不是夸张和做作,而是无形之中流露出关切的情感,是适度的情感流露。这种适度的个人情感流露,有助于引起观众的共鸣,达到传播的效果。

在接下来对村民的采访中,雷小鸽将自己放在了一个与村民平等的角色上,站在村民的角度发问:"那您自己是愿意种小麦还是愿意种苹果树呢?""那您栽了苹果树以后,您现在家里吃什么啊?"这些问题都是记者站在村民的角度,为他们的生活着想的表现。这些采访片段笔者将在下文中从不同角度详细论述。

(二)"正面+追问"的采访方式

在现场采访中,一名出色的出镜记者会根据不同的采访对象和不同的采访内容,以不同的方式提出合适的问题,这些方式包括单刀直入式、追述提问式、激将反问式、迂回提问式等。

在本期节目中,记者大量运用了单刀直入式和追述提问式的提问方式。单刀直入式即向采访对象正面提问。以下的采访是单刀直入式采访的典型案例。

【同期采访】

记者:那发展林果业是无可厚非,但是把林果业种在这个基本农田上您觉得合适吗?

王鸿贤(甘肃省宁县果业局副局长):好像这个概念没有啥区别,苹果也是农产品。

【同期采访】

记者:现在的现状就是基本农田已经被政府强行种上了苹果树,你们管过没有?

赵力田(甘肃省宁县国土局副局长):这一方面作为我们来说只能是采取,原来比如说果园地,将来采取这个调整互补的办法,确保基本粮田面积不能减少,基本粮田这是个死指标。

根据国家相关法律规定,禁止任何单位和个人占用基本农田发展林果业。根据记者的实地调查采访,我们可以发现,甘肃省宁县米桥乡的基本农田被强制种植果树。在事件确定真实的情况下,出镜记者雷小鸽直接向王鸿贤(甘肃省宁县果业局副局长)和赵力田(甘肃省宁县国土局副局长)发问,显然两位被访者对记者如此直接的问题显然毫无准备。但记者对他们支支吾吾、含糊其辞的回答显然十分不满意,紧接着又对赵力田进行追问。

【同期采访】

记者:那你们调整了吗?

赵力田:现在还没有。

记者:那您觉得这种先占有农民的基本农田来种苹果树,后期再去调整,这么做妥当吗?

赵力田:当然这个做法是不妥当的……

在采访对象试图回避问题的时候,为了将事件的本质彻底清晰地展现于观众面前,记者并没有就此打住,放弃采访,而是继续发问。在记者的步步追问下,就连赵力田也不得不坦言,"占有农民的基本农田来种苹果树,后期再去调整基本农田指标"的这种做法的确"是不妥当的"。记者对负责人的采访到这里,可以说是取得圆满的成功,不仅使被访者承认了自己行为有失,也将真相呈现于观众面前。

(三)因人而异的采访语言

作为一名优秀的出镜记者,在面对不同的采访对象时,根据采访对象的性别、年龄、文化水平、社会阅历等因素的不同,应当有不同的语言风格。

这期节目的采访对象主要为农民,在采访过程中可以看出,记者雷小鸽使用的语言平实简单、朴素自然、直接。以下在问到村民"有没有与政府签订栽植管护合同"的采访是其中的一个典型。

【同期采访】

记者:村里或者乡里用你们家的土地有没有跟你签订过栽植苹果树的合同或者类似于这种管护合同吗?

村民:没有。通知都没有通知,还签订。

【同期采访】

记者:有没有跟您签订这个苹果树的栽植与管护合同?

村民1号:没有。

村民2号:没有没有。跟我不签合同,就叫我栽苹果树。

考虑到采访对象是村民们,记者没有使用"栽植管护合同"这样的专业术语,而是问村民有没有签订过"栽植苹果树的合同"。使用"栽植苹果树的合同"这样的语言提问,不仅不用费劲向村民解释其含义,最主要的是简单易懂,可以得到村民们的第一反应。

但在采访政府机关时,记者雷小鸽使用的语言又有所不同,虽然提问没有咄咄逼人,但语言的逻辑性很强。

【同期采访】

记者:那这三到五年的时间里,老百姓不种小麦,又靠什么来生活呢?

王天俊(甘肃省宁县米桥乡乡长):乡上每亩补助200元。

记者:这些钱有没有发放到位呢?

王天俊:都发放到位了。

这段对话中,记者没有直接问乡长为什么不让村民种小麦,而是问乡长"老百姓不种小麦,又靠什么来生活呢",从而带出补助一事,但是,我们从随后的村民采访中可以看出,根本就没有补偿。而且,进一步采访发现,村民不仅没有收到补偿,而且不愿意也没有能力种苹果树。

【同期采访】
记者:有没有人不签合同的? 不同意的?
王天俊:这个没有的。不同意我们就不栽。
记者:怎样来表明农民是同意和愿意的呢?
王天俊:他和我们签订了栽植管护合同。
记者:家家户户都签订了吗?
王天俊:家家户户都签订了。

从这一系列采访乡长的对话中可以看出,记者雷小鸽是一环套一环地进行采访的,特别是在某些时刻,节目剪辑时又加入了对村民的采访,两者形成鲜明的对比,这其中的问题让观众一目了然。

从问乡长"村民不种小麦如何生活",到"补助是否到位"以及"是否签订了栽植管护合同"等一系列的问题中,可以看出,记者雷小鸽的逻辑性很强,提问环环相加,使得采访的节奏感越来越强,线索也越来越清晰。

二、时政新闻述评中的出镜报道

(一)述评结合的报道方式

作为述评类节目,《焦点访谈》普遍运用述评结合的报道方式,以解说和记者的现场报道为"述",以记者的出镜采访中当事人的回答为"暗评"。

首先,在进行现场报道时,记者雷小鸽善于运用感官观察并描述现场。节目中,在画外音给观众交代了事件的时间、地点等基本信息后,记者出镜。

图 4-4 记者进行现场报道,随手拿起一块土

【现场报道】

记者:我现在是在宁县米桥乡公路旁的农田里,这里的土地踩上去软软的,用手摸上去也是非常地松软,看得出是刚刚被犁耕过。现在地里都种的是像这样的一些苹果树,在这个土堆上面呢,还留有一些麦苗。而就在10多天前,这里还是像这样绿油油的麦苗。

这一"踩"、一"摸"两个动作,非常到位,既能够体现出新闻报道的真实性和现场感,又有效地拉近了观众与出镜记者的心理距离。此外,她还提供了很多的信息,帮助观众更好地理解报道内容,让观众知道,这里原来种的是麦苗,现在变成了苹果树,进而使观众心中产生质疑,诱发观众的好奇心,引导观众继续观看节目。

除了这一"踩"一"摸"外,她还处处将土地的真实情况置于镜头下。

【解说词】

按说苹果树在三五年之后就应该挂果了。村民老陈家从5年前就开始种植果树了,可就当记者来到他家地里的时候却只看到一些这样的树苗。

……

【解说词】

记者看到,很多苹果树都是种了死,死了补。村民白大姐介绍,她家2008年种了400多株苹果树至今就剩100来株苹果树还活着。

在以上的两个现场报道中,都出现了"记者看到"这样的字眼,这表明,记者正在以自己的所见所闻带领观众透过镜头,感受现场的真实情况。

其次,在进行人物访谈调查时,记者与采访对象同时置身于镜头前,一问一答,过程全部都记录在镜头下。由于在这个过程中,记者处于提问者的状态,所以不可能对观众直接传达信息,但在对采访对象的提问中,观众可以获得更多的信息,而且这些信息不用记者直接表达出来观众也能够接受和理解,并在观众心中形成一种评价和论断。

【同期采访】

记者:那这三到五年时间里老百姓不种小麦又靠什么来生活呢?

王天俊(甘肃省宁县米桥乡乡长):乡上每亩还补助200元。

记者:那这些钱有没有发放到位呢?

王天俊：都发放到位了。

【同期采访】

记者：什么时候跟你们说一亩地补200块钱。

村民1号：就是从2008年开始，说的一亩地补贴200块钱，但现在一分钱也没有见，不知道这钱到哪去了。

记者：那把你们家的地占了种这个苹果树之后，有没有给你们补偿呢？

村民2号：没有，人家说的是一亩地给补偿200元，到最后一分也没有给。

记者：那就到目前为止你有没有拿到过补偿呢？

村民3号：没有，一分钱我也没见。

在以上的采访中，政府部门负责人王天俊（甘肃省宁县米桥乡乡长）明确表示，政府为种果树的村民提供生活补贴，并且这些补贴都已经发放到位。而在之后，记者对三位村民的采访中，村民们都表示，根本没有领到什么补贴。通过这两段采访之间的强烈对比，观众已经能够得出自己的结论。

(二) 设问型的报道思路

记者在现场进行报道时获得的信息量非常大，如何将这些信息很好地组织起来，在镜头前进行报道，是很重要的一点。纵观这期节目的报道，几乎都是先提出一个问题，然后通过现场采访和报道，对问题进行回答，再发现其他问题，再回答的设问式的报道思路。

在本期节目一开始，主持人就将"甘肃省宁县米桥乡不种麦子改种苹果"这一事实告知了观众，在接下来的报道中，节目先是以此为源头，探寻为什么要"拔掉小麦改种苹果"。

接着，在得知是政府强行拔掉小麦改种苹果，村民们并不情愿，也没有拿到任何补贴后，记者又继续探寻"米桥乡适不适合种苹果"。

【解说词】

按说苹果树在三五年之后就应该挂果了。村民老陈家从5年前就开始种植果树了，可就当记者来到他家地里的时候却只看到一些这样的树苗。

【同期采访】

村民:到今年都五年了,前面栽的树才长那么大,冻死了,那一年冻死了。这可是第二茬都种下了。

记者:这是第几茬?

村民:这是第三茬了,这是今年栽下的。

记者:那您自己会打理这些苹果树么?

村民:那不会,我没有栽过么,又没有技术员指导,又没有啥。

记者:谁来管理这些苹果树。

村民:自己管理的,也没有人管。我都不会经营,有的都死了。

【解说词】

记者看到,很多苹果树都是种了死,死了补。村民白大姐介绍,她家2008年种了400多株苹果树至今就剩100来株苹果树还活着。

通过以上的采访,观众可以清楚地发现,米桥乡并不适合种苹果。此时,记者又提出了疑问,既然不适合种苹果,村民们也不情愿,那为什么要种苹果?而且只在公路两旁种果树呢?

但与前两个设问不同的是,这个问题的设置并非记者真正要探寻种果树的原因,因为从一开始的强拔麦苗的行为中,观众对政府的做法已有些许猜测,这里问题的设置和回答不仅在于佐证观众心中的猜测,更为了引出接下来的报道事实中对事件的定性。

【解说词】

根据《基本农田保护条例》第十七条第二款明确规定:禁止任何单位和个人占用基本农田发展林果业和挖塘养鱼。

通过之前的采访,观众已经了解到,公路两旁的田地属于基本农田,根据节目展示的相关法律,基本农田是被禁止用来发展林果业的,既然如此,当地政府强占基本农田,并特意选择公路两旁的基本农田来种植果树的行为究竟为何,对于观众来说,已如司马昭之心,路人皆知了。

至此,整个报道思路清晰明确,层层剥离,环环相扣,让人信服。观众跟随着记者的镜头一层一层地剖析新闻事件,还原事实本来的面目,寻求事实的真相和本质。

(三) 对疑点的发掘报道

除了前文中提到过的一"踩"一"踏"、"记者看到"这样的报道细节之外,本期节目中,出镜记者在报道中的出色表现还体现在采访过程中对疑点问题的发掘之中。在本期节目当中,记者对疑点的发掘可以说是贯穿整个报道,下面我们通过一段节选,对记者对疑点的发掘能力进行分析。

通过之前的采访调查,记者发现村民们不愿意,又没有能力种植果树,记者此时发现了疑点——"乡政府在推进这项工作的时候是否征求了大家的意见"。随后记者对甘肃省宁县米桥乡乡长王天俊进行了采访,验证这一疑点。

【同期采访】

记者:有没有人不签合同,不同意的?

王天俊:这个没有的,不同意我们就不栽。

记者:怎么来表明农民是同意和愿意的呢?

王天俊:他们和我们签订了栽植管护合同。

记者:家家户户都签订了么?

王天俊:家家户户都签订。

按照王天俊的说法,村民们都签订了合同。此时一个更大的疑点出现在记者的面前:既然村民们不愿意,又没有能力种植果树,那他们怎么会同意签订合同呢?带着这个问题,记者又找到了"宁县2011年秋季苹果树栽植花名表"做了一些调查,按照上面的名录对村民们进行了采访调查。

【同期采访】

记者:村里或者乡里用你们家的土地有没有跟你签订过栽植苹果树的合同或者类似于这种管护合同有吗?

村民:没有。通知都没有通知还签订。

记者:有没有跟您签订这个苹果树的栽植与管护合同?

村民1号:没有。

村民2号:没有没有。跟我不签合同,就叫我栽苹果树。

到这里,通过记者强大的挖掘疑点、层层剖析的能力,关于"签订合同"的事件,观众已经基本可以做到心中有数了。

在之后的采访中,对于为什么苹果树要栽种在公路两旁这样的疑点,记者也是通过不断地挖掘,带领观众一步步走近事实的本质。

三、时政新闻述评中的出镜评论

（一）当事人评论

在述评节目中,当事人的发言和对话通常都是围绕着主题展开的,他们既是事实的展示者、叙述者,也是评论的参与者。在本期节目当中,村民的对话采访不仅包括许多暗示性的评价,也有直接的定性评价。

【同期采访】

记者：为什么只提倡在公路两边发展苹果呢？

王天俊：里面也在栽。公路沿线就是带动效益好,可以使群众看到苹果产业的发展,他们都看到的话,考虑苹果产业,把群众就带动起来了。

【同期采访】

村民：人家说是路上过的人,来干部领导检查,上路就能看出来,就是方便一些,就不下车了,都能看到这果树,看起来方便,方便好看。就是这样说的。栽树干部跟群众就是这样说的。

在"为什么在公路上两旁栽种果树"这个问题上,记者对乡长的采访中,乡长的回答是"里面也栽",公路沿线"带动效益"好;而在对村民采访时,村民一语道破,公路沿线栽果树就是为了"领导检查,上路就能看出来"。通过村民的回答,观众几乎可以轻易地评价"公路沿线栽果树"就是一个"面子工程"。

（二）对比式暗评

《焦点访谈》评论语言的字面通常不直接批评,没有明显褒贬的词语,但这并不表示没有主观看法,只是《焦点访谈》的主观看法是通过多种语言手段间接地表现出来的,节目有时摆出争执双方观点,不予裁断,但指出症结所在;有时使用对比的手法,让观众从对比中得出自己的结论。

在本期节目当中,这种评价在当事人与政府负责人对记者相似问题的不同回答的对比中体现得尤为明显。

【同期采访】

记者:那这三到五年时间里老百姓不种小麦又靠什么来生活呢?

王天俊(甘肃省宁县米桥乡乡长):乡上每亩还补助200元。

记者:那这些钱有没有发放到位呢?

王天俊:都发放到位了。

……

【同期采访】

记者:什么时候跟你们说一亩地补200块钱。

村民1号:就是从2008年开始,说的一亩地补贴200块钱,但现在一分钱也没有见,不知道这钱到哪去了。

记者:那把你们家的地占了种这个苹果树之后,有没有给你们补偿呢。

村民2号:没有,人家说的是一亩地给补偿200元,到最后一分也没有给。

记者:那就到目前为止你有没有拿到过补偿呢?

村民3号:没有,一分钱我也没见。

在以上的采访中,政府部门负责人王天俊(甘肃省宁县米桥乡乡长)明确表示,政府为种果树的村民提供生活补贴,并且这些补贴都已经发放到位。而在之后,记者对三位村民的采访中,村民们都表示,根本没有领到什么补贴。通过这两段采访之间的强烈对比,观众已经能够得出自己的结论。

同时,记者在采访过程中往往把观点蕴涵于巧妙的结构安排、恰当的内容选择中。记者通过选择的内容,表现一定的观点、立场和态度,对事件作出客观冷静的评价。上文中记者对这两部分存在强烈对比和差异的采访的选择,其实也已经说明了记者对此事的观点和立场。

(三) 主持人点评

出镜记者不仅包括记者,还包括节目主持人,虽然主持人敬一丹在整个节目中,只在开头和结尾部分出现,但作为电视节目的名片,敬一丹在节目评论中作用也是非常重要的。述评节目多采用"现场采访加演播室点评"的方式,因此,主持人的点评往往起到了深化节目主题的重要作用。以下是主持人在本期节目中的出镜。

【主持人点评】

敬一丹：你好，观众朋友，欢迎收看《焦点访谈》。种麦子好，还是种苹果好？这要看实际情况，比如这地能不能种，有没有这方面的技术等。在甘肃省东部的宁县，有一个叫米桥乡的地方，这里的农民多少年来都是种小麦，种玉米。可是现在从县，到乡，到村，各级都在强调种苹果，弄得农民种麦子倒成了问题。

在节目一开始，敬一丹首先就将节目的主题——"当麦子遇到苹果"进行了解释，并提出了问题："种麦子好？还是种苹果好？"最后的一句"弄得农民种麦子倒成了问题"的引导作用非常明显。

当然，点睛之笔在最后。

【主持人点评】

敬一丹：在这里种苹果，还是种麦子，农民和干部的看法不同。农民看中的是收，而干部看中的却只是种。在节目中我们看到，县里提出了"以果看干部，以果用干部，果园出干部"的口号。看来种多少果树，对于干部很重要，甚至关系到他们的提拔升迁。所以，出现这种只管种，不管收，甚至不惜违法也要种苹果的现象，就不足为怪了。既然是要为农民办事，办没办好的标准，应该看农民得到了多少好处，绝不能只看完成了多少数字，更不能让惠农变成伤农。

这一部分既是对整个节目的小结，也是在本期节目中对这一新闻事件唯一的明确的评论。本期节目的评论不再像上一节中我们所分析的那样"不痛不痒"，主持人敬一丹以其冷静、清晰、自然、朴实的语言，在正与恶、善与丑的比较中鲜明地表现出自己的态度，她站在公正、客观的立场上，对事件有所批评，但尺度把握得很好，在表述事实、给予评论时始终保持冷静的态度。同时，她在揭露事实的基础上，冷静分析、指出问题症结所在，寻求解决问题的途径，既起到低层次的"解气"作用，也起到高层次的"解惑"作用，可以说，是整期节目评论的升华与点睛之笔。

第五章　特别报道的出镜记者

特别报道(Special Reports 或 Specials)是"新闻文体中一类引人注目的新闻体裁"[①]。近年来,特别报道的身影出现在各大报纸、电视、网络媒体中,常常用以报道大型、连续、重大的新闻事件。特别报道新颖的事件观点、深刻的政治内涵、独特的选题角度使其受到受众的一致欢迎。

特别报道到底是什么？目前国内学界并没有给出统一的观点和结论。纸媒、电视和网络根据其自身特点,对特别报道的界定和诠释有着不同的形式。纸质媒体以《中国青年报》为例,其"特别报道"专版自2004年6月1日创版起,陆续发表的《外逃高官胡星归案记》《一个副市长的权力磁场》《山西省粮食局局长栽在"粮神殿"》等题材和文笔极具震撼力,在社会上引起了不小的反响,从文笔风格和编辑题材方面来看,它的特别报告以深度报道为主;网络媒体以"中国特别报道网"为例,该网站的报道理念是,用特别的视角报道中国,其内容涵盖消息、访谈、时评、图文等众多资讯内容;电视媒体主要以央视为例,央视凭借其得天独厚的资源优势,成功地推出了如《全国"两会"特别报道》《入世十年特别报道》《央视"3·15"特别报道》等报道,这些报道或以宏观大气的姿态或以细腻真实的情感交流展现着社会百态。

结合上面三者的要素,我们不难看出,特别报道从题材上来说,基本涉猎政治、经济、文化、生态、体育、文艺、社会、人物等题材;从报道题材形式上来看,最好的特别报道是信息、访谈、评论、视频、现场等众多资料加以条理化整合后的结果;从特别报道横向时间范畴来讲,应当包括对整个事件前期资料的介绍、事件最新情况的报道、事件后续情况的追踪等;从特别报道的纵向深度挖掘上,应包含地域因素、人群、情感等多重要素的分析。就

[①] 朱天文.英美报刊特别报道的文体特点及其翻译[J].福州大学学报哲学社会科学版,2007(02).

目前特别报道能够把这些信息完整地用一种形式在较短的时间内、集中、全面地表现出来的最好的媒体形式是电视。

重大新闻事件的现场直播特别报道是"电视媒体对重大新闻事件的集合型深度报道,集多种新闻报道方式于一体,采用演播室直播、现场报道、录像新闻、现场连线、背景分析、主持人嘉宾点评等方式,或述或评,从广度上扩展其外延,从深度上挖掘其内涵,打的是组合拳,营造新闻舆论场,抢占新闻传播主导权,主导新闻话语。"①出镜记者在这样的一种系统的报道中有着极为重要的位置。根据所报道的事件类型不同,出镜记者以一种"在现场"的模式,把自己周围的情况和广大观众天然地建立起一种联系,使得整个现场—演播室—报道事件—观众成为统一的一个整体。而出镜记者在多次的实践培养中,也针对特别报道事件的不同,形成了不同的报道模式,本章将以案例分析的方式,解读现场见证型、探索揭示型和体验映证型出镜记者的特点。

第一节 现场见证型:《日本地震报道系列》

要分析现场见证型特别报道中的出镜记者,首先要明确的概念就是现场见证中的"现场",在这里"现场"主要是讲的现场报道,关于现场报道的概念主要有以下两种观点:一是"现场报到时电视记者在新闻事件现场,面对摄像机(观众),以采访者、目击者和参与者的身份作出图像的报道"。②二是"电视新闻中的现场报道是电视报道者置身于新闻事件发生现场,面对摄像机,以采访者、目击者和参与者的身份向观众叙述、评论新闻事件,并同时伴以图像报道的一种报道"③。综合两者的观点我们不难总结出,出镜记者现场报道的要点,第一要求"在现场";第二要求图像报道;第三要求记者以采访者、目击者、参与者的身份参加到报道中。

鉴于上述概念对现场见证型的出镜记者提出了更高的要求,即出镜记者不仅要在镜头或摄像机前以采访者、目击者、参与者的身份真实无误地

---

① 杨志平.CCTV重大新闻事件现场直播特别报道探析[J].电视研究,2010(12).
② 叶子.电视新闻:与事件同步[M].北京:北京师范大学出版社,2007:136.
③ 付程.实用播音教程(第4册)[M].北京:北京广播学院出版社,2003:92.

报道现场的情况,同时还要迅速选取现场中最有代表的信息,并加以挖掘和讲述,带给受众最真实的现场感受。

下面我们以《新闻直播间》之《日本地震报道系列》这期节目为例来分析目击式报道的采访特点、报道形态与评论技巧。

一、现场见证型特别报道中的出镜采访

现场对于新闻的重要性,无异于皮和毛的关系,皮之不存,毛将焉附?只有深入实地走访,对新闻事实进行判断,才能准确地将新闻事件进行有效传播。现场见证型的出镜报道往往要求记者第一时间赶往新闻事件发生地,快速了解和掌握事件的核心信息,并从中筛选出最直接、最具代表、最吸引人注意的信息节点。

现场见证型的出镜记者不仅是现场事件的参与者,也是事件的采访者和报道者,如何用最合适的方式将最重要的信息传递给受众,除了要求记者本身有很好的语言文字功底、专业功底、新闻敏感等专业素养的要求,还需要出镜记者善于运用非语言的符号(如动作、手势、语音语调)把现场的情况进行外化,并且要准确把握采访时机和技巧,让记者成为"正在发生事件"的见证者。纵观近年来的两会特别报道、汶川地震、北京奥运会、神舟航天飞船成功飞行、马航失联等重大的新闻报道中,中国电视界涌现出越来越多的优秀出镜记者,他们见解独到、语言睿智、性格鲜明的形象深深刻在观众的心里。

(一)出镜采访的问题设计

出镜记者是栏目,甚至是电视机构的门面。重大历史时刻"我在现场"已经成为各媒体的普遍共识,所以,在遇到三峡截流、冰雪灾害、汶川地震、淮河抗洪、印尼海啸、奥运会这些重大新闻事件、异地采访、境外采访、现场直播等,出镜记者就是整个报道的核心。特别是紧急突发事件,往往只能靠记者在现场一气呵成,好的出镜记者往往在时效争夺中体现出优势。另外,出镜记者在采访中能亲历现场,更容易得到帮助和支持,也更容易整合各方资源。[1]

---

[1] 王小蓓.出镜记者,新闻的"眼"[J].现代传播,2008(06).

一个好的出镜采访,源自大量背景资料的收集和整理、基本事实和情况的梳理、关键中心的把握、出镜记者的语言表达能力和现场表现力等众多方面,以及面对突发状况的应变能力等诸多因素。但如何使这些资源得到有效整合,主要依靠的是对整个采访的设计,下面我们具体以《新闻直播间》栏目《日本地震报道系列》为例,对采访设计进行分析。

2011年3月11日,日本东北部海域发生里氏9.0级强震,加之引发的海啸、核泄漏等状况,使之成为备受全球关注的一场复合式灾难。这场灾难给日本带来重创的同时,也给周边国家和地区乃至全球敲响了警钟,更是成为各国媒体关注的焦点。中央电视台身为国家级媒体,投入大量人力物力对此次灾难予以报道,《新闻直播间》也为此次专门策划了《日本地震报道系列》。

在《新闻直播间》的这次特别报道中,为了完整地报道日本地震全貌,采用了多地(福岛、东京、仙台等)、多人(多个出镜记者)的报道方式,报道内容聚焦地震、海啸、核泄漏等灾难的破坏状况以及受灾民众的实际生活困难与心理反应。整个出镜报道从策划之初就已经进行了合理的安排。

在介绍整个日本地震情况时,这种多人多地的出镜形式让观众在短暂的时间内看到事件全貌,通过出镜记者的介入,使观众有身临其境的感觉。下表是分派的四路记者带回来的报道。

表5-1 多路出镜记者现场报道的场景

序号	画面	声音
1	演播厅	主持人演播室串词:日本大地震发生之后,本台派出了多路记者。现在这批记者都已经抵达了重灾区进行采访报道,以下就是来自本台记者从福岛、东京、仙台等多地发回的现场报道。
2	核辐射点分布图	记者何润峰:在避难所我们了解到很多灾民是直接住在自己的私家车里。但也有人是在操场上直接搭起了帐篷,不过我们发现像现在帐篷的面料非常地轻薄,在当地最低气温0℃左右的情况下,很难抵挡严寒,不过,很多灾民就告诉我们说呢,除了基本的食物、饮用水和御寒物资之外,其实他们更稀缺的是一个明确的信息,他们希望政府能告诉

续表

		他们;究竟他们现在是否安全,或者说哪里才是安全的。
3	日本震后现场出镜记者采访灾民	同期采访:(田代佑子):我最担心的是核辐射,会对我们的身体健康产生影响。
4	震后现场拍摄	解说词:由于核泄漏事件仍在持续恶化,许多市民在抵达福岛市后稍作休整就继续向更安全的区域撤离。此外,受地震及核辐射影响,福岛市附近的供电和供水都出现不同程度的短缺,不少餐厅和旅店被迫停业,基本生活资料的供应无法得到充分保障,当地的生活秩序陷入半瘫痪状态。
5	(核辐射点分布图地震后现场)	记者李卫兵:那现在,我们是来到了距离仙台市十五公里远的海滨城市名取,我们所在的位置距离这个海岸有一两公里。
6	震后拍摄	解说词:本来,记者想到仙台市的海岸看一下受灾情况,但由于已经实施了管制,无法接近海岸地区,于是记者来到距离仙台市十多公里的海滨城市名取,许多房屋仍然被水浸泡,附近的村镇已经空无一人。
7	灾民在名单中寻找自己的亲人	记者李卫兵:由于这个海啸所带来的很多的失踪者现在生死还未得到确认,市政府在这里贴出了各地避难者的名单,来供市民们来确认自己亲属的安危。
8	失踪者名单	解说词:记者在名取市本部了解到由于通讯还不畅通,有大量下落不明者的安危急待确认。
9	出镜记者在宫城县做报道,身后的直升机马上要起飞了。	记者顾雪嘉:我现在在日本受灾最严重的宫城县,接下来要乘坐直升机去一个叫做南三陆町的地方,据说那里总共有一万八千多的人口,但是至今有一万多的人,下落不明。
10	仙台航拍画面	记者顾雪嘉:现在进入镜头的就是在仙台机场附近一个叫做盐笼市的地方,地震已经过去两天多,那里还在燃着熊熊烈火,这是盐笼市一个储存石油的地方。

续表

		同期声:(机长)抱歉,机身摇晃厉害,不能再靠近,我们要撤离这里了,可以吗?下面我们去松岛附近看看,现在我们在松岛上空,你们可以看到海面上到处漂着泄露出来的石油,这边看到的是日本海上保安厅的船,都被海啸给掀翻了。 记者顾雪嘉:现在画面看到的就是宫城县的南三陆町,有超过一万人下落不明的地方,那架飞机呢是日本救卫队的自驾飞机,正在搜救是否有幸存者,大家可以看到操场上有 SOS 的求救信号。
11	核电站地址后画面	记者张萌:现在您看到的远处三个烟囱立起来的地方就是在地震当中发生爆炸的核电站。那么根据政府最新的规定,也就是以这个核电站为中心的方圆二十公里的地方都是属于限进区域,也就是说人如果进入这个区域,将会被核辐射,那么现在已经是我们能够抵达的靠近它最近的一个区域了。
12	央视航拍的仙台机场	仙台的机场是 2007 年才修建好的,<u>也是这里的人们通往外界的唯一的通道</u>,现在整座大桥也是在海啸当中拦腰折断。

上述出现的四位出镜记者在这次节目中都有出色的表现,央视特派记者何润峰曾去过利比亚,作为一个出镜记者来说他经验十分丰富,他的个性以及人格魅力和新闻深深地联系在了一起。李卫兵 1996 年进入中央电视台工作,先后担任《焦点访谈》《东方时空》《经济半小时》等栏目记者、编辑。2005 年 3 月起,任中央电视台驻日本记者站记者,日语专业的他在采访时更加熟练、更能和被采访者建立起感情。央视驻日本东京记者顾雪嘉拥有很好的现场感,作为这四路记者之一的张萌本来是央视驻泰国曼谷记者,当天从曼谷飞赴东京,在东京成田国际机场,采访报道机场情况和华人滞留、撤离情况。

这种多路合作的出镜报道经过了严密的设计,从海啸到地震到核辐射,从仙台到福岛再到东京,从灾难的外部情况到灾民的内心世界诸多方面,整个特别报道都得到完整的表现,给观众带来视听方面的震撼的同时也留下了思考的空间。这就要求出镜记者在采访设计时要把自己放在一个宏观的视角上,用微观的细节陈述,使得整个新闻报道形成一个有机整体。

(二)出镜采访的提问技巧

现场见证型特别节目的出镜采访要求出镜记者能够有很强的现场发现能力和提问采访能力。"面对同一话题,有的记者能问出自己想要的东西,有的记者就问不出来,这就是提问技巧的问题。注重提问技巧,不但能拓展节目的深度,甚至能得出意想不到的效果。"①

在《日本地震报道系列》中,有一段消息,主要介绍了日本当地地震避难所食物匮乏、受灾人员流离失所、余震不断等情况。在这样的环境下灾民的心态,处于十分恐慌的状态,如何在直播中提出有价值的问题、如何拿捏被采访者的心态,这是当时出镜记者面临的一个问题。

图 5-1　记者李卫兵在仙台避难所进行出镜报道

在这则 1 分 31 秒的新闻中,出镜记者李卫兵用一种沉稳的气质对自己所在地(仙台某避难所)作出简要介绍,他到达现场后,迅速对现场的情况进行了解,并迅速筛选出有关食品和饮用水物资短缺的情况进行了报道,同时为了使整个事件更具说服力,他用一种生活逻辑的思维方式对日本避难的民众进行了采访。

李卫兵:什么时候开始入住的?

受灾民众:从昨天开始入住的。

---

① 魏庆玲.如何做调查性电视栏目的出镜记者[J].青年记者,2008(03).

李卫兵:家里怎么样了?

　　受灾民众:外观还行,但里面已经乱七八糟。家里已经彻底完了,电视机等滚得到处都是,回家很危险。

　　李卫兵:能领到食品吗?

　　受灾民众:领不到,只有小学以下的孩子和75岁以上的老人能领到食物。

　　循序渐进的提问、礼貌的问候,使得被采访者更容易放下对镜头的戒备,说出事件真实状况,通过受灾民众的叙述,李卫兵之前所叙述现场的情况得到印证,使得特别报道的现场直观感受更加强烈,对日本灾后居民的现状产生强烈同情。李卫兵循序渐进的采访模式是现场报道中常用的一种采访技巧,合理控制采访时间、引导式的提问、真挚的眼神、良好的语言功底是这次出镜采访成功的主要原因。

二、现场见证型特别报道中的出镜报道

　　特别报道的出镜报道主要是采用与演播室对应的一种对话式的报道方式,通过演播室主持人与出镜记者连线的方式,作为事件现场见证者的出镜主持人报道方式的选择、报道思路的建构和报道细节的捕捉在很大程度上决定了这次对话成功与否。

　　(一)报道方式的选择

　　由于事件现场形态的千变万化,不同的报道要求记者选择相应的报道方式,适当的报道方式的选择使得事件也能得到完整的表述。在现场见证型的出镜报道中,出镜记者用独立的立场审视事发现场,他是现场唯一的见证者,也是把周围情况及时传达给受众的传播者。这要求记者要有很好的洞察能力、逻辑思维能力和语言组织能力。在现场见证型的出镜记者采访中,记者的独立人格将得到展现,使得新闻事实的陈述带有出镜记者的个人化色彩。

　　在《日本大地震特别报道》中记者顾雪嘉的出镜,成功地展现了她独特的个人魅力(见表5-1)。

　　　　记者顾雪嘉(直升机前):我现在在日本受灾最严重的宫城县,接下来要乘坐直升机去一个叫做南三陆町的地方,据说那里总共有一

万八千多的人口,但是至今有一万多人至今下落不明。

记者顾雪嘉(直升机里):现在进入镜头的就是在仙台机场附近一个叫做盐笼市的地方,地震已经过去两天多,那里还在燃着熊熊烈火,这是盐笼市一个储存石油的地方。……

飞机俯拍画面

记者顾雪嘉:现在画面看到的呢就是宫城县的南三陆町,有超过一万人下落不明的地方,那架飞机呢是日本救卫队的自驾飞机,正在搜救是否有幸存者,在这大家可以看到操场上有SOS的求救信号。

在整个出镜报道中,记者顾雪嘉始终淡定自若,清晰的语言、沉稳的语调使得整个现场情况得到最好的表述。

(二)报道思路的建构

现场见证型的出镜记者报道思路的建构,已经不再停留于整个新闻采访和报道过程中的思维运行的轨迹和线路。它比之前的采访思路更加具体,侧重"现场"的见证和解读,包含对宏观和微观两方面的信息进行构架。

1. 宏观思路的构架

所谓宏观报道思路的构架是指记者在发现、接触新闻事件后较快的时间内,对突发的新闻作出价值的评估,当评估结果达到预计效果的情况下迅速构建出采访的主干。这其中还包含对事态发展基本情况的预测,对涉及人物的梳理和对其他有用信息的宏观把握。

表 5-2 记者在名取带回的报道

1	核辐射点分布图	记者李卫兵:那现在呢我们是来到了距离仙台市十五公里远的海滨城市名取,我们所在的位置是距离这个海岸有一两公里。
2	地震后现场	
3	地震后拍摄	解说词:本来,记者想到仙台市的海岸看一下受灾情况,但由于已经实施了管制,无法接近海岸地区,于是记者来到距离仙台市十多公里的名取,许多房屋仍然被水浸泡,附近的村镇已经空无一人。

续表

4	地震灾民在名单中寻找自己的亲人	同期声:由于这个海啸所带来的很多的失踪者现在生死还未得到确认,市政府在这里贴出了各地避难者的名单,来供市民们来确认自己的亲属的安危。
5	失踪者名单	解说词:记者在名取市本部了解到由于通讯还不畅通,有大量下落不明者的安危急待确认。

由以上表格中的出镜报道文稿中可以看出,出镜记者首先定位的是相对较大的仙台市,然后把范围缩小到离仙台市十五公里远的海滨城市名取,选择在离海岸一两公里的地方进行出镜报道。出镜记者李卫兵的整个报道都是在宏观构思下的空间叙事,通过地域定位的方式进行宏观思路的设计和架构。

2. 微观的思路构架

当整体宏观的布局已经形成,对微观思路的构架就是下一个要思考的问题,这其中包括对现场情况进行分析和筛选后得到的最重要的信息,并以最合适的视角进行报道。

图 5-2 记者张萌在地震现场用专业仪器测试核辐射

出镜记者张萌在《日本地震系列报道》中的表现,为我们很好地展现了宏观和微观报道思路的构建。

张萌:现在您看到的远处三个烟囱立起来的地方就是在地震当中发生爆炸的核电站,那么根据政府最新的规定,也就是以这个核电站为中心的方圆二十公里的地方都是属于限进区域,也就是说人如果进入到这个区域,将会被核辐射,那么现在是我们能够抵达的靠近它最近的一个区域了。

张萌:仙台的机场是2007年才修建好的,也是这里的人们通往外界唯一的通道,整座大桥也是在海啸当中拦腰折断。

这是出镜记者张萌在飞机上进行的报道,她敏锐地关注到受众普遍关心的核心问题:核辐射和交通问题。针对这一微观主题的把握,她结合自己身处的观察范围,以震撼人心的视觉体验和紧扣主题的报道内容,将受众带到了事发现场,让人印象深刻。

(三)报道细节的捕捉

细节决定成败,"细节能够揭示事件表面背后隐藏的信息,能够找出人物内心丰富的情感"[①]。合适恰当的细节点的加入往往能凸显事件表面背后隐藏的信息,能够昭示人物内心情感。一个优秀的出镜记者要善于挖掘电视新闻的细节,"电视新闻细节是指在电视新闻报道过程中,电视记者(包括出镜记者)在新闻现场通过采访、拍摄获得的(除新闻五要素之外)对新闻事件发生、发展起到直接或间接作用的符号、实物、情景、画面、语言等细小的环节和情节"[②]。

图 5-3 记者何润峰在日本地震中的出镜报道

细节中往往能发现许多关乎事件线索的重点,出镜记者就像是侦探深入犯罪现场,发现细节中的蛛丝马迹,迅速筛选细节、运用细节是每个出镜

---

① 叶子.电视新闻:与事件同步[M].北京:北京师范大学出版社,2007:123.
② 宋晓阳.出镜记者现场报道指南[M].北京:中国广播电视出版社,2008:119.

记者的必备本领之一。在《日本大地震特别报道》中,记者何润峰敏锐地把握了细节,并把细节传达给受众。

  记者何润峰:在避难所我们了解到很多灾民是直接住在自己的私家车里,但也有人是在操场上直接搭起了帐篷,不过我们发现像现在帐篷的面料非常轻薄,在当地最低气温只有0℃左右的情况下,很难抵挡严寒,不过,很多灾民就告诉我们说除了基本的食物、饮用水和御寒物资之外,其实他们更稀缺的是一个明确的信息,他们希望政府能告诉他们究竟他们现在是否安全,或者说哪里才是安全的。

在报道中,何润峰在非常匆忙的情况下,准确地把帐篷的厚度和当地的温度结合起来,用一种最为直观的方式,将地震灾区现场受灾民众所遭受的困难表现出来。

三、现场见证型特别报道中的出镜评论

出镜记者的"现场评述是指电视记者在采访现场面对镜头直接交代、播报和评论新闻事实的播报方式。这一类出镜的方式形成了记者与观众面对面交流的样式,具有人际传播的特点"。[①]

出镜评论不同于新闻评论,"新闻评论是媒体编辑部或作者对新近发生的有价值的新闻事件和有普遍意义的紧迫问题,运用分析和综合的方法,就事论理,就实论虚,有着鲜明针对性和指导性的一种新闻文体,是现代新闻传播工具经常采用的社论、评论、评论员文章、短评、编者按、专栏评论和评述等的总称,属于论说文的范畴。简而言之,新闻评论是就有价值的新闻事实和社会现象发表意见以指导实践的一种文体"[②]。

出镜评论将记者的专业标准提到了一个更高的层面,不仅要求记者在到达现场后完成对周围宏观情况的把握以及细节点的搜集,同时在对这一事件信息进行筛选和梳理后,用连贯和完整的观点对事件或人物进行评判。优秀的出镜评论往往要求拥有独特的新闻评论视角、评论点的聚焦和评论语言的流畅表达。

---

① 雷蔚真,朱羽君.电视采访学(第二版)[M].北京:中国人民大学出版社,2003:212.
② 丁法章.新闻评论教程[M].上海:复旦大学出版社,.2012:

（一）出镜评论的视角选取

视角是指观照事件的观点、角度、看法等，新闻报道中处处存在着视角的问题，题材的选择有角度，采访的提问有角度，新闻评论也有角度。新闻评论视角选择的正确与否，决定了新闻评论是否能成功。同样出镜记者寻找合适的视角，往往能让新闻评论入木三分。以下是中央电视台《新闻直播间》栏目播出的《核泄漏影响东京人心理、生活》节目中出镜记者在日本地震现场对地震导致的影响进行的评论。

> 张萌：……先说电吧。今天是限电的第二天了，昨天是限电的第一天，已经出现了一些问题，比如说电车、轨道——东京的民众大量依赖这种交通设施——全面地减缩了。所以在上班的时候，很多人都要挤，要花很大的时间在等待上面。所以昨天上班的时候应该是九点钟上班，很多人迟到，到下午一点钟的时候才正式上岗。
>
> 那么今天已经是第二天了，虽然说是要大面积地用停电轮休这样一种政策，但是到目前为止，只有小部分地区实施了这样一种停电的轮休。因为考虑到了一些很特殊的人群，比如说需要用到呼吸机的，所以现在政府也是比较犹豫不定。如果这一部分特殊人群出现生命方面的问题，引发了更大的社会问题的话，那这个责任谁也担当不起。
>
> 但是，同样也出现了如果大家所有的还是不用停电轮休的措施，全部都用电，这个电压一旦下来，或者是不稳的话，又会引发其他的问题。所以现在政府能做的就是让大家全部省电，从天皇到首相都自发地做表率，说大家一定要省电。然后刚才还说到这个油的问题，现在能加上油是件非常困难的事情了。
>
> 目前，刚才说了像电车还有轨道交通都是限量的，出租车稍微好一些，因为它们是用的天然气，但出租车在日本是非常少的，因为对他们的限制包括对质量的服务要求非常地严，所以大家现在出行依然不是特别地方便。

出镜记者在地震灾区没有简单地对整个事件进行宏观的表层表述和宽泛评论，只是选择"停电"这个小的切口对地震的影响及导致的困难进行表述和分析，表现出日本国民在基础设施损毁严重的大背景下面对电力贫乏的坦然和有序。既客观呈现新闻现场的事实本相，又辩证地总结和分析了日本国民值得学习和借鉴的优秀素质。

（二）出镜评论的焦点聚集

万事万物都有一个中心点，没有中心点的新闻评论好像漫天飞舞的纸屑，让人摸不着头脑。

地震对人类社会的破坏和影响是多全方位的，中央电视台《新闻直播间》栏目播出的《核泄漏影响东京人心理、生活》中出镜记者张萌在与主持人进行现场连线时，则选择了把评论的焦点聚焦于核电站损毁后的核辐射的影响这一焦点。

张萌：其实这两天我们有一个非常深刻的感受，就是你会发现这个随着不断的更多的信息出来之后，我们民众包括日本的民众和很多的媒体对"核"这个字的理解，包括一些常识，现在不断地在进行颠覆。因为就在昨天的时候，我们在综合各个专家的意思，他们说这两天你看这个日本主要吹的是面向海边的风，所以应该是距离事发地大概是400公里左右的地区是有辐射，所以东京应该受的影响不大。

但就在刚刚您刚才也说了检测到了就在东京旁边的一根线，它的这个辐射已经超40倍了。您要知道昨天我在进行这个核辐射安全检测的时候，当时数值是0.6，然后专家告诉我只要是超过十倍，就比较危险，那马上你就要到医院去，然后你身体可能会出现问题了。那现在已经超了40倍，那是什么意思呢？那意味着是不是现在在东京生活会存在一种不安全呢？如果暂且我们现在相信目前在东京生活是安全的，那从今天新闻发布会上我们为什么感受到了一些不安全的一些因素。

比如给大家可以举一个例子，在今天这个首相包括一个新闻发布会上，他们就说了现在这个公里数从20公里避难的这样一个场所延伸到了30公里。就是说30公里以内的人们现在要采取避难措施，人们尽量地要在家里待着、要（采取）关门等相关一些措施。那大家说了空气本来全部都是流通的，是不是意味着就到30公里这里，诶，就戛然而止了，就没有这个核辐射或者相关的一些放射性物质了？那30公里之外，40公里怎么样？50公里怎么样？100公里怎么样？距离现在到东京400公里怎么样？所以大家对这个数值目前依然是打问号的。

从张萌的回答中我们看到,她作为一个深入第一现场的出镜记者,不仅对主持人提出的问题进行了合理的回答,而且对相关事件进行了评述,从她对"核"字对日本受灾民众心理的影响到风向的介绍再到后来对相关措施的解读,几乎是一段一个点评,她并没有选择简单地说出自己的观点,而是不断用举例子、打比方、反问的方法在评论时表达自己的观点。

(三)新闻评论语言表达

中央电视台《新闻直播间》栏目播出的《核泄漏影响东京人心理、生活》中出镜记者张萌始终保持自然随和的态度,很容易拉近与受众的距离。这与张萌所采用的新闻语言的口语化以及与电视机前观众的交流感有着非常大的联系。

> 张萌:嗯,对刚才我记得你还问到了现在这个民众。我刚才也下去到楼下看了一下,我发现他们民众现在是这样的,首先口罩是必备的,然后围巾一定要必备,然后同时大家会戴上手套。而且你还会注意到很多一些民众呢他们已经带上伞了,因为说今天可能是会下雨,那也就是说……下雨的时候尽量要让这个雨水尽可能少地沾到你的皮肤上,所以大家在出行时都做了各个方面的准备。
>
> ……
>
> 然后刚才还说到这个油的问题,现在能加上油是件非常困难的事情了。目前呢刚才说了像电车啊还有轨道交通都是限量的,但是出租车稍微好一些,因为它们是用的天然气,但是出租车在日本是非常少的,因为它们的限制包括对质量的服务要求非常地严,所以大家现在出行依然不是特别地方便。

她新闻叙事有条理性,语言表达注重流畅。从地震后日本民众面临的用电问题为出发点,集中表述了当地受众上班、生活带来的不便,以及政府对这一现象表示无奈的原因,张萌都用流程的语言准确地进行表达。同时她重视即兴表达,但又点到为止,这既引导受众的思维,同时也给受众留有思考空间。她形象亲切、眼神真挚、手势语表达恰当,给观众留下了较好的印象。

第二节 探索揭示型：
《"南澳一号"水下考古直播特别报道》

特别报道往往是针对具有重大价值和意义的新闻事件，立足宏观视野、微观细节角度，采用连续报道的形式为观众呈现出一个全面、真实、立体、生动、时效性强的新闻热点事件。而探索揭示型的特别节目，题材多选择耐人寻味、曲折离奇或者正在发生中的事情，这一题材的特别报道采用叙述方式往往引人入胜，含有较高的政治、历史、文化、社会价值要素，往往能带给人新闻和审美的双重信息享受。

央视新闻频道推出的《新闻直播间》栏目自2009年8月开播以来，一直将速效、真实、客观的新闻信息传达给受众，而该节目针对重大新闻事件策划的特别报道，利用其庞大的出镜记者团队、新闻资讯网络、专家构建平台成功制作多种多样题材的特别报道，有针对重大新闻时事的特别报道，诸如《特别报道：神舟九号飞船发射》《"两会"特别报道》《克里米亚公投特别报道》《雅安地震特别报道》等；介绍人文社会现象的报道有《2013年"度"特别报道》《新年特别报道：玩转冰雪》；也有关注生态文明的报道如《美丽地球 共同家园：东非野生动物大迁徙特别报道》。其中《"南澳一号"水下考古直播特报道》内容涵盖文化、生态、历史、地理，是结合直播的时效性、主题重大性和题材趣味性的良好案例，因此本章通过对该节目中出镜采访、出镜报道和出镜评论三方面的内容分析出镜记者在探索揭示型特别报道中的作用。

一、探索揭示型特别报道中的出镜采访

探索揭示型的出镜采访不同于一般的电视采访，前者在出镜采访中更侧重于挖掘信息，因此具有很大的信息量，容易使观众感兴趣，引发进一步收看的欲望。因此在这个过程中出镜记者的身份就显得格外重要。与主持人相对应的，出镜记者是现场局面的掌控者，这种掌控不仅仅体现在对现场环境的把握上，更加体现在对被采访者的沟通和话语的引导上。

（一）出镜采访的问题设计

出镜记者的采访往往都是由一个引导性的问题开始的，有问才有答，出镜记者提出的问题越具体,就越能得到具体的回答。因此具体的、细节化的、生动的问题往往使得对话内容充实有看点。探索揭示型的出镜记者在问题的提出上更加有技巧,往往能根据事件本身延伸出更多有意义的信息。

《"南澳一号"水下考古直播特别报道》出镜记者郎永淳和故宫博物院研究员陈华莎的对话中,郎永淳根据专家的介绍,连连发问,时时展现出智慧的火花。

图 5-4　记者郎永淳与专家在文物鉴赏区进行交流

郎永淳:清理的工作做得非常快,我们把这些清理好的文物、瓷器送到现场鉴定区。今天我们现场请到的是故宫博物院的中国古陶瓷鉴定专家陈华莎女士来现场鉴定一下第一箱出水的瓷器。应该基本上全部都是青花瓷。请给我们简单地讲解一下。

陈华莎:我们看到了,基本上都是青花瓷。而且看到的基本上都是两个窑口,这个是福建平和窑(瓷器),这个是景德镇瓷器。

郎永淳:怎么样来判断它是福建窑口的呢?有什么特点?

陈华莎:福建平和窑的瓷器受到景德镇的影响,但是又略有不同。你看这个就是景德镇的瓷器。景德镇的瓷器它比平和窑的胎体,更轻薄,而且略微精细一点,平和窑是民窑,它在明清的时候是一个著名的外交瓷的窑厂。

郎永淳:从这个窑厂判断的话它应该是明清时代的瓷器?

陈华莎:我认为应该是晚明时期的。就是明代万历晚期到崇祯这一段时期的。

159

郎永淳:万历晚期?

陈华莎:咱们现在还不能确定,大概就是这样。还有一些文物没有出水,咱们根据下面出水的文物(才能进一步判断)。

郎永淳:您觉得还有哪些器物是值得一讲的?

陈华莎:现在咱们看到的(文物)以盘子为主,有各种不同图案,你看这个是人物的,这个也是人物的,还有瑞兽的。

郎永淳:这个是什么图案,是什么动物啊?

陈华莎:这个应该是麒麟。

郎永淳:我们来为大家展示一下,就是在瓷器上画的麒麟,其实从我们现在在现场看,根本判断不出来,它是什么样的一种动物。只有靠专家来确定它是一个麒麟的画面。

陈华莎:因为这是一个民窑,民窑与官窑有不同的是,它是为老百姓生产的,还有一个它是为东南亚、日本,附近(国家)老百姓生产的,所以它可以随心所欲地画,画得非常有趣。

郎永淳:它没有固定的模式,没有固定的图案?

陈华莎:对对对。你看这个也是麒麟。

郎永淳:这个图案和那个图案好像完全不一样。

陈华莎:但是(瓷器上画的)基本都是麒麟,它可以非常随意。

郎永淳:这是民窑的一个特点。

陈华莎:对,民窑的一个特点,它可以非常洒脱,非常自由奔放。

(二)采访内容的引导性

由于电视直播时效性强、突发情况多,因此在报道过程中常常会出现很多不可控制的因素。在采访过程中时有发生被采访对象不配合、表现欲强,或者回答文不对题等问题,针对这种情况就需要出镜记者对采访内容进行引导。同时也要保证采访主题始终在探索揭示新闻事件的中心点下展开。

陈华莎:这儿还有一些立件儿。

郎永淳:这个立件就是一个瓶儿了。

陈华莎:对,这种立件儿我们一般通常把它叫做拙器。

郎永淳:什么是拙器?

陈华莎：就是立件像瓶子、罐子叫拙器，像盘子、碗叫圆器，像这件应该叫做玉壶春瓶。

郎永淳：玉壶春瓶好像有相关的诗句吧？

陈华莎：对，宋代的。

郎永淳："一片冰心在玉壶"就指的是这种玉壶吗？

陈华莎：对，苏东坡也有！"玉壶先春，冰心可鉴！"这是一个中国传统器型。从宋代时已经定型。各个时代都不一样，宋代时比较修长一些，到明代则更丰满一些。它这个（器型）是非常好的。

郎永淳：从这个瓶子的形状来看它应该是明清？

陈华莎：应该是明代的，而且是酒壶。

郎永淳：来盛酒的！

陈华莎：以前玉壶春酒是一种名酒，在《水浒传》当中，英雄好汉聚会的时候，（喊）店小二说，拿来两壶玉壶春酒。（店小二拿来说）这是上等的好酒。后来把这种酒的瓶子就叫玉壶春。

郎永淳：这一个瓶子可以数出很多故事来。好，我们继续来看还有没有别的。

陈华莎：这个是一个小罐子，这种小罐儿，也是很有意思的。它的花纹画得非常奔放随意。这种罐儿从目前来看是干什么用的呢？它现在在不同地区有不同用法。关键是咱们现在这条船是往哪开的？这条船是从哪儿开始的？是从南澳开始的人还是漳州粤港开过来在这补水以后，再往东南亚开呢？还是往非洲开呢？那么它是不同的。它如果是往东南亚开，像这种小罐儿有可能是放槟榔的。

郎永淳：有没有一种可能是国外的船只来到这里，然后进口了一些瓷器，然后再运出来？

陈华莎：也有可能，因为在这个时候葡萄牙、荷兰这些贸易船只也很多。因为在万历年间景德镇出现了一些内乱。或者原料问题跟不上（需求），这种瓷器的贸易会给一个国家像荷兰、葡萄牙带来很丰厚的利润，所以为了补充瓷器，所以就在福建沿海，重新找一些窑口、窑厂来烧，景德镇的师傅也会来指点。所以为什么这个船只上会出现景德镇瓷器呢？这个原因也是很有意思的。像这件瓷器明显的……

郎永淳：就已经有很多破损的地方了。

陈华莎：不要看它破损得很厉害，但它会有很多信息。一个是它的胎体非常轻薄。跟这些瓷器比，它的胎体非常轻薄。另外它的背面是一个吉祥语。

郎永淳：这是什么吉祥语呢？这是哪几个字呢？

陈华莎：用篆书写的"富贵佳器"。前面它画的则是一个凤凰。凤凰是百鸟之王，它有一个典故。中国古代认为国家逢盛世的时候就是国家兴旺的时候，老天会降一些物品来显示。当时在西周时的岐山，出现了凤凰在那里叫，就是凤鸣岐山，出现了周朝的兴旺。后来就把凤鸣岐山作为一个典故，代表国家的盛世，也是老百姓期盼的盛世。

郎永淳：一个碟子简简单单的好像就一个图案，但这个图案之后还有很多的故事，很多吉祥的祝福。

在上面这段对话中出镜记者郎永淳和故宫博物院研究员陈华莎的对话中，主题始终围绕在文物解密和细节推论中，并且出镜记者不断提出细节的具体的问题，通过专家的回答与讲述增强了节目的可看性。

不同于其他类型的电视新闻报道，探索揭示型的特别报道由于本身题材的特殊性，它的内容往往都是受众感兴趣并且期待电视报道能给以解决的，因此在出镜之前，记者往往要进行大量的资料搜集和整理工作，并且很快地消化，更多地依赖于平时的积累和沉淀。郎永淳对整个事件的良好把握、平时知识积累的灵活运用和多年实践的不断积累才能令大家看到如此出色的出镜报道。

二、探索揭示型特别报道中的出镜报道

由于特别报道题材的多样性，同时又考虑到国际化的视野、文化积淀等问题，因此自然就提高了对出镜记者的要求，因此在《"南澳一号"水下考古直播特别报道》中，所选的出镜记者都是有着多年从业经验的"老手"，其中更有一些本身就是主持人，像郎永淳和李文静等，他们本身的镜头感和口语表达能力已经得到多年的锻炼。这些出镜记者凭借自己职业的敏感度和熟练度，把握了探索揭示型特别报道的精髓，很好地把现场环境和气

氛展现出来,并且通过和现场被采访者的对话,不断挖掘观众想取得的信息;同时他也是和演播室主持人、嘉宾的沟通者,是整个事件的纽带。探索揭示型的出镜记者在报道中,应注重发现和挖掘现场信息,同时注重传达与交流。

(一)报道内容的表达形象

直播特别报道的连线记者通常要具有很强的洞察能力、逻辑分析能力和现场应变能力,这些问题集中表现在对所报道内容的层面上。出镜记者首先要确保所报道的内容真实准确,不含虚假内容。其次出镜记者要充分考虑到演播室和观众的直接感受,生动传神地展现环境。最后力求表达的通顺、简洁,给受众展示出良好的记者形象。

图 5-5　记者刘璐璐与演播室现场连线

在《"南澳一号"水下考古直播特别报道》中,身处云澳检测站的出镜记者刘璐璐用朴素真实的形象、连贯的流程表达给人留下了深刻的印象。

　　主持人:好的,观众朋友们,现在我们马上来连线正在云澳监测点上的本台记者刘璐璐。请她给我们介绍一下今天这个水下考古工作的最关键的因素,那就是天气和海况。璐璐你好。

　　主持人:听到了吗?

　　刘璐璐:听到了,主持人。

　　主持人:那么我有一个问题,就是在前几道连线中,我们看到你给我们介绍,今天天气有点阴,并且还伴有阵风,那现在天气好点了吗?

　　刘璐璐:是这样,我现在所在的位置是云澳雷达监测站。这里也

163

是距离南天顺工作船最近的一个地方,现在是零星地飘着一些小雨,那我现在所在的位置,明显能感觉到比较强的东北风。风力大概是五级,在我身后大概200米的地方,就是南天顺工作船,因为这个工作平台周围没有任何的遮挡,所以它能感觉到的实际风力比我这里要高0.5到1级。

在我们之前接受到的关于附近海浪气象的情况显示,今天的这个浪是属于中浪,浪高在2米到4米之间,我们现在最关心的,就是这样一个波浪状况,会不会对水下的能见度有影响。

之前跟考古队员的沟通中我们了解到,从今天早上六点开始就陆续有队员下水,进行水下能见度的勘探,那这个水下能见度呢,大概是两米左右,这样一个能见度对于今天的水下考古来说,应该是比较有利的。所以我们有理由期待,在接下来的时间里会有大量的精美的文物出水,情况就是这样,主持人。

在这则不足两分钟的对话当中,出镜记者刘璐璐用最简洁的语言介绍了自己身处的位置、当天的天气状况以及工作船所处位置的实际风力,并且用延伸思维的方法报道了天气波浪状况对打捞工作的影响和分析。可见一段直观、清晰、内容明确的出镜报道往往能带给观众身临其境的直观感受。

(二) 注重交流

出镜记者在探索揭示型的特别报道中不仅仅起到了现场环境的介绍者这样的一个作用,同时他还是和现场被采访者进行直接沟通的人。如何同被采访者进行问题的交流,让信息得到最大的外化,这其中存在很多技巧。下面这一段现场报道是郎永淳作为出镜记者同工作人员的对话。

郎永淳:非常沉。里面是满满的淤泥。在这个柜子的旁边还有很多装饰物。

工作人员:这是一些贴塑。贴塑是一种工艺。贴塑的这种纹饰,我们初步判断,因为之前也出过类似的,有更完整、更清晰的是龙纹,贴塑的龙纹,它本身是一个酱釉,它还有些釉色,酱釉的一个釉陶罐。有四个耳,一、二、三、四。

郎永淳:这个罐子保存得非常完整,也很精美,我们也等待着马上清理工作完成后拿到现场的鉴定区进行鉴定。继续来看这边的。这一块儿是？

工作人员：这是我刚才提到的铜。

郎永淳：铜？

工作人员：看它泛的绿色。

郎永淳：铜锈？而现在初步判断这艘船，应该是明代的沉船。

工作人员：对对。

郎永淳：我们知道在明代的时候是禁止进行铜的交易的。

工作人员：是可以这样说的。

郎永淳：这应该还是一个疑问，为什么在这艘船上有铜的出现。

工作人员：对，而且（铜的）量还不小。

郎永淳：量还不小？

工作人员：今天只是这一件，之前我们还有出过。

郎永淳：除了铜以外，在这艘船上还发现了其他什么你们感觉比较有疑问的东西！

工作人员：呃，还比较多。

郎永淳：还比较多？

工作人员：我们正在解答这些疑问。

郎永淳：等待进一步的发掘工作？

工作人员：伴随着工作的进一步深入，这些谜题将一一解开。

郎永淳：接下来还是罐儿、盘儿、碗儿、小酒杯。有一些小小的酒杯，给大家展示一下。可以看到胎体很薄。好，现在我们是不是有一些文物就可以拿到文物鉴定区鉴定了。

工作人员：对，有几件。

郎永淳：我们现在请工作人员来帮一下忙。来请我们考古队的工作人员来帮下忙。已经清理出来的清洗得比较干净的盘、碗、碟等，我们送到第三工作区——文物鉴定区等专家来做一个鉴定。

在上述的对话中我们很容易发现这位考古队的工作人员是一个不善言辞的被采访者，如何让这位考古队员消除对镜头的紧张感，从而能够说出有用的信息，是出镜记者郎永淳所面临的问题。这个时候郎永淳体现出来的是一个交流者的角色,在不断的对话和交流中,使得被采访者慢慢放下拘束,投入对话中。同时,观众也能在这样的一个直观对话中挖掘到足够多的信息,满足好奇心理。

三、探索揭示型特别报道中的出镜评论

探索揭示型的出镜报道的评论不同于其他出镜评论,探索揭示型的出镜评论往往是一个角色转换的过程,他不仅仅是现场见证者、实践采访者,也是和演播室联系的对话者,更大程度上他也是一个观众,因此在评论的过程中这一角色的转换和传播,让出镜记者的出镜评论有多方面的含义。

(一)受众视角的出镜评论

出镜记者处在一个特殊的环境,这个环境是新鲜的未被探索的,出镜记者此时首先是从观众的视角出发:观众最想知道什么?最想了解什么?最想探索挖掘什么?经历这样一种角色互换的拷问之后,从问题点出发,对整个事件进行整理,才会有后面的出镜报道、出镜采访和基于受众视阈的出镜评论。

在《"南澳一号"水下考古直播特别报道》中记者并没有进行直接的评论,而是把整个评论分散地贯穿在整个报道中,对于探索揭示型的出镜报道而言,无疑这种评论方式合理地把内容细化、分解,更加适合整个节目的基调。

郎永淳:这个碗,它的背部有什么特点呢?

陈华莎:他这个碗,景德镇的瓷器,它的底下是白的。这个有红色的我们通常把它称为火石红。

郎永淳:火石红?

陈华莎:它实际是氧化铁。相对于景德镇的胎体而言,平和窑的陶胎没有景德镇的精细,淘洗的胎土中间含有杂质,含有铁的成分,所以在烧了以后就变成了这种氧化铁的颜色。

郎永淳:类似于这种氧化铁的颜色,我们现场还有一个这个罐子,它不像青花的,让我们来看一看这个罐子,鉴定一下?

陈华莎:这个罐子是一个双龙罐。

>　　郎永淳：双龙罐？一般说这个龙不应该出现在民窑的罐子上？
>　　陈华莎：到了晚明的时候，（龙的图案）不那么严格了。

从这段短短的对话中我们发现郎永淳作为一个疑问的提出者无疑是成功的，他把整个文物探索用提问的方式划分成简短的细节，整个过程行云流水不带一丝拖沓，彰显了出镜记者的职业素养和业务功底。

（二）出镜记者是现场环境的介绍者

出镜记者是现场环境的直观体验者，同时作为媒体人又具有相当的专业素养和新闻视角。观众在对新闻事件现场的第一印象也是出镜记者带来的。

《"南澳一号"水下考古直播特别报道》的出镜记者李文静，在5月10日还作为演播室的主持人，而5月25日就作为出镜记者出现在"南澳一号"出水文物现场，这本身就具有很强的可看性。作为一名专业的体验者，主持人和出镜记者的双重身份让这个播报过程更有看点。

>　　主持人：好的，我们可以看到虽然今天天气状况不是很好，但是依然能够做正常的水下考古工作，那现在在南天顺打捞船的现场怎么样呢？我们来连线一下正在南天顺打捞船入水口的本台记者李文静，请她介绍一下。文静你好！
>　　李文静：纳森，你好！
>　　主持人：我非常羡慕你能够在现场见证着一个个令人惊喜的画面、历史的瞬间，那么你在现场看到的情况，请给我们介绍一下。
>　　李文静：现在相比于我们22号，第一场特别节目直播的时候报道点发生了变化。那天我是在船头进行报告，今天挪到了船尾，之所以发生了这样的变化，完全是因为天气，今天的风浪太大了，所以我第一次告诉大家，我们跟水下沉船位置是一个十字形的关系，那么今天我们是向东大概移了五六十米的距离。这时十字形稍微发生一些偏差。而这一切都是为了能够进行水下考古作业方便，选浪最小的地方。第二点的变化，就是我们的直播工作。为了尽量小地避免对于水下考古打捞工作的打扰，因此完全严格遵循他们的工作程序。大家今天在直播过程中看到的程序会有一些变化。先看到文物出水，然后会看到第二次入水，而第二次入水，是我们的水下记者雪松会一同下水。那接

下来关于今天工作的具体安排以及整体安排的工作,我来采访一下"南澳一号"水下考古队队长崔勇。崔队,利用这个间隙我来采访,现在就是我们水下考古队员,正在进行水下作业,是吧?

崔队长:对,我们今天早上六点多钟就潜了一趟了,第一个槽我们就赶了。

李文静:这是第一次入水!

崔勇:第一次入水是在SRS3,这边,对SRS3做一个发掘工作。

李文静:我们这样来展示一下。

崔勇:我们这样来做了一个发掘工作。这两个舱的发掘是我们上次工作的一个延续。

李文静:在南边。

崔勇:对,在南边,因为这两个舱的能见度非常好。今天发掘的能见度是两米以上。

在这一段出镜报道中李文静通过对"播报地址发生变化""水下沉船的距离"等细节把现场的一些环境变化为观众生动地展现出来,她口语表达流畅清晰,配合现场画面的真实场景,给人以很深刻的印象。

(三)出镜记者是现场和演播厅的联结者

出镜记者不单单在现场具有协调各种主客观因素的作用,同时他还是演播室主持人、嘉宾和电视观众的联结者。如何把现场的问题反馈给演播室,同时还要寻找演播室提出问题的答案,这样的一种角色互换在探索揭示型的出镜报道中充分展现出来。

主持人:所以看文物就如同读一本历史书。当中有很多的故事,我们现在也有一些问题想跟现场的嘉宾交流一下。接下来我们要呼叫一下小郎。小郎,不好意思打断一下你们,能听到吗?

郎永淳:好的,文静能听到。现在演播室那边有什么问题吗?

主持人:现场请到的嘉宾是故宫博物院的常务副院长李季先生,现在他有一些问题要跟他的同事陈老师沟通一下。李院长您先提一下您的问题。

李季:好,请小郎转达给华莎老师。刚才发现老师都给观众展示了一些景德镇出的陶瓷窑,它的正面和底部,尤其底部的文字和款识。

看他手头的标本有没有合适的给我们看一下福建平和窑出的瓷器,它的底部有没有带款儿的?它的文字是什么样的?能给我们展示一下吗?

郎永淳:展示一下福建平和窑的底部有什么特征?我们请陈老师现场展示一下,来请演播室专家来看下。

陈华莎:这个平和窑的窑底和别的窑底有很大的不同。它的底是垫砂来支烧的,所以它每个底后面粘有很多的石英砂。

郎永淳:这是一个,我来拿着。

陈华莎:这件更为明显。

郎永淳:拿最近最明显的那个给演播室展示一下。

陈华莎:这个是平和窑的一个特点,也有人称之为砂器,就是因为这个底部加了很多石英砂。其实就景德镇来讲,到万历的时候,由于瓷器的大量外销,量特别多,它的工艺也就没有那么精益求精了。也出现了沾砂,但是没有平和窑沾砂沾得这么厉害。你看这件,这件也有沾砂,这个景德镇的沾砂是一点点,同时为什么说它是万历年的呢?是因为它有了跳刀痕,这个瓷器是在陶轮子做的,就是工匠在转了陶轮上以后让它拉坯成型。这个陶轮因为转得不太稳了,出现了这种放射状的跳刀痕,这就是晚明的特征,要是永乐宣德年早期精益求精的时候,是不会出现这种太阳放射状的跳刀痕的。

郎永淳:文静你好,现场的专家还有哪些问题想和我们陈老师进行交流。

主持人:小郎我也有一个问题,你帮我问陈老师。从目前出水的这些文物的器型上来判断,可不可以对这四艘船的来龙去脉,从哪而来要往哪去,到底这些瓷器,要销往哪儿要送到哪儿,是不是有一个初步的判断了?

郎永淳:现场的演播室有一个问题,就是说陈老师能不能通过这些瓷器(的器型)来判断出来,这艘明代的古沉船,是从哪儿来,要往哪儿去?是干什么的?

陈华莎:通过瓷器我觉得现在目前还不能肯定这一点。因为今天是第一天。它首先是一艘装载名窑瓷器的船,而且这上面的货物主要是福建平和窑的货物。这条船,肯定不是去欧洲的,这点我能肯定。

郎永淳:为什么肯定不是去欧洲的呢?

陈华莎:因为去欧洲时候定的这个货,跟它不一样。欧洲的货物主要以景德镇为主。而且它们有自己的造型,自己的设计过来的。最早往欧洲销的,也是咱们的瓷器,但是比较精细,因为送往欧洲的瓷器主要是给王公贵族用的。

郎永淳:我不知道这样一个解答,文静你满意了没有?另外我们这里也有一个问题,想向演播室的专家来提问,刚刚大家在现场清理区,已经发现有个铜件儿出水了。其实我们知道在明朝的时候是禁止民间对外交易铜件的。

另外考古队队员也告诉我,之前在水下探摸的时候,曾经摸到了一个圆柱体,是一个铁件儿,这件圆柱体非常像一门铁炮,如果它是一艘民船的话,为什么会在这个民船里面,会有铁炮,为什么会有夹带的铜器,这也是现场一个不能解答的难题。演播室的专家不知道能不能够来解答这样一个问题。到底是民船还是官船,是贸易船还是战船,等等。

《"南澳一号"水下考古直播特别报道》出镜记者郎永淳不仅仅把演播室的问题转达给现场专家,现场专家进行解答后,还根据自己了解到的事实情况迅速转化为条理性的思维,并提出相应的问题,使得这种两地互换资源的优势得到最大程度的发挥,自己联结者的身份的价值得到最大的优化。

第三节　体验映证型:《小撒探"两会":大学生就业》

体验式报道就是记者深入新闻现场、亲身体验新闻采访对象和新闻事件而采写的一种新闻报道。与现场报道相比,体验式报道用记者亲身经历而非普通的采访方式,强调记者的"参与"和"体验",给读者以真实可信之感,被不少媒体应用,也颇受观众欢迎。① 在广播电视新闻报道越来越强调

---

① 蔡迎东.体验式报道的魅力[J].新闻窗,2011(03).

现场化报道的今天,体验式报道作为独特的采访形式有了更大的发挥空间。

体验映证型的出镜报道方式比较特别,记者作为新闻事件的见证者或者参与者,直接进入到故事的发生发展过程中,起到对事件的过渡、问题的引导等重要作用。这种体验式的报道方式直接拉近了与观众的距离,加强了电视新闻的亲切感、直观感。

体验式报道在《小撒探"两会"》节目里,充分体现在主持人走下主播台,成为一名记者,通过对新闻事件的体验、采访掌握第一手资料,更加生动、真实地报道新闻事件,将受众"带入"到新闻现场。与其他新闻报道方式不同的是,这类报道将原来新闻报道中的"听他说"变为"我自己说";变"你做我报"为"我做我报"。这种报道形式上的变化使主持人的身份多变,处理好新闻的传播者和事件的参与者这两者的关系就成为节目的关键。

一、体验映证型特别报道中的出镜采访

《小撒探"两会"》是央视"两会"报道中的品牌节目,已经成功推出八年,这八年来《今日说法》主持人撒贝宁乘公交、坐地铁听政府报告、下矿井、上高原,采集民间声音,充当"信使",代表委员现场办公解决难题。《小撒探"两会"》以其纪实性、亲民性、生动性赢得各界好评。而出镜记者撒贝宁在节目中出色的表现以及采访、报道方式对这个节目起到重大影响作用。下面我们就以《小撒探"两会":大学生就业》为例分析出镜记者的采访特点。

(一)采访问题的引导性

引导性采访在一般的新闻采访过程中都是比较常见的方式,运用引导性的问题把一般难以捕捉的新闻点提升到更好理解的层面。在《小撒探"两会":大学生就业》这期节目中,主持人撒贝宁来到苏州与苏州大学"大四"女生李博硕一起体验了一场毕业生面试之旅,探寻"两会"中所要解决的重点问题——"就业难"的现状和解决措施。记者在采访中采用由具体到一般的采访思路,从基层到高层的采访顺序,记者的采访引导具有一定的层次感和条理性。

大学生就业难是很多人日常生活中都要面对的一个现实问题,作为普通观众,关于就业这个特定话题,一般会产生这样的诉求点:大学生作出了怎样的努力、学校提出了哪些方法、招聘单位有哪些要求、国家高层制订了哪些方针政策等问题。《小撒探"两会":大学生就业》这期节目通过出镜记者撒贝宁体验式的采访,从大学生、用人单位、学校、国家等层面去解答问题,获取信息,为观众有效地解惑释疑,从而实现了这期节目的传播效果和宣传目的。

1. 大学生层面

大学生是就业浪潮中的主力军,记者首先瞄准大学生这个群体,同时选取了典型人物——苏州大学"大四"学生李博硕。关于苏州大学生李博硕对于自己的就业所做的准备方面,出镜记者撒贝宁对这个问题做了引导性提问。

主持人:你就这个面试做了什么准备?

李博硕:就是它(面试单位)让我把材料什么都准备好,然后简历也打印出来了。

主持人:好,看看。中级口译、日语三级、英语六级、计算机一级、普通话,呵,连普通话证书都有。

李博硕:对,这是高中的时候考的。这些其实都有用,包括现在考教师资格证什么都需要的。

在以上对话中我们发现一般毕业生对于自己的就业都存在一种紧迫感,会为了实现自己的理想而去努力,从侧面展现了当代毕业生积极上进的思想和强烈的竞争意识;同时,也影射出现在的用人单位在挑选人才时往往看重一些量化的硬性标准。

2. 用人单位层面

对于用人单位的意见方面,出镜记者也及时进行信息的捕捉。记者在跟随李博硕一同面试完后,及时询问用人单位对李博硕的评价(见图5-5),并对采访对象进行适时引导。

图 5-6　小撒及时询问用人单位有关面试情况

记者：就您觉得刚才李博硕在您这儿面试的情况怎么样？

张文英（公司人力资源总监）："应该说还是挺棒的，因为这个女孩子是性格比较开朗，思维也比较敏捷。"

记者：您面试了这么多学生，您觉得对于这些求职的大学生，您对他们有什么建议？

张文英：我的建议：我觉得可能这些大学生对自己的定位不太明晰，很多时候他们现在就是感觉只要有工作，先就业再说。其实我觉得对他们个人发展不是特别有利。

记者：对。

张文英：应该先自己定位，就是先把自己的职业生涯规划做好了，然后再做行动计划。（同时记者回应：嗯。）所谓的行动计划就是短期的，那你把短期的计划做好了（这时画面切换到记者和张文英），一个短期、一个短期、一个短期，那就变成你的最后的目标就能实现。

采访中，记者向用人单位提问："您面试了这么多学生，您觉得对于这些求职的大学生，您对他们有什么建议？"记者试图从用人单位方面为我们捕捉企业对于应聘者的基本要求和期望，引导性的采访使本来抽象的问题更加具体化，同时也给大学生带来了一些重要的启示，丰富了新闻报道的信息量。

3. 学校层面

在论述了个人和企业的观点之后自然而然地过渡到学校的方面，围绕学生就业困难的原因、背景和应对措施，记者进一步就解决就业难这一现状提问学校相关负责人,探寻高校机构的应对策略与措施。

解说词:而事实上,为了帮助学生就业,苏州大学不但举办了九场招聘会,还与企业进行了多方面的合作。

(同期声)殷爱荪:参照了国外的,特别是滑铁卢大学的带薪实习这个模式,我们已经开始引进这一套培训体制,而且和地方政府、企业合作,在我们的昆山花桥建立了培训中心,所谓带薪实习就是说在大学生的第三年,就由企业来选择预录,预录以后和企业一起,对他们进行长达一年的既是在校学习也是岗前培训,更是实践操作能力的培养,三者合一。

4. 国家层面

在经过一系列铺垫和陈述之后,这一引导性的采访方式终于层层深入,把就业问题引导到"两会"的政策上来。

(同期声)撒贝宁:从这所大学的同学身上所反映出来的状况,我感觉到今年大学生就业是不是出现了一种形式上的好转,或者说是一个拐点。

罗志军(江苏省省委书记,第十一届全国人大代表):对,我们从工作这个层面看,一个还是比较明显的。拐点我觉得说不上,就是形势是往好的方向在发展,一个我认为是大的背景,就是大的国际内的经济走势,是稳重取好,保持经济平稳较快增长,我认为是解决大学生就业问题的第一的一个大任务。我也举个例子,现在大概战略新兴产业,六大新兴产业,有两万亿的产值,我们预计到2012年能够到3万亿,到2015年能够达到5万亿,甚至到7万亿,占了我们工业经济总额的60%。你可想它这个结构是发生多大的转变,需要多少符合这样结构的人才,来支撑大学生的就业问题,肯定随着这样一个发展阶段能够有很大的好转。

撒贝宁:江苏在解决"大学生就业难"个问题上,采取了哪些措施?

罗志军:因为江苏本身就是个大学生非常集中的省份,解决他们的就业和解决我们全省的就业,是紧密相连的。省委省政府一直高度关注,每年都有专门的机构,有专门的政策,有专门的人员,来落实我们的相关政策,大概我们这两年的就业比例,首次按期签约就业的比例都在90%以上。除了学校本身能进行对口培训,组织相关企业和科研院所与大学共同面对毕业生进行双向选择,这都是我们每年必须要做的,而且很多城市还针对自己的大学的特殊情况设定了一些专门的产业发展方向,比如南京就是专门把软件和服务外包作为核心战略推,因为南京学这一方面的大学生特别多,所以它正是在这样一个前提下现在被列为全国唯一的中国软件名城,它吸引的大学生和这个产业发展正好能对上号,非常有典型作用。

(二) 采访主题的独特性

《小撒探"两会"》这样一个以会议为基础的电视节目,不同于以往电视节目对于会议新闻冗长的报道和直接不加思考的现场转录,而是充分发挥了出镜记者在会议报道中的独特位置,在体验映证型的报道中出镜记者不再只是会议新闻情况的转述者,而是作为一个独立思考的个人,运用自己对会议的理解总结出不一样的采访主题。2011年《小撒探"两会"》采用了幸福公式这样的一种方式呈现出不一样的两会报道。

  撒贝宁:今年我们设计了一个"2011我的幸福公式",这个幸福公式就是2011年加上什么,实际上也就是你最期待的一些幸福的元素。

  李博硕:一些? 那就是说我可以写好多好多?

  撒贝宁:你可以写很多,第一就是2011父母健康快乐,孝顺闺女,加上梦想,加上奋斗,等于幸福。

  李博硕:下面也写。

  撒贝宁:不加上一个好工作好单位?

  李博硕:这个是通过梦想和奋斗实现的。

  撒贝宁:表达得很委婉。

  (画外音:朱永新是中国教育学会副会长、第十一届全国人大常委。 观点:当村官就是大学生就业的好方法。)

  朱永新:大学生村官你服务3到5年以后,你可以考公务员,你也可以考研究生,你也可以回到城市进行其他的创业。如果你留在当地创业,会给你很多特别的政策,我觉得这样子就是让大学生没有后顾之忧,我的幸福公式就是公平、公正加良好的教育。

撒贝宁:2011加上公平、公正和良好的教育,就等于幸福。

朱永新:对!

(画外音:杨澜,传媒人,第十一届全国政协委员。观点:毕业生找工作要调整心态。)

杨澜:我在自己钟情的领域,我不怕第一份工作多么的低微,但是我只要进入了一个正确的行业,我慢慢地做,我就有一个晋升的机会,所以我觉得,这都在于一个心态的调整。

2011年我的幸福公式就是"2011加上追求梦想的能力,等于幸福"。那么我相信追求幸福,也是一种能力的培养和积累,包括传递幸福也是一种能力,所以我觉得就是希望在这一年,能够获得更多的这方面的能力。)

(画外音:周洪宇,华中师范大学教授,第十一届全国人大代表。观点:大学生找工作不要太计较专业。)

周洪宇:谈大学生和社会的对接,它不是一个简单的对接,不是说只有你学了什么专业,你在社会上找到你那个相应的专业你才叫对接,只要我能胜任那个工作了,我就是对接。

《小撒探"两会"》运用幸福公式这样一种形式,把不同人群对于"幸福"这一个抽象概念的理解深入到节目报道中,从而拉近了两会报道和人民群众的关系。经过8年的探索和发展,《小撒探"两会"》逐渐探索出自己独特的节目内容和节目模式。突出差异性,打造核心竞争力,最关键的地方就是要解决好为谁探会、为何探会这一问题。《小撒探"两会"》在报道内容上紧紧抓住当时的热点、难点、焦点问题。综观8年来《小撒探"两会"》播出的节目,发现其所选选题无一不与百姓的衣食住行联系在一起,从百姓生活中的点滴引申到国家的立法和制度的实行等。

二、体验映证型特别报道中的出镜报道

体验式报道以亲历者的视角引入记者的所见所感所思。记者的体验本身为新闻报道直接提供了看点和素材,提升了新闻价值,使得广播电视

节目的面貌发生了新的变化。① 因此,体验式报道作为新闻报道手段的创新,更依赖于记者现场报道的专业水平和记者个人魅力,这也对现场报道提出了新的更高的要求。

(一) 参与性报道

参与是体验的客观基础,是体验式报道的重要环节。记者只有亲身深入到现场与环境,投身到事件之中去,并发挥眼、耳、嘴、手、腿、脑的作用。眼,要仔细观察与事件有关的人和物及环境;耳,要认真倾听事件中各种人物的言谈和议论。腿,要多跑有关的地方;手,要多拨弄有关的东西;脑,要根据掌握的线索多思考,并提出关键性问题,从而弄清事情的原委和再现事件。② 只有认真参与,才能掌握带有原汁原味的第一手材料,并用形象生动的画面和报道呈现出来,才能达到体验式报道的效果。

《小撒探"两会":大学生就业》这期节目中记者具有很强的参与意识,为观众呈现的是一次真正的体验式报道。一大早,小撒就来到了采访对象的宿舍,进行实地采访,为整个报道营造了强烈的参与感,见表5-3。

表5-3 记者到受访者宿舍进行采访的场景

序号	画面	声音
1	苏州大学校门转撒贝宁到学生宿舍	解说词:2011年2月24日,小撒来到了苏州大学。
2	撒贝宁敲门,李博硕开门表现出惊讶状	(同期声) 撒贝宁:呵,门口还挂着照片。 撒贝宁:你好,李博硕在吗? 李博硕:你好,小撒老师! 撒贝宁:你是李博硕吗? 李博硕:是。 撒贝宁:你好,能进去吗,方便吗? 李博硕:方便,您请进,这是我室友。 撒贝宁:谢谢。

---

① 张锦凤.增强体验式报道的主动性[J].记者摇篮,2012(05).
② 胡德桂.关于体验式报道的理性思考[J].武陵学刊,1999(02).

这一场景中,撒贝宁一路爬楼梯走到宿舍门口,并仔细观察了宿舍门口的照片,然后开始敲门,这一系列的动作和行为,交代了记者报道的行为路径,也更好地表明了记者参与到报道中的行动力。当大四学生李博硕(采访对象)开门看到突如其来的小撒时,表现出一副惊讶状,这无疑增强了报道的真实感和形象感。

图 5-7　小撒与李博硕一起乘坐公车,探讨大学生的起步工资

另外,在整个节目的采访报道中,小撒多次跟随李博硕来到面试地点进行实地体验,同时也随李博硕坐公车、吃早饭、和就业中心指导老师交流等。一路随行的采访、观察、沟通,都被一一记录下来,既体现了整个报道的参与性,也更客观真实地再现了大学生就业难的现状。

(二)亲民化报道

《小撒探"两会"》中体现了亲民化的报道理念,节目出镜主持人直接跟随采访对象的生活路径,坐公交、下矿井、上高原等亲民的采访使得观众身临其境,这种亲民性进一步增强了对生活更为细致的描述,增加了真实性和可看性。在《小撒探"两会":大学生就业》这一期节目中,在采访苏州大学应届毕业生李博硕的时候,作为出镜记者的撒贝宁自始至终都是低调亲和地跟李博硕进行交流。

表 5-4　记者与受访者共进早餐的场景

序号	画面	声音
1	苏州大学校园内	解说词:2月25日早晨8点,小撒来到了苏州大学与李博硕一起吃早餐,想给她打打气,因为10:00有一场面试等待着李博硕。

续表

2	食堂内	（同期声）（李博硕、记者和小月同学的谈话） 李博硕："你现在找工作了么，小月？" 小月："我昨天下午去万科地产那边面试。" 撒贝宁："我看你们现在为了找工作，除了自己的专业外还得学习其他的东西？" 小月："对，我们学行政管理，但是也涉及人力资源方向的课程，所以应聘的时候也可以做这方面的工作。" 撒贝宁问李博硕："像你的英语口译、计算机这些是必修课么？" 李博硕："计算机是必须过国家一级的，这是学校要求要过，但是口译和日语都是我自己想考的。"
3		解说词：机会总是留给有准备的人，小撒发现，这句话对于大学生找工作而言特别合适，平时学习努力，积累丰富的学生，找到好工作的机会也就特别多。

这一段采访报道中（见表5-4），小撒选择与李博硕共进早餐，目的是为李博硕打气。这里小撒与大学生之间的谈吐更像一位兄长，平易近人又关怀备至，消除采访对象与记者之间的隔阂和顾虑，建立起彼此的信任，让采访者自然而然地呈现平日里的状态，也使报道更加亲切和生动。

图5-8　小撒与李博硕的同学、老师们一起交流面试经验

同时,我们不难发现在进行正式场合的叙述报道时,小撒常常选择在庄严肃穆的场合。应对这种场合。主持人着装也相应地正式。而与李博硕一起进行体验式采访时,小撒的服饰更加随意,也表现得更亲民(见图 5-8)。

三、体验映证型特别报道中的出镜评论

(一)简洁生动的评论语言

《小撒探"两会"》这期节目中小撒运用自己对事件的理解进行评述,具有个人的评论语言风格。下面是小撒在人民大会堂前的一段出镜评论。

人民大会堂门口

(同期声)记者:各位好,这里是"小撒探'两会'"。<u>2011年加上什么等于幸福呢?我想这个问题,对于700万应届大学毕业生来讲,他们几乎可以不用考虑就把答案告诉你:一份好工作</u>。在"两会"前夕,我来到了苏州,和苏州大学一个叫李博硕的"大四"女生一起,去感受了一下大学毕业生找工作的酸甜苦辣。

这段是节目的开场白,承担着引起下文的功能。设问句式的使用,加强了语气,又呈现出一种简洁生动的语言风格。

(二)评论中凸显记者主体性

在一些节目中,评论的任务一般是交给节目主持人或者专家学者起到一个总结的作用,这样做的好处一是可以拔高主题,二则是使现场和演播室与观众建立起某种联系,使得节目与人民群众的生活产生共鸣。而在体验映证型的出镜记者评论中,一般采用主持人和记者合二为一的身份进行报道,因为主持人在电视上出现率比较高,观众认可程度也高,在这样的一种情况下采用主持人与出镜记者合二为一的身份不仅有利于精简节目体制,也有利于在这样一种体验过程中给予观众更深层次的思考。以下是记者在人民大会堂进行出镜报道(见图 5-9,)并对整期节目进行总结和评述。

图 5-9 小撒在人民大会堂前进行报道

小撒：在我们这期节目即将结束的时候，我手里有这样几个幸福公式：李博硕的幸福公式是 2011 年加上父母的健康，加上梦想，加上奋斗，就是她的幸福；江苏省委书记罗志军的幸福公式是 2011 年加上人民群众的收入增加，分配公平再加上大学生们能够找到一个理想的工作，就是幸福。

我想在这期节目即将结束的时候，我们总结出来的幸福公式是 2011 年加上充分而均等的就业机会将是所有人的幸福，感谢您关注今天的"小撒探会"，明天再见。

从《小撒探"两会"》出镜评论的表现来看我们不难发现，在体验映证型的出镜记者与主持人合二为一的报道或者评论方式对于主题的总结更为精辟，同时对于观众而言这样的一种方式显然更有说服力。

第六章 纪录片的出镜记者

电视纪录片是指通过非虚构的艺术手法,直接从现实生活中选取形象和音响素材,直接地表现真实生活中的人物和故事等特定对象,以及作者对这些对象的认识的纪实性电视片。① 电视纪录片不仅追求对客观事物的真实再现,同时也偏重探寻社会事件背后的真相与人物内心的情感故事。

要挖掘出最具深度的真实,纪录片的创作离不开深入地采访与报道,采访不仅是纪录片创作中重要的前期准备工作,在调查类、访谈式的纪录片中出镜记者与采访对象的采访不仅提供了谈话内容,同时也通过拍摄出镜记者与采访对象的各种情态,为观众提供更为全面的信息,因此,在调查类、访谈式的纪录片创作中,采访报道一直贯穿始终。

由于不同类型纪录片的叙事风格不同,电视纪录片的采访会呈现出"情感性、日常性和多次性的特征"。② 进行采访活动时,记者要知道怎样与各种不同的人打招呼,经常会遇到一些难题,比如对方不接受采访或说套话怎么办,面对"滔滔不绝"者如何"截流",尖锐敏感的问题怎么发问,记者遭遇尴尬、失言时如何应对,怎样做到临危不惧、随机引导、从容淡定。本章根据纪录片中出镜记者的不同角色定位,选择具有代表性的纪录片《夏日纪事》《华氏911》与《给我最大号》,对其进行深入分析,以期探讨纪录片出镜记者的最佳采访报道策略。

第一节 科学揭秘型出镜记者:《夏日纪事》

科学揭秘型纪录片是指"通过各种努力,运用科学合理的方法和技巧,去剥离出一种在日常隐藏着的事物真相,积极揭露秘密"。此时的记者,并

---

① 朱羽君,雷蔚真.电视采访学[M].北京:中国人民大学出版社,2010:268.
② 贾艳艳.现当代电视纪录片采访难题应对策略研究[J].新闻知识,2012(08).

不是完全的真实记录者,也非趴在摄像机后面一动不动的记录工具。相反,他们走向了摄像机前,与被采访者进行交流,利用一切机会,更加积极地去实现人与人之间的沟通,主动打破各种现实的遮蔽,从而获得事物的真相。[①]

《夏日纪事》记录了在一个夏日巴黎居民的日常生活和他们对阿尔及利亚战争的所思所想,是典型的真理电影。与其他的纪录片不同的是,它提出了新的纪录片观念:"纪录片创作者不再是躲在摄影机后面的局外人,而是要积极地参与被拍摄者在被拍摄那一刻的生活,促使被拍摄者在摄影机面前说出他们不太轻易说出的话,或不太轻易做出的事情。"

一、科学揭秘型纪录片中的出镜采访

《夏日纪事》是典型的真理电影。真理电影是以追求真实为目的的,在同期录音的实践中发展起来。因此,出镜采访是不可缺少的。其出镜记者扮演着重要的角色,属于科学揭秘型的记者。他们手持话筒,走到摄像机前,对于受访者进行提问。通过出镜采访这种方式,去进一步地揭秘真相、记录事实。

科学揭秘型的记者要有揭露秘密、发现事物隐藏真相的能力。这对于记者个人的素质和能力有极高的要求。需要记者有发现问题的专业能力,同时要有对于事件更为深层次内涵的准确把握。在采访的过程中,必须调用一切的专业知识和能力,以确保准确地挖掘问题的实质。因此,对于事件和人物的思考、还原、观察是必不可少的。

(一)事件背景的揭示

在真理电影的拍摄过程中,要求记者对于事件的深层次内涵有自己的见解。因此,记者在拍摄之前,必须对拍摄对象有一定的了解,对于拍摄主题有深层次的见解。但是,完善地掌握事件的资料并不代表着可以有先入为主的思想。记者的作用是揭露事件的真相,而非表演或是戏剧般地重现事件。这种对于事件的思考是来源于事件本身的,而非主观的臆测。

在采访的前期中,记者需要收集的是各方面的资料。这其中包括被采

---

① 石长顺.电视专题与专栏——当代电视实务教程[M].上海:复旦大学出版社,2008.

访者的背景、各家的观点、采访的主旨、社会大背景等。在现场采访中,应尽可能地接近事件的真相,以一定的采访技巧来还原事件,从而引起社会的思考。

对于采访主题和人物的思考是采访成功的前提,只有在这个基础上,记者才能挖掘更多有效信息,更好地表现出影片的主题。如下的采访就很好地体现了这一点。

图 6-1　安吉罗对非洲移民朗德里进行采访

安吉罗是影片的一个重要角色,在某些对话中也扮演着一个重要的采访者。导演安排安吉罗和在法国读大学的黑人朗德里一起聊天(见图 6-1)。朗德里谈了他对法国人生活的看法,也谈了他作为一个非洲移民在法国的生活。

安吉罗:我们尽一切努力让自己留下来,我们和他们是有一些差别,不过通过努力是可以消除的。我们应当忽略他们对我们的鄙视。我们每天都可能遇到这样的事,有时候真的会让人很尴尬。这种感觉几乎每个人都会有,过得很艰难,我们只能相互扶持。当我们刚来法国的时候,我们几乎什么也不懂,什么也不明白,也不认识任何人,当时真的很无助。

朗德里:当来法国时我也一个人都不认识,我甚至不知道法国是怎样的生活方式。我甚至不得不去街边乞讨,当时生活真的相当困难。法国对于我们来说,不是一个充满激情的地方。

在这个片段中,我们可以看到记者对于在法国工作的非洲移民有着一定的了解。从对话开始的时候,安吉罗就表现出一种感同身受的状态,以自己的亲身经历和感受去拉近与朗德里的距离。

安吉罗:那你应该很有勇气。听着,我想知道你怎么看待你们那些工人?

朗德里:法国工人对我们都很友善。

安吉罗:你不认识他们吗?

朗德里:我不知道法国的工人到底需要些什么,他们每天生活得很冷漠,我不知道怎么和他们打交道。

安吉罗:有80%的人是这样的,不过还有一些不是,因为从这里来看,他们只是为了保护自己,如果只想到他们的时候。他们给你们工资,而你付出你的劳动,所以从这里看的话,你就会明白到底是怎么回事。首先你就把自己当成了非洲人是吗……就算是让你们一起去食堂,你也会觉得不配和他们坐在一起。

安吉罗:……你知道这就像是一个大家庭,你也是他们中间的一员,只要表现出一点点自己比别人差,他们就会显出优势来。就像是对西班牙人一样,他们觉得自己会比别人高一等。你有你自己的权利,当你遇到法国人的时候,你把他们当成是你自己的朋友,你很喜欢他们,喜欢他们的生活方式,这样你就会觉得平衡,事情就是这样的,这就是驱逐不幸的方法,相信我。我和这些人生活在一起,我从他们的群体中来……在咖啡馆见面的时候,你也是受服务的一个……和他们这些人一样。不可能?没有什么事情是不可能的,只要好好享受,那么这才是生活。没有什么是不可能的,你以为人家会以你的衣服取人吗?如果你穿得很体面你就会觉得自己很有面子吗?这也不过是自己的心理作用罢了,因为你首先感觉到的就是把自己当成一个可怜的家伙,想要用外在来赢得别人的尊重,可是这什么也收获不到,而且是最笨的方法,明白了吗?

可见,此处作为记者的安吉罗,对于种族主义有着一定的认识。根据现场采访的情况,通过严谨的逻辑推理和深入思考,才让被访者说出自己的内心想法,将自己的真实感觉呈现出来。记者通过客观理性的解读方式让观众对于在法国生活的非洲人有了更深一步的认识。

(二) 人物形象的塑造

对事件和人物有更为深刻的认识、更为准确的把握,出镜记者需要有一定的采访技巧。通过提问的方式去还原人物,去还原事件,从而可以更好地使受众全方位真实地了解事件及相关的人物。

当一个记者以精确的细节去还原人物的过去时,会让观众对于受访者有更为深刻的了解。同时,也会让受访者对记者产生信任感和亲切感。

《夏日纪事》中,记者在采访意大利人玛丽露时,就对她的背景进行了介绍和还原。同是抱着发现的态度,进行了更深层次的挖掘。

> 记者:你叫玛丽露,27岁,你是一个来法国的意大利人。过来三年了。这三年来,在法国的生活让你感觉到一种全新的经历。当你没来之前,你都是听到你父亲说的这些。在巴黎,你现在有一间很好的房子。毫无疑问,这对于一个外国人来说是很难的。然后,你认识了许多男孩,认识了很多事情,认识了整个巴黎,有了新的朋友群。我要说的是,对你来说还有什么新鲜事?
>
> 玛丽露:对于法国人来说,我是一个来自意大利的女人。我巴黎的房间很不错,让我有空间存储我的一些东西。我晚上的时候去上大学,去认识这个新的世界。我学习驾驶,这是我第一次一个人做一件事情。这是我来到巴黎的第一年做的事情,当时为了更好地认识巴黎。我知道这很蠢,不过,这种方式会让我感觉不那么想家。然后,这也是我第一次工作。是我第一次早上起得这么早,把自己打扮一新。早早地坐上地铁,让自己看起来很清新。你知道,这会让你感觉到一些不同的东西。这真的让人觉得特别的舒服,不过这让我想家的情绪没有那么浓了,我第一次把自己融入到这个世界当中……
>
> 记者:我想要问一些深层次的东西……
>
> 玛丽露:……我特别想家。当我在意大利的时候,我没有什么工作经验……我也不知道自己想要做什么,我的自由在哪里……

(三) 采访时机的把握

准确地把握采访时机,是一个好的采访所必备的条件。只有对于事件、人物、现场有着充分的观察,在最恰当时问出问题的关键,才能揭露出主题事件、社会生活的内涵,才能让纪录片更加深刻。

《夏日纪事》中,有一段采访发生在一个家庭的吃饭时间,在饭桌上进行闲聊,环境轻松,时机把握得恰当。

记者:那你觉得幸福吗?

女主人:基本上幸福。

记者:你呢?

男主人:基本上幸福。

记者:怎么这样觉得呢? 大体上都觉得很幸福。

女主人:我觉得很荣幸。

男主人:我也一样,事实上,我也这么觉得。

记者:也就是说……

男主人:因为我们生活在一起。

女主人:是的,我们可以从他的书本里面赚取很多钱,这保证了我们的生活。而我几乎没有什么烦恼。可是,因为我得从他的观点来看,因为我爱我的丈夫,我爱我儿子。我有些问题,在小的方面我有些问题。

男主人:我来说,是工作上会有一些问题。

记者:好了,谢谢你们的回答。我想你们的这些回答会给许多人带来建议的。

这段采访时在一个家庭的吃饭时间进行的,环境十分舒服。这时受访者的精神是最为放松的,在镜头面前的表现也是最为真实的。在家人齐聚的环境下,讨论幸福的问题,十分恰当。

男主人:这是我们自己的生活,不是每个人都适应这样的生活的。这关键是看你自己接受还是不接受自己的命运,生活是一种命运。

记者:这是经验吗?

男主人:这是我通过这么久的生活得出来的结论。最重要的一点就是要两个人分享生活中的点点滴滴。这是生活中重要的一部分,不是吗?

记者:谢谢你们的指导。

男主人:只是一些经验之谈。如果是现在的情况的话,我也会这样做的。

记者:这是什么意思?

男主人:我们还会像现在这样。我觉得我们之间唯一的缺憾就是我的工作,另外一方面,我还有很多事情要做。一个职位、一份工作、当官员这占据了我很多的时间。因为这需要一定的能力,才能做这样的工作。我的意思是这应该是个男人应该做的,这是一份能力,一个人的成功之道。这才是一个男人,不是吗?所有的人都一样,所有的人都分享着这一切。这都是同一回事,不管是黑夜还是白天都应该保持。一份工作就是一份工作,没有什么条件可言。也没有任何的感觉,所以工作就应该是这样的,应该忍受,不是吗?直到自己成功为止,这是有可能的。这和爱情一样,这完全和爱情一样。爱情就是一份事业,需要我们去好好经营,要我们把所有的人都联系起来。也许别人的观点会有点不同,也许很多人把这当成人生第一大事,我觉得大家越来越冷漠。没有几个人把这当成一种激情。他们想要当官,他们想要得到优惠,想要受到大家的关注。

记者:那你怎么看待职业这个问题呢?

男主人:在生活中,我觉得,万事都有可能性。要得到全部,就会付出全部的努力。

此段采访的时机把握较好。记者的提问简短却恰到好处。通过简单的问题,就幸福、职业、生活等方面与这对夫妻进行了探讨。这样一步一步地问着看似没有关系的问题,事实上是一环扣着一环的。记者说得少,而受访者谈得多,揭示了普通的法国夫妻对于现实生活的看法。

二、科学揭秘型纪录片中的出镜报道

记者的出镜报道可以更好地营造现场感,使观众对于现场的感受更为真实。同样,记者的出镜并非是一种表演,而为的是更好地还原事件发生的环境,增强真实性和感染力。

科学揭秘型纪录片中,出镜记者往往是带着问题与任务去的,为的是更好地发掘真相,深刻地揭露出影片的主题。

记者的出镜,也是与现场事件中人物进行的一种交流。只有这种方式能让观众与记者一同去还原事件,增强现场感。

(一)过程化的报道

在《夏日纪事》中,采访的人物数量多且背景复杂。有工人、学生、作家、孩子等。这些复杂的人物,夹杂在整个纪录片之中。这种多人物和多场景的叙述,使得影片存在一定的片段化。被访者的背景和生活经历也是不同的,每一个人都有自己的特色和故事。但是,其中有比较清晰的一条主线存在,就是对于社会生活多方面的探索与揭秘。

在这部影片的发展中,玛瑟琳娜是推动这个过程的关键人物。她既是一个采访者,同时她也是一个被采访者,更是问题的推动者。在开头,玛瑟琳娜准备访问路人前,两位导演就对玛瑟琳娜进行了访问:你是否幸福?在得到玛瑟琳娜的答案后,又让玛瑟琳娜到路上去访问行人。

在询问了一些不同生活工作的人后,影片又回到前面采访过的雷诺汽车修理厂,开始了对工人安吉罗的采访,从这儿之后的访谈都由导演之一的莫兰来担任,而且他自始至终都出镜。巧妙的是,在影片的中段玛瑟琳娜又恢复了她被访问者的角色。莫兰采访了一位大学生——玛瑟琳娜的情人皮埃尔。这时,玛瑟琳娜就起到了一个推动者的作用。在玛瑟琳娜的帮助下,对皮埃尔的采访变得更加生动完整,起到"穿针引线"的作用。

在影片的后面,莫兰在和前面采访过的纳蒂娜、亨利、玛瑟琳娜、皮埃尔等人的讨论中把话题放在了对阿尔及利亚事件和大学生的问题上。年轻人谈了战争与青春,谈到了他们对战争的反对。他们又谈论了种族主义的问题并把话题转到玛瑟琳娜手臂上的集中营的标记。

接下来是玛瑟琳娜独自走在空旷的巴黎协和广场的长镜头(见图6-2)。她在喃喃自语,是一段对死去的父亲说的话,回忆了过去在家乡时由于纳粹对犹太人进行追捕而造成她和家人分离的那些日子。影片给了我们时间和空间来渲染和拓展作为幸存者的玛瑟琳娜的情绪。这时玛瑟琳娜成为受访者,并在一次一次的采访中追问自我,审视自我。

(同期声)玛瑟琳娜:这让我觉得很烦恼,已经20年了,还是15年,现在都记不起来了。看到了吗?我想不起来过去的事情。每天在工厂上班,只有星期天才可以见到爸爸。你还年轻,一切会好起来的,你不该有这样的想法。你应该加入人群,重新开始生活。这不是别人的生活,是你自己的生活。情况就是这样,我们没有理由自己处决自己,没有什么可以打倒我。我知道讲出来会好一点,你这样已经很久了。开心一点,你已经是人家的妈妈,你的想法足够新奇。女人,女人的生活就这样,看到了吗?我们有权利,我不是一个人,你不能再把我当成小女孩。你会好好地生活下去,坚强起来的。不可思议,不要害怕,现在你不再是一个人。对,我知道这很困难,很困难,不过情况总会好起来的。哭起不了什么作用,这就是我的生活命运。你还不了解现在的情况吗?我和生活,就是这样。我不能就这样下去。爸爸。

图 6-2 玛瑟琳娜独自一人走在街头

(二)碎片化的报道

参与纪录片拍摄的人物众多,所从事的职业也是不同的,每个人的身份背景有明显的差异。因此,在《夏日纪事》中,很难做到如同讲故事那样完整地讲述一个事件。其所采用的思路建构是碎片化的,但这些一个个独立的小部分并非彼此之间没有任何联系。在这些碎片化的片段中,事实上含有一条主线,便是对于社会生活方方面面的探索。这条主线,使得原本碎片化的片段被合理地组织起来。

玛瑟琳娜在影片的开头扮演的是采访者的角色,但是在随后的发展中则是由莫兰来担任出镜采访的记者开始了对工人安吉罗的采访,从这儿之后的访谈都由导演之一的莫兰来担任,而且他自始至终都出镜。而玛瑟琳娜则在后来对于大学生皮埃尔的采访中,扮演了被采访的角色。

而在影片中,对于工人、画家、夫妻、意大利人、非洲人等都有采访。他们彼此之间并没有多少的联系,采访是以片段呈现的。导演也曾将大家聚集在一起进行讨论,也邀请参与影片的人共同观看,各抒己见。

当然,这其中也会有一些不合理的地方。过于碎片化的叙述方式,不利于观众更好地把握纪录片的主题。并且由于片段彼此之间的联系较少,很难使人充分地投入到影片之中,理清楚人物之间的联系。

(三)细节化的报道

真实是纪录片的生命,这要求纪录片中的每一个人物、事件、细节都是真实的。在纪录片中,真实还源于现场记者对细节的把握,用摄像镜头捕捉、发现生动的细节。节目中记者观察发生了什么,同时也是努力发现新的关键信息和细节。

表 6-1 记者与受访者一同交流的场景

序号	画面	声音
1	记者采访皮埃尔时,他的手在旋转着桌子上的杯子。	……皮埃尔:不过我生活在一系列可怕的容忍当中,你知道这样的生活必须要学会往前看。也许有一天我会没有一点问题就接受。我觉得也会有很多的人羡慕我的生活,会慢慢地接受自己的命运。如果说有什么事情要帮忙的话,那就是我得准备我的考试。我没有试过要和女人一起生活,我知道觉得幸福就会真的生活得很幸福。……
2	记者与玛瑟琳娜谈论时,她手臂上的数字纹身。	……记者:你听明白了吗? 玛瑟琳娜:我觉得我有权利为这个负起一点责任,因为对我来说,我应该比你更清楚地了解这个世界。想要让你接触到政治的一方面,我自己也是一个特例。而且我也不知道你对爱情会是这样的想法。所以,我觉得这应该由我来负责。要不是因为我的话,你也不用离开课堂来做这种测试。……我应该觉得幸福才是,一切只有从根源上去发现才会找到根据。……

续表

3	在讨论中,记者问到朗德里关于玛瑟琳娜手臂上所刻的数字(见图6-3)。	……记者:朗德里,你有没有看到玛瑟琳娜在自己的手臂上刻了一个数字? 朗德里:注意到了。 记者:你怎么看待? 朗德里:我不清楚。 记者:不清楚。你呢?埃芒。 埃芒:依我看来,是不是她想把一个懂这个数字的人拥抱在怀里。为什么是一串数字?……好像开头是7050。 玛瑟琳娜:首先,这不是一个数字,只是一个标志。我见到犹太人以后,我明白了犹太人的标志,其实就是一段数字,这不是电话号码。这是一种对战争的反抗,因为我是犹太人。这是一个我们大家通用的编号。 ……

图6-3 玛瑟琳娜手臂上数字的特写镜头

在采访中,摄像机是对准每一个被访者的,真实地记录下被访者当时最为真实的反应和细节,如语言、动作等。在《夏日纪事》中对于香烟的特写,对于受访者手的特写、表情和肢体动作的捕捉,纹身的拍摄等,这些细节使得整部影片更加丰富、具有深意。

三、科学揭秘型纪录片中的出镜评论

在纪录片中,对于所采访的事件和人物需要交代一定的相关事实。这是一种对于整体和背景环境的交代,使影片完整真实。同时,也必须做出一定的相关评论。对于主题的评论是真实电影所不可缺少的一部分,这种评论更加深刻地反映了主题思想。同时,出镜评论的形式将更为简洁。精彩的评论,将会把整个作品提升一个档次,成为作品的闪光点。

在《夏日纪事》中,记者的出镜次数较多。其评论的话题也比较丰富,包括对目前社会及人生的看法、对于战争的看法、对于种族主义的观点,对于远离家乡来到巴黎打拼的看法,还包括爱情、亲情、家庭等方面。当然,这种丰富的评论,除了记者的观点以外,还有受访者的观点。从某种角度上来说,记者和导演借着被访者的嘴巴说出了自己的评论观点。

其中,有部分的评论是以讨论的形式出现,在讨论中使得主题更加深刻。

(一)出镜评论的平民视角

在评论中,记者不把自己当成一种局外人的存在,而是以一种积极地交流和沟通的态度去面对受访者,以平等的、尊重的视角去进行采访。这种平民视角更有利于采访的进行,也更有利于获取有价值的信息。

> ……
>
> 记者:我对很多事情感兴趣,我们觉得很多很多事情就应该去安排。不能再这样拖下去了,角色相当真实,比如说雅克,他们现在都回到了他们自己的生活当中。你也会从中发现这一切都会是真的,玛里约的生活也这样进行着。还有人不明白,这占据着镜头(指角色忘记了镜头的存在)。这是什么意思?这意思就是,我们进入了一种全新的状态,你看到的事实也许不是你看到的那样。在更久以前,大家都想更靠近生活。他们和正式的演员是不同的,也就是说,他们是一群真实生活的人。就是因为这样,这些是真实的法国人。
>
> ……

在《夏日纪事》的最后,导演对于自己作品的真实性做出了评价。他从受访者的角度出发,指出了影片是有极高的真实性。影片反映的是一帮真实的法国人的生活,或许里面的人物不被大家所知道,但是他们是一群真实的人。

(二)出镜评论的社会聚焦

影片的开头,手拿话筒的女记者站在繁华的巴黎街头,面对来来往往的人群,向他们问出"你幸福吗"这样的问题。这个问题看似十分地简单,但是却又富含深意。不同的人对于这个问题有着不同的答案。有的人说出了自己的幸福,也有人解释不幸福的原因,或是因为孤独,或是因为年老等。

简单的问题探讨的是深刻的社会,一个社会成员的幸福感与社会的稳定与否有着千丝万缕的联系。

同样,在影片中还曾出现种种关于社会问题的讨论,如种族主义、外来打拼、人生价值、生活方式等社会问题的讨论。这些都可以看出来出镜评论中对于社会的关注。

(三)出镜评论的语言表达

在纪录片中,记者一直保持着真实、客观的态度。没有对被访人进行过多的言语上的引导,只是就单纯的一件事情进行讨论。

《夏日纪事》中的记者,保持的是一种真实的语言表达,没有在情感上去影响被访者,只是单纯地就"幸福与否"这样的问题展开讨论。记者的提问与评论并不多,主要是一种倾听。去倾听人们内心的声音,继而对于被访者进行更深一步的挖掘,了解他们真实的看法。

影片中有着这样的一个片段,导演把参与影片的人聚集在一起,一起观看时所有的人都沉浸在自己的角色里,他们脸上的表情都是惊讶。这时本片的导演,也是记者说出了这样的话:"我只有一个说法,这就是最接近我们生活的地方。因为我们拍摄的就是我们真正想要的,也可以说从中体会到每个人的热情。"

结尾依旧是拍摄的巴黎的街头,只不过镜头变得慢起来,背景音乐也变得舒缓,不像开头拍摄得那样匆忙。还是通过两位导演的对话背景,再加上玛瑟琳娜的开头的问题——"先生你幸福吗……"来结束。

第二节　社会批判型出镜记者：《华氏 9·11》

社会批判型的纪录片是"对社会生活中关于政治、战争等的热点问题背后不合理的因素进行揭秘,并且批判的纪录片"。社会批判型的纪录片,所关注的内容多为社会的热点问题。这些问题是为广大受众关心的,但是在一般的媒体报道中可能无法进行全面准确的报道。因此诞生了社会批判型的纪录片,对热点问题进行全方面的解析,对其不合理的因素进行批判,反映的是作者和民众对于热点事件的态度及思考。

在社会批判型纪录片的拍摄中,出镜记者扮演着重要的角色。由于纪录片需要对热点问题进行刨根问底的深究,因此会涉及各个方面,需要进行采访的人数众多。记者在这个时候,是以一个发现者和揭秘者的角色去对事件进行思考的。同时,也是扮演着一个评论者的角色,对于一切不合理进行批判。

2004 年,在第 57 届戛纳国际电影节上,由美国导演迈克·摩尔拍摄的《华氏 9·11》获得了金棕榈大奖。这部纪录片揭露了布什政府发动伊拉克战争的真正意图,受到了广泛的关注,也在媒体引起了震动。而导演迈克·摩尔在影片中也是以记者这样的身份出现,以其幽默犀利的言语对事件进行分析,对人物进行采访[①]。

一、社会批判型纪录片中的出镜采访

电视新闻区别于其他媒体,一个关键的要素就是现场报道。而出镜记者又是电视现场报道的"眼",他把观众带到现场,体味事情的情景和幕后。《华氏 9·11》的报道方式大多都为现场采访,比如,出现的竞选电视节目、布什在白宫以及各种场合的画面以及当事人与民众的访问画面,统统是如假包换,而旁白也并没有忘记在对镜头画面作出解释、在保持真实性的同时使得影片更加充实。

本片的作者迈克·摩尔在影片中出现的次数并不多。但是,凡是他出

---

① 王小蓓.出镜记者,电视新闻的"眼"[J].现代传播,2008(06).

镜进行采访的镜头,均颇具深意。其中,对于议会议员关于让他们的孩子去伊拉克参战的采访更是引人深思。而对于总统度假时间是否过多的犀利的追问,更是直击到问题的关键所在。

（一）出镜采访中的社会反思

就社会批判型的纪录片而言,记者所问出的问题表现的是记者对于社会问题的思考,也反映的是受众对于社会热点的关注。记者从某种角度来讲是观众的发声器,是代表受众去探索和揭秘真相的。

普通的受众在一般情况下是难以接触到一些采访对象的,如政要人物、成功商人等。因此,记者对受众所关注的社会热点必须有一定的了解,并且进行一系列的调查,有自己的见解。这就要求记者在对于这些受访者进行采访的时候,必须抓住问题的关键。

《华氏9·11》充分反映了当时美国社会关注的热点内容,其中涉及总统大选、9·11事件、伊拉克战争、布什家族和阿拉伯的关系等问题。这些问题是广大受众所好奇的。记者并不惧怕去触碰政治性的问题,反而是积极地去进行揭露。通过对于不同人物的采访,对各个时期影视资料、文献资料的收集去一步一步地还原事件,从而进行全面客观的批判。

如下的采访就很好地体现了这一点。

迈克·摩尔:我现在正站在3个重要的美国地标性建筑之间,水门大楼,那边是肯尼迪中心和沙特大使馆。沙特阿拉伯在美国投资了多少钱,大致上?

受访者:我听说大约有8600亿。

迈克·摩尔:8600亿? 真不少。

受访者:是的,不少。

迈克·摩尔:这笔钱占我们国家经济总量的比例是多少? 应该不少吧?

受访者:嗯,就投在华尔街的美国股票来看,大约占美国经济总量的6%到7%,他们拥有美国的很大一块(股票)。大部分的钱投到了蓝筹股公司中了。花旗银行最大的股东是沙特人,美国在线和时代华纳也有庞大的沙特投资。

迈克·摩尔:我曾经在哪里读到过沙特阿拉伯在我们的银行里有

上万亿美元的存款。如果有一天把那笔钱全部提光,会怎样?

受访者:万亿? 那一定会对经济有巨大的冲击。

在以上的这段采访中,我们可以看到沙特阿拉伯在美国的投资对于美国经济的影响。记者明确地向受访者询问了沙特阿拉伯的资金在国家经济中占有的比重,并且了解到,当这笔资金消失的时候,美国经济必将会遭到重大的冲击。这是将美国与沙特阿拉伯的经济关系赤裸裸地展示在人们面前,同样引发人们的思考,如此密切的经济关系背后的政治关系又将是什么。

(二) 出镜采访中的对象选择

身为导演同时也是出镜记者的迈克尔·摩尔,在影片中所提的问题大多都尖锐而犀利。但是针对不同的采访对象,他所采取的是不同的提问技巧。

《华氏9·11》中有大量相关人物,如政府官员、士兵、海关人员、能源部门人员、士兵家人、伊拉克平民等接受了采访。导演用这些当事人的同期声真实而客观地记录事件的面貌,把过去的事件变成现在的讲述。对待不同的人,他提问的方式也有所不同,对待失去儿子的母亲,他会照顾被访者的情绪,提问也是委婉含蓄;而对待众议员,他的态度会显得强硬,提问更是开门见山;在面对退伍回来的军人时,记者则抛出了"是否愿意回去参战"这样的问题,直接却又契合。

记者:如果你被召唤的话,你还会回伊拉克吗?

士兵:不会,绝对不会。

记者:如果你不去,会有什么样的后果?

士兵:可能会坐牢,有这个可能性。

记者:你愿意冒这个险吗?

士兵:我愿意,我不会再让人指使到那里去杀害那些穷苦的人,特别是那些对我和我的国家没有威胁的人。我不会那么做的。

对于退役的军人进行采访,让战争参与者的真实情感表露在观众面前。真实直接的表达引发了深层次的思考。

(三) 出镜采访的时机把握

采访的时机影响到影片的质量,准确地把握时机会使采访事半功倍。

在影片中,我们可以看到对于民众的许多采访,是在家中完成的,而对于战士的采访则多数是在伊拉克进行的。

在采访孩子参加战争的母亲时,记者巧妙地选在了母亲悬挂国旗的时候。以悬挂国旗为切入点,谈到参战的子女,再谈到对于反战主义的看法(见表6-2)。

表6-2 记者采访一位支持儿子参军的母亲的场景

序号	画面	声音
1	一个拿着国旗的女人在前面走	记者:你认为你自己是自豪的美国人吗? 受访者:当然,我为美国而特感自豪,比普通的美国人更感自豪。当我把国旗挂上,我不会让它碰到地面,因为我知道很多人牺牲了性命才换回我们今天的生活。
2	女人在把国旗挂在窗上(见图6-4)	记者:通常你什么时候挂旗? 受访者:每天都挂,从我女儿参加"沙漠风暴"行动开始的。我每天挂着同一面旗,扎上同一条黄丝带,祈求我的孩子能平安回来,其他所有人的孩子都能平安回家。
3	国旗的特写	记者:她回来了吗? 受访者:是的。
4	在厨房采访一个女人	记者:你有其他家人在军队里服役过吗? 受访者:当然有,叔叔、阿姨、表兄、兄弟、父亲。 记者:对军队有很强的归属感? 受访者:是的。我认为我的一家都是美国的骨干。还有很多很多像我们这样的家庭。这个国家就是靠他们建立起来的。
5	一个采访男人的特写	受访者:我认为我自己是属于民主党的保守派。
6	采访者和被采访者的近景	记者:嗯,我明白,这是个伟大的国家。
7	由十字架的特写到访者	受访者:是的,你注意到吗?我戴的这个十字架是多彩的多元文化的十字架,因为我相信神创造了不同肤色的人们,所以我家的人也是多元文化的。

续表

8	一个笑着的人的特写,背景是国旗的照片	记者:你有个女儿加入了军队?
9	由照片转到采访者	受访者:是的。 记者:你的大儿子也加入了军队? 画外音:是的。 同期声:这真的是对国家做出了很大贡献。
10	一个男孩的照片的特写	记者:儿子加入军队是一件很骄傲的事吧?
11	一双拿着黄色杯子的手	受访者:是的,他成功了。 记者:你有在意过那些反越战和反海湾战争的示威者吗?
12	被采访者的特写	受访者:我总是很讨厌那些示威者,他们像是在掴我耳光,他们像是在侮辱我儿子。
13	示威者示威的场景	受访者:我内心深处在想,你们根本不明白他们去作战不是因为他们想要去。
14	由示威的场景转到被采访者	受访者:但后来我明白他们不是在抗议那些士兵,是在反对这个国家对战争的理念。

从悬挂国旗这样的细节入手,可以看到受访者的强烈的国家民族观念,从而进一步询问其子女的参战情况,对于反战的看法等。这样的做法现场感极强,且有利于共鸣的产生。

图 6-4 母亲在自家的院子中悬挂美国国旗

二、社会批判型纪录片中的出镜报道

记者的出镜报道,增强了报道的现场感,让观众感觉到如同在记者的带领下亲临现场,这种优势是其他的报道方式难以达到的。记者的出镜为观众带来的信息也是更为直接真实的,可以准确地将现场的声音、环境传递给受众。

(一)对比性的报道

运用对比的方式进行报道,例如官员的发言中承诺民主、自由解放的理念和伊拉克平民的毫无人权的对比。有对比才有鉴别,才有优劣。不比较没有办法形成明显的差异,受众也很难了解事物的本质及问题的严重性。

以下两组具有对比性的镜头可以就此进行说明。

场景一:

表 6-3　记者就伊拉克战争的态度问题进行了多方采访

序号	画面	声音
1	白宫官员在发言	官员:我们不仅谨慎,还注入了人道主义。
2	废墟上的伊拉克女人	平民:他们没有良心,他们什么都不知道。他们屠杀我们,毁了我们的家。真主也会毁了他们的家。伟大的真主啊,愿真主以血还血,胜利属于伊拉克。 记者:你是说他们屠杀平民? 受访者:是的,平民,这是我叔叔的屋子。他们都是平民,没有武装人员。我们祈祷真主为我们报仇。因为轰炸,我们已经举行了 5 次葬礼了,真主啊。真主啊!救救我们吧!真主啊,你在哪里?
3	一个美国女孩布兰妮·斯皮尔斯	布兰妮·斯皮尔斯:说实话,我觉得我们应该信任我们的总统,支持他的每一个决定,相信所发生的一切。 记者:你信任总统吗? 布兰妮·斯皮尔斯:是的。

在第一组镜头中,我们可以看到官员们强调了在战争中的人道主义。但是随后在伊拉克的采访中看到的并不是人道主义,而是平民的伤亡。这

种对比，无论是在视觉上还是在心理上的冲击都是巨大的。在废墟上的伊拉克女人控诉，揭开的是战争时期伊拉克的真实情况。而随后对于美国女孩布兰妮的采访，更是颇具讽刺的意味。美国的部分民众选择相信总统，但总统显然在伊拉克问题上对民众撒了谎。

场景二：

表 6-4　美军士兵冲进伊拉克平民家中实施逮捕场景

序号	画面	声音
1	屏幕一片黑	画外音：一声枪响
2	士兵逮捕目标人物	美国士兵：她想上哪儿？
3	屏幕变黑	美国士兵：不不不，只要告诉我们他现在在哪儿。不要用电话，他现在在这屋子里吗？他现在在这屋子里吗？（人们的吵闹声）
4	人们打着手电筒前进，屏幕忽明忽暗，时而看到人们在前进时而黑屏	美国士兵：上去，二楼，小心点。去，小心点，我们上来了。
5	地上躺着个男人，手被反绑着	美国士兵：你叫什么名字？（人们吵闹声）这是苏赫比，是吗？
6	镜头一直晃	平民（女人边哭边问）：他做错什么了？他只是个大学生而已。
7	画面暗	美国士兵：（人们的争吵）叫他们安静些。我们感谢你们的对话，这就是目标人物，带他出去。
8	一个士兵的特写	美国士兵：就像俗话所说的，我们要做事得人心，那是我们的工作，我们必须带给这国家理想的民主和自由，让他们知道美国人不是来这统治伊拉克。
9	两个女人抱在一起	美国士兵：不要怕，他不会打你的。 平民：他做错了什么啊，为什么你们不告诉我，他做错了什么？ 美国士兵：叫她安静点。 （哭声）

在第二组镜头中,可以看到美军士兵给伊拉克平民带来的不安,伊拉克的平民毫无人权隐私。但是随后的采访中,美国士兵又坚称会为伊拉克带来自由。通过这些对比的镜头运用,向人们展示出真实的情况,揭露伊拉克战争中军队与平民真实的角色。同时,对于官员们虚假的承诺进行了批判。

(二)过程化的报道

《华氏9·11》主要采用时间逻辑的顺序进行叙述,中间夹杂着插叙的手法,全方位地解读事件。作者充分借助了影像资料还原了真实,一步一步地揭开了从"9·11"事件到伊拉克战争这一段美国历史中,总统布什所处的位置以及与美国主流意识形态背道而驰的内幕。

以下的一段影片可以充分地体现这种报道手段。

图 6-5　莱拉悲伤地读着战亡儿子的最后一封信

场景一:

一位母亲向记者讲述已经战亡的儿子,悲伤地读着儿子的最后一封信(见图 6-5)。

表 6-5　一位母亲向记者讲述战亡儿子情况的场景

序号	画面	声音
1	被采访者	同期声: 军方来电,我记得他在电话里问我是不是莱拉·立普斯科。我说:"是的。"他问:"迈克尔·皮得逊的母亲吗?"我记得我当时失了神,电话筒都掉到地上去了。
2	镜头给一个年轻擦泪的女人特写,又	同期声: 我只记得那人说:"夫人,美国陆军国防部长遗憾地告知你……"

续表

	转回被采访者	我当时太悲伤了,当场倒在地上,当时没有其他人在场,没有人能扶我起来,我只能挣扎着趴到桌子上,我记得我在哭喊着:"为什么是迈克尔?为什么你们要带走我儿子?为什么你们要挑我儿子?他没有做错什么事,他不是什么坏人,他是个好孩子。为什么你们要带走我儿子?"
3	布什接受采访,背景是国旗	同期声: 我,我不敢想象失去儿女会是怎样,或者是(失去)丈夫或妻子,那会使我很悲痛。
4	镜头转到前一采访对象,一男一女	记者: 这是你儿子的信吗? 同期声: 是的,是3月16日寄出的,但我是在他死的一个星期前才收到。

莱拉悲伤地回忆着过去,向记者叙述着有关儿子战亡的事实。从镜头中,我们可以看到母亲的悲伤和绝望。在布什接受采访的时候,曾经提到过关于失去儿女的痛苦。但这些并不能安慰一个真正失去孩子的母亲。此时,布什讲话是无力的,更是讽刺的。

场景二:

失去儿子的母亲莱拉决定在华盛顿开会的时候去看一下白宫,记者不愿再看到莱拉那么难过,特别是535位国会议员中只有一位议员的儿子去伊拉克从军。她到国会山去看看究竟有多少国会议员愿意让他们孩子去伊拉克从军,但是几乎没有议员愿意送孩子去伊拉克参战。

表6-6 记者目睹莱拉的悲伤并对国会议员进行动员调查的场景

序号	画面	声音
1	士兵母亲莱拉在街上行走(中近景)	解说词:莱拉给我打电话说她从弗拉纳来到华盛顿参加一个工作会议,在休息时间,她说想去看看白宫。
2	莱拉走到一个摊贩的位置哭起来	同期声:卖东西的小贩说那些被杀的孩子,伊拉克孩子,他们派军队去杀人。 莱拉:我的儿子被杀了!

续表

		小贩:你的孩子也牺牲了? 莱拉:是的。 小贩:他派那么多美国人去那么远的地方杀人作牺牲,究竟为了什么?真的是为了反恐吗?
3	一个女人走了进来与莱拉对话	同期声 女人:不,她没错,不要听她胡说。 莱拉:有关我儿子的事不是在演戏,他在那儿被杀,他是4月2日遇害的,这不是在演戏,我儿子的确死了。 女人:还有很多人牺牲了。
4	莱拉走了,与记者对话	同期声 记者:那女人对你嚷嚷什么? 莱拉:她说要怪就怪基地组织,但不是基地组织派我儿子到伊拉克去的,无知的人,我们每天都看到这种人,他们根本就什么都不清楚,他们以为他们清楚,其实根本就不清楚。我开始也以为我明白,但我根本不清楚,我需要我儿子,我早想过来这里,我终于找到可以发泄我的愤怒与痛苦的地方了。
5	出镜记者与一名海军并排走(中近景)	解说词:我想我是不愿再看到莱拉那么难过,特别是535位国会议员中只有一位议员的儿子被送去伊拉克从军。我请到美国海军的克普·汉德森和我到国会山去看看究竟我们能说服多少国会议员去把他们孩子送去伊拉克从军。
6	记者找到一众议员采访他(中近景)	同期声: 记者:嗨,众议员,你好……我明白没有几个众议员的孩子被派到那里去,只有一个,所以我想,你们应该先派你们的孩子到那里去,你觉得怎么样? 众议员:我不反对。 ……
7	记者又找到一个众议员	……同期声:嗨,我是迈克尔·摩尔,想跟你说关于众议员让他们孩子从军到伊拉克那边。
8	众议员看了一眼走了,记者在后面追	同期声: 记者追着喊:众议员,众议员。

续表

9	记者找到众议员比门	同期声： 记者说：众议员比门，可以和你谈谈么？
10	记者无奈的样子，摇着头	解说词：当然，没有一个众议员愿意让他们的孩子到伊拉克去。
11	白宫全景	解说词：又能怪他们呢？

在这些镜头中，我们可以看到一个比较完整的事件，莱拉的儿子在伊拉克战争中战亡，当她去白宫的时候找到了可以发泄愤怒与痛苦的地方。记者了解到在535位国会议员中，只有一位议员的儿子去了伊拉克参战。通过这样完整的事件讲述，让观众看到了真正为了战争牺牲的人，并不是鼓励去发动战争的人。进而以此来讽刺和批评当局。在解说词中，记者发出了这样的疑问："谁会愿意让自己的孩子送死呢？你会吗？他会吗？"言语简单但具有深意。

（三）精确化的报道

在《华氏9·11》中，对于战亡人数和企业家获利的数字进行了精确的报道。这些准确的数字运用使影片更加客观真实。并且，在影片中，我们可以看到作者以字幕的形式交代时间、地点、人物身份，其真实性、客观性、可靠性更加鲜明。

其中，对于对作战人员物资和家人补助的消减，以百分比的形式表现其下降的幅度。并且，将殉职人员的牺牲日期精确到天。这些都反映了作者的充分调查，以准确的数字增加了影片的真实性与客观性。

表6-7 对作战人员物资和家人补助的调查

序号	画面	声音
1	领导在陪同下关怀军队人员	解说词： 在布什对军队人员表示他的关怀和支持的同时，他提议削减33%给作战人员的物资和60%给他们家人的生活补助。
2	两方领导人握手并敬礼，周围人鼓掌祝贺	解说词： 他反对给退役人员的健康津贴增加资金。

续表

3	领导人讲话,周围人热烈鼓掌	解说词: 他反对为退役人员建立医院,他想要增加双倍的退役人员买药的费用。
4	领导人坐着,脸上带着满意的微笑,并和左边的军人互动,周围站着一些穿迷彩服的军人	解说词: 还反对给兼职的国防军留守人员军队福利。
5	一个殉职军士照片逐渐拉近	解说词: 当军士布拉德·帕特里克肯夫成5月26日在伊拉克殉职。
6	镜头在墓地,特写军士的墓碑,从天空开始,由上扫到下	解说词:军方把他最后的薪水寄给了他的家人。但他们把那个月的最后5天薪水扣了起来,因为他死了。
7	一个白发人在书房接受采访	同期声:他们说不会管退役的军人,但其实并没有人去管那些退役人员。

通过这样的准确数字的使用,影片向我们揭露了参军人员待遇,并没有宣传视频中所说的那样美好。无论是参战的军人还是牺牲的军人、退役的军人,都没有得到应有的照顾。相较于以前,在布什政府当政时期,军人的待遇是在下降。

三、社会批判型纪录片中的出镜评论

对于社会批判型的纪录片而言,记者的评论是点睛之笔。在纪录片中,记者的评论可以以多种形式出现,有的是以解说词的形式出现,有的则是借助他人的嘴说出主要的观点。犀利准确的评论,会让观众对于事件有更深刻的认识,同时,使影片更具有思想震撼力。

在《华氏9·11》中,记者的出镜次数较少。但是,这并不影响其幽默而具有讽刺意味的精彩评论。其评论主要以解说词和旁白的形式出现,虽然记者并没有现身在镜头之前,但是逻辑清晰、语言犀利。评论主要围绕的是公共事务,传播的是公众议题。《华氏9·11》在上映之初引起了广泛的

关注,其精彩的评论起到了不可忽视的作用。

(一)出镜评论表达政治倾向

《华氏9·11》中,作者对于多方的人员进行了采访,以确保纪录片的真实、客观。总体而言,评论的视角是平民化的。但是,其中也是有一定的政治化倾向的。

导演有意将在战争中受到伤害的伊拉克民众、因在战争中失去儿子而转变对布什政府发动伊拉克战争看法的母亲、进入巴格达普通家庭逮捕无辜市民的美军、厌恶伊拉克战争的大兵、成为美国新兵源的密歇根州的非裔美国黑人等材料进行了组接来揭露"9·11"事件背后的真相,试图说明为何美国会被卷入这场恐怖袭击中。为什么美国会成为仇恨与恐怖活动的目标,并指出了911事件后对石油的贪婪在疯狂的反恐战争中起着绝对的作用,也分析了布什家族与本·拉登之间所谓的关系是如何导致他们成为势不两立的敌人的。

而在以下的这个场景中,我们可以看出记者的评论含有的政治化倾向。

解说词:当袭击发生的时候,布什正在去往佛罗里达一所小学的路上。当被告知8年前就被恐怖分子攻击过的世贸中心正遭到一架飞机攻击的时候,布什先生决定继续前往学校,不想错过这个在公众面前露脸的机会。

解说词:当第二架飞机撞上双塔时,他的白宫办公厅主任进入到教室里,告诉布什先生国家正遭受到攻击。他不知道该怎么办,因为没有人告诉他该怎么办。没有特工人员冲进来把他带到安全地点,布什先生只是坐在那儿,继续给孩子们朗读《我的宠物山羊》。近7分钟过去了,没有任何人有所行动。当布什坐在佛罗里达的教室里时,他想是否应该多做些工作,要是上任以来,至少和反恐官员开一次讨论恐怖威胁的会议就好了。也许布什在想,为什么他要削减联邦调查局的反恐经费,或者他也许本应该看看2001年8月6号呈上来的安全简报。那里说,奥萨马·本·拉登正计划劫机攻击美国。也许是因为报告的标题太含混,他才没有放在心上吧。

赖斯:我记得标题是"本·拉登决心在美国国内发动袭击"。

解说词:这样一份报告也许能够吓人一跳,但是时间流逝,乔治只是继续钓鱼。时间一分一秒地过去,乔治·布什仍坐在教室里,他是否在想我是不是一直和一堆坏人混在一起,他们中哪一个糊弄了我呢?是我老爸卖给他不少军火的那个家伙?还是我当州长的时候,跑到州里参观的那帮原教旨宗教团体?或者是那个沙特人?该死,就是这帮人,我最好怪罪到这个家伙身上。

在这段解说之中,我们可以看到明显的政治倾向和对布什的批评。摩尔用一种轻松的语调在画面外解说着。他的口气越是漫不经心,作为观众的我们便会越发将心中的怒火发泄到屏幕中同样漫不经心的布什总统身上。

(二)出镜评论聚焦公共事务

在美国电影席卷世界、娱乐节目充斥屏幕的今天,《华氏9·11》以理性批判的眼光审视美国。这部政治化的纪录片,受到了广泛的关注。聚焦公共事物,去积极揭秘重大事件中观众所不知道的真相。

以下的这段采访就是导演对于国会议员们的质疑,对于战争支持者的质疑。

……

解说词:我想我是不愿再看到莱拉那么难过,特别是535位国会议员中只有一位议员的儿子被送去伊拉克从军。我请到美国海军的克普·汉德森和我到国会山被送去看看究竟我们能说服多少国会议员去把他们孩子送去伊拉克从军。

记者:嗨,迈克尔,众议员你好吗?

议员:你好。约翰·唐纳,田纳西州的。

记者:很高兴认识您。

记者:你有孩子吗?

议员:你看,我们有没有可能送他们参军,并且把他们能送到伊拉克去帮忙?嗯,我明白没有几个众议员的孩子被派到那里去。事实上,只有一个。你们应该先派你们的孩子到那里去,你觉得怎么样?"

众议员:我不反对。

……

记者：请拿一些宣传册吧。鼓励那些支持战争的同仁把孩子们送到伊拉克，给战争一些支持。把他们自己的孩子派过去，谢谢先生。

记者：嗨，我是迈克尔·摩尔。我正在尝试说服议员们让自己的孩子去参军，然后去伊拉克参战。

（三）出镜评论讽刺社会现实

《华氏9·11》中，作者的评论是幽默与沉重并重，同时颇具有讽刺的意味。在影片中，其中一句在"100多英里的开放海岸边境，因为预算削减，保护着边境的州警总数，只有一个"，这是对美国反恐体系的口是心非和冷酷控诉。而接二连三的剪接老布什及小布什接见沙特阿拉伯政治经济人物，造成的不仅仅是视觉上的眼花缭乱，更是堆积的对真相的追索（见图6-6）。摩尔本人在镜头前出现时一贯都是笑眯眯神情，作为出镜的导演，与其影片中的布什形象（见图6-7）形成讽刺对比。

图6-6　摩尔在沙特大使馆前对经济学家进行采访

图6-7　布什访问小学期间得知9·11事件时的表情

《华氏9·11》中最后一段的评论更是直击了问题的关键所在，以犀利的言语对于布什政府进行批判。

解说词：当然，没有任何一个国会议员，愿意为了伊拉克战争牺牲他们的孩子。谁又能怪他们呢？谁会愿意让自己的孩子送死呢？你会吗？他会吗？我一直对于那些被迫住在城市最差地段的人感到惊讶。他们上最差的学校，生活得最困难。但他们总是第一个站出来保卫那些令他们受苦受难的系统，他们为了我们而服役，所以我们就不必去了。他们愿意献出自己的生命，而让我们获得自由。他们给我们的礼物是非凡的。而他们想要的回报，仅仅只不过是不要在不必要的情况下送他们去最凶险的地方，他们会再相信我们吗？

布什：他有用过哪些武器？

官员1：我们知道他们在哪，他们在巴格达附近的山区里，边境的东南面。

赖斯：伊拉克与"9·11"事件有着联系。

官员2：他们的挣扎只有在受到永久性的毁灭之后才会停止。

布什：我们为了人类文明而发动战争，我们并不是为了战争而战争。但我们会战斗到底，而我们会最终得胜的。

解说词：乔治·夏威尔曾说过，战争是否开错车并不重要，胜利是不可能的，战争是不应该持续下去的。一个等级社会的存在是建立在贫穷和无知的基础上的，现在这局面就是重复过去，跟过去的历史没有什么不同。大体上说，发动战争的目的就是保证社会处于饥荒的边缘。战争是统治集团发起的用于达到自己目的的工具，它的目的不是要赢亚洲或东亚，而是为了维持当今社会结构。

布什：田纳西州有句老话，德克萨斯州也有可能有：你骗了我一次，你应该感到羞愧。就是说，被骗了一次就不会再受骗。

解说词：这一次，我们的意见相同了。

记者以解说词的形式指出了为国家牺牲和献出生命的人是在美国生活艰难的，而真正鼓吹战争的人却没有让子女去参战，讽刺意味极强，再引用乔治·夏威尔的话，指出战争的目的是为了维持当今社会结构。在影片的最后，导演刻意截取了布什演讲中的一句话，布什说："田纳西州有句老话，德克萨斯州也有可能有：你骗了我一次，你应该感到羞愧。就是说，被骗了一次就不会再受骗。"解说词说道："这一次，我们的意见相同了……"

随即画面定格并响起了激昂的片尾曲。不得不说这个结尾的精妙之处就在于瞬间的戛然而止却又耐人寻味,导演在结尾处再一次表明自己的态度,表示不会再受欺骗。幽默感十足,但在其中我们不难体会到讽刺的味道。

第三节　自我揭示型出镜记者:《我要超大号》

自我揭示型纪录片是指"记者以自己亲身的经历,运用科学合理的方法和技巧,去揭示一种在事物背后真相的纪录片"。自我揭示型的纪录片,有其特定的社会功能和社会内涵——对社会议题进行积极发掘和报道,将社会上的一些棘手的问题暴露于电视机前,让观众们亲眼看到问题的严重性。在这种纪录片中,记者扮演着重要的角色,是整个记录的体验者,也是事实的揭露者。

《给我最大号》是美国揭露麦当劳的纪录片,导演以自己为测试者进行30天只吃麦当劳的测试,以此让人们了解快餐文化的危害。在影片中导演斯普尔洛克,同时也是本片的出镜记者。他站在一个测试人的角度,亲身经历了吃麦当劳30天的变化。以一个平凡人的视角,观察采访美国大多数肥胖人群的习惯和对快餐食品的态度。同样他也站在一个挑战者的角度,以精确的数据挑战麦当劳,指出麦当劳食品对身体百害而无一利。他采访了许多专业人士如医院医生、大学研究员、营养学家等来佐证他的结论。

一、自我揭示型纪录片中的出镜采访

出镜采访是自我揭示型纪录片所不可缺少的一部分,由于自我揭示型的纪录片需要为观众带来较高的参与感和现场感,而记者的出镜恰好可以满足这两点的要求。出镜记者可以为观众带来身临其境的感觉,同时,也为现场的环境做出了更为准确的报道和分析。

在《给我最大号》中,记者以一个测验者或是"小白鼠"的身份出现。他是纪录片中的核心人物,在30天的体验中,记者的每一次出镜都为观众介绍了准确的时间与地点。并且,随着时间的推移,记者一步步地向观众展

示自己最真实的感受。观众的思维是跟着记者展开的,体验感十足,就如同自己在现场一般。

(一) 多方采访的集合

在《给我最大号》中,出镜记者摩根既需要介绍肥胖问题,又需要采访,还得在自己身上进行实验,把整个吃麦当劳吃到吐的疯狂举动完完全全地、原汁原味地、真实地表现出来。其采访的对象有营养学家、医学家、权威人士、政府人员、肥胖女孩、立志减肥的人士,等等。

正是对与事件有关的多方人士进行采访,从而得到更为公正、可靠、真实的信息。在以下的采访中,我们可以看见记者多方面选取对象进行采访。

记者:你吃过快餐吗?

路人甲:刚吃过了。

记者:是吗?多久吃一次?

路人甲:大概两星期一次。

路人乙:一个星期三四次。

路人丙:在法国吃过,但是在这里没有,我不喜欢这里。好像不是很干净。

记者:你最喜欢的地方是哪里?

路人甲:温迪屋。

路人丙:MCDO。

路人乙:墨西哥玉米城,离麦当劳很近。

记者:你喝过超级可乐吗?

路人丙:没有。在法国,这里很小的一杯都是超大号。就是很小的一杯我也不会喝的。

记者:这里是有规则的。1. 当他们问我的时候我要选择超大号。2. 我只吃麦当劳买的东西。水也是。3. 要是麦当劳不卖,我就不能吃。4. 要吃完那张单子上的东西。5. 一天要吃三顿,早餐、中餐、晚餐。

这段采访是在唐人街上进行的,采访背景始终是身后一家中文招牌的麦当劳。采访对象也五花八门:法国女孩、身形肥胖的男孩,以及年纪稍长的成年人。记者对于这三个受访者问出基本上相同的问题,得到的回答却是各式各样的。记者进行多方面的采访,为观众提供的是不同的观点,更为真实。在这段采访的最后,记者很自然地将问题引导到了关于"大号"的问题上,为以后的采访进行铺垫。

(二) 正确的把握人物

记者在采访中,对于采访技巧的正确使用会使整个采访更加有效率。在《我要超大号》这部纪录片中,出镜记者摩根总是以一个亲民、普通、幽默的形象出现在镜头前。无论是对专家,还是对街头随机采访的路人,还是对在麦当劳里就餐的食客们,摩根总是能迅速地与他们打成一片。只有了解受访者的心理,如同朋友一般与他们相处,才能得到更为真实的信息。

在以下的这段采访中,就可以看出这点。

……

工作人员:多少?

记者:多少才是问题。

工作人员:我们总是问多少。他举起几个手指,就是了(意指丹总是用手指告诉工作人员自己需要多少个巨无霸)。

记者:经常是多少?

丹:目前只是一次,只要我拥有一辆车,头一个地方就是来这,我买了三个巨无霸,吃掉了,我很喜欢吃,晚上大概5点回来了,我又买了三个,都吃光了,11点他们打烊前又来了,又吃了三个,所以我来这第一天就吃了9个巨无霸,当时就像我吃不够汉堡似的,巨无霸太好吃了,所以我第一个月就吃了265个。

记者:通常你一天吃几个?

丹:两个,去年我吃了741个,一天不止两个,这就是说我有时一天吃三个,不过那是因为汉堡变小了,可能我的多数固体食物就是巨无霸。那个停车场,就是在那我问她(玛丽·格斯特,丹的妻子)想不想结婚。这个地方很特别,很多原因。

记者:是的,是的。

丹:1984年我吃了一个超级巨无霸汉堡,一个家伙出5美元要我吃个超级巨无霸,吃完后,拿着5美元到了麦当劳,我又买了几个巨无霸。我经常取笑那些工作的人,他们说,我在变胖。我说,你该试试格斯特食品。他们不喜欢。这是块完美的三明治,至少我是这么认为的。

记者:它要咬19000次。

丹:我老婆说,把它们放到搅拌机里时就完蛋了,她就是这么对我说的。

记者:巨无霸帅哥。

在一段关于丹·格斯特——一个麦当劳狂热爱好者——的采访中,他说出了他和麦当劳的不解之缘以及他对麦当劳的热爱程度。在采访中,丹是主要的叙述者,记者没有打断丹的讲述,反而是如同一个老朋友一样听丹的叙述。并且在采访接近结束的时候,调侃地称呼丹为"巨无霸帅哥"。

(三)恰当的采访时机

《我要超大号》中,对于采访时机的把握是准确的。记者在对现场进行了充分的观察后,准确地找到了关键的点,在最为合适的时间、地点进行了采访。

尤其是以下在学校食堂的这段采访(见表6-8),在学生就餐的时间进行采访,更是现场感十足。

图6-8　为学生就餐所准备的食物

表6-8　记者在食堂展开全面采访的场景

序号	画面	声音
1	学生在学校食堂就餐	画外音:有一个地方,快餐冲击越来越明显的就是在学校。
2	记者对一名学生进行采访	记者:我能拍你吃的午餐吗?这里有饼干、馅饼,吃不吃?不吃?调味番茄酱?(见图6-7)
3	食堂提供的食物,工作人员	记者:通过食物看,你觉得孩子们的午饭选择是对的吗?工作人员:我们教他们如何做出正确的选择。

续表

4	记者采访学生、工作人员	记者：这些东西你自己选的？ 工作人员：洛丽,你和别人分的？不,都是你自己的？
5	工作人员	记者：有多少人在这吃？ 工作人员：很多。他们喜欢吃三明治之类的。
6	两名取餐的女学生	学生1：我要烤饼,有吗？ 记者：整个午餐就要这些吗？ 学生1：我还要喝牛奶,这是我的钙和蔬菜。 学生2：我要烤饼。
7	记者采访工作人员	记者：你不觉得你应该带走一些,我喜欢瑞士卷饼,我以前一次吃好几包,午饭提供这些,这不是让孩子们做错误的选择？ 工作人员：不,这,我不信,因为就像你看到的,孩子们不只是吃这一种,孩子们不会要两三片…… 记者：但她都买了这些。 工作人员：但是并不意味着她会去吃,不信你跟着她去餐桌看看。 记者：我们看看洛丽吃了没有。
8	学生们就餐	画外音：这就是学校没有注意到的方面,学生带油炸条,可能真的带一包的快餐食品,很可能,可能带一些来和别的人分享,看不到,也想不明白。
9	学生就餐	记者：你是不是带了一包,还是这就是你的午餐？ 学生：我带来的。 记者：你带来的,这么说你带了可乐？好了就这样。
10	记者采访工作人员	工作人员：带了可乐,别的就不要了,我们这里没有苏打水,但是我们又给他了。 记者：我能看看你的柠檬水吗？但是(柠檬水)也含有糖36克乡村报上面写了,有36克,(柠檬水)和碳酸水一样,幸好没有咖啡因但是还有糖。 工作人员：这个问题你就要去找芭芭拉·布朗谈谈了。
11	芭芭拉·布朗在索迪德斯豪集团的学校食堂	画外音：学校周围开垦为农场,用来喂养你的孩子,索迪德斯豪集团提供超过400所K12的校区,面向全国范围每天都提供大量食品包括快餐蛋糕、饮料、糖果,给你的孩子,他们也在监狱里经营,给全世界几千名囚犯提供食物。

续表

| 12 | 学生取餐,工作人员 | 芭芭拉·布朗:我们期望的是,通过营养教育,学生在没有严格接受到限制购买的时候,能够学会正确地选择食物。 |

这段采访是发生在学校的午餐时间,采访的主要对象有就餐的学生、工作人员、区域代表。在这段采访中,记者选择了正确的采访时机,让我们看到了快餐文化对于学校的冲击,孩子们吃的是高热量和易于发胖的食物。

二、自我揭示型纪录片中的出镜报道

记者的出镜报道可以增强现场感,可以详细地对于事件进行还原,同时对于所处的背景进行介绍,从而更好更真实地进行报道。

在自我揭示型的纪录片《我要超大号》中,记者在片中多次出镜,为观众介绍时间、地点,向观众告知每个时间自己的真实感受,同时也对相关的人员进行采访。

(一)体验型的报道方式

《我要超大号》记录了年轻的美国导演摩根·斯普尔洛克的饮食故事,他把自己的身体当成小白鼠做了一个实验:连续30天,他只吃麦当劳卖的东西,包括喝的水,在连续坚持30天之后向大家展示他的"成果"。纪录片让美国人民亲眼目睹了美式快餐对健康的危害!

在影片中,为了保证实验的真实性,有3位医生(心脏内科、消化内科、营养科)进行监督,并不断检查他的健康状态。每一次的健康检查都被记录下来,包括具体的身体指标的变化、医生的建议等。这种全程的拍摄,体验感强,真实性高。

在影片的开头,记者曾有过这样一段的介绍。

记者:我是说要是我30天只吃麦当劳,那会怎么样呢?我会突然有变成一个肥胖美国人的轨迹吗?会有不合理的危险吗?让我们来看看。我准备好了,我要超大号。

……

记者:我知道要是我准备去做这个,我需要一些严格的医务监督。我找的不只是一个,我找了三个——一个心脏专家、一个肠胃专家,还有一个营养科医生。

主人公兼记者的摩根出镜在街头,引出纪录片主题。就如同一位导游一般,向游客细细地介绍着有关这部纪录片的一切。"让我们来看看""我准备好了"这样简单的词语,给人的感觉是如同亲身经历的一般。在随后的身体检查中(见图6-9),记者更是邀请了三位医学专家,在检查中和医生兴奋地聊天,告诉观众自己真实的感受。

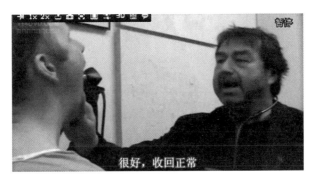

图6-9 医生为摩根检查身体

(二)过程化的报道思路

《我要超大号》记录下的是一个完整的实验,在这个实验中涉及方方面面的人物和细节。作者在叙述时,主要以时间顺序为主。

影片以一首关于快餐的儿歌开头。许多的美国儿童围坐在一起合唱。随后拍摄美国国旗,开始引出对美国大车、大房子、大公司、大食物的拍摄,最后引出纪录片中超重的人们在沙滩上肥胖的身体的拍摄。并用图片分析美国肥胖的情况、青少年肥胖情况以及美国最胖的州密西西比的情况。用大量的精确数字来对目前美国居民肥胖的现状和麦当劳的无处不在进行说明。

构成影片说明主体的则是,摩根进行的实验。在实验的30天中,摩根几乎每天都对自己的状态进行详细的描述。同时,去医院进行各项身体指标的检查,连续地关注着自己身体的变化。

在影片的最后,记者进行了总结。并且播放各种实验案例来列举垃圾食物的危害及告别垃圾食品的人们身体的良性变化。

当然,影片也并非是一个纯实验的过程。在影片中,作者对于大量的人物进行了访问,从而一步步地揭示了麦当劳对于美国人的影响,无论是从身体上还是心理上。摩根为了使纪录片更加真实全面,对于美国的其他地区也进行了调查走访。

(三)准确的细节捕捉

纪录片中,细节的捕捉会使影片更加丰满。它们可以使影片的真实性更强,更具深意。这些细节,可以是具体而精确的数字,也可以是颇有内涵的特写,还可以是人物瞬间的表情。我们可以看出,细节的捕捉有利于更好地表现纪录片的主题。《我要超大号》中,我们可以看到许多细节上的捕捉。如下表中的这一片段

表 6-9 对美国肥胖现状与原因的调查

序号	画面	声音
1	用图片分析美国肥胖的情况、青少年肥胖情况以及美国最胖的州密西西比的情况。	解说词: 从 1980 年起,美国总肥胖人数是双倍的,有两倍(意指双倍增长)超重的孩子,三倍(意指三倍增长)超重的青少年。美国最胖的州是哪个? 密西西比,四个人当中就有一个是肥胖的。
2	播放导演母亲之前做饭以及游玩的照片	解说词: 我是在西弗吉尼亚长大的,现在是美国第三大肥胖州。当我长大的时候,我妈妈每一天做一顿晚餐。在我的记忆里,她就是一生都在厨房里,我们从来不出去吃,只有偶然几次而已。
3	快餐店人们吃快餐的情景和肥胖者腰部特写	解说词: 现在的家庭经常出去吃,并且他们支付的不只是他们的钱夹,还有他们的腰身。
4	一个吸烟的男人特写	解说词: 现在在美国肥胖是仅次于抽烟所引起的死亡的原因。

续表

| 5 | 情景:包括生病的人们、两个形象的上诉女孩的图片、遍布街头的快餐店、美国快餐在全球蔓延的图表、麦当劳在医院分布的特殊拍摄、麦当劳律师辩解的图文资料。 | 解说词:
每年有超过400000人是跟疾病有关系的。在2002年,有一些美国人受够了肥胖,并且做了我们所做的。他们控告了那些混蛋那些开快餐店公司的人,并且责怪他们的肥胖跟疾病(与快餐有关)。在纽约有一个替两个女孩的诉讼。一个是14岁,4英尺10英寸,170磅,另一个是19岁,5英尺6英寸,270磅,不可想象的事情变成了事实。人们控告那些卖食物给他们的人,我们中的大部分开始不是这样的。然而每天,四个美国人当中有一个会去一间快餐店,并且这不仅只是在美国是这样的。在全球都是如此,麦当劳在6个大陆100多个国家里有3000多家连锁,并且每天有四千六百万人次(消费),比整个西班牙人口还要多。光是在美国,麦当劳就占有43%的快餐店的市场。它们到处都是,市场、机场、休息处、加油站、火车站、购物广场、商店、娱乐场所,甚至是医院。是的,医院。当心脏跳动的时候。至少你很接近,麦当劳的律师轻佻地说食物危险的普遍性应该是普遍知道的,并且这些孩子没有表现出他们的体重问题及健康问题只是单独由麦当劳引起的。审判员说,要是孩子的律师可以表现出麦当劳食物是人们每天吃的食物,并且有不合理的危险,那就可以得到胜诉。食物公司会因为它们的流行而受责备吗?哪些该公司负责,而不是个人负责?快餐真的对你有害么? |

图6-10 以漫画的形式表现麦当劳席卷了全世界

在以上的片段中,我们可以看到许多细节的描写。我们可以看到准确的年份,可以看到具体的数字,可以看到惊人的百分比,还可以看到别有深意的特写镜头。在这些细节的背后,传递的是作者对于现状的担忧。同时,通过这些细节的展示,给观众带来的是真实的感受。

三、自我揭示型纪录片中的出镜评论

在纪录片中,客观公正的评论是对于主题的升华,是纪录片吸引观众的重要原因。精彩的评论,也会引起观众的共鸣。当然,作品的评论可以以多种形式出现,如解说词、受访对象或者记者直接的出镜评论。总体而言,出镜评论的形式更为简洁、直接,给观众带来的冲击力也是最大的。

在《我要超大号》中,记者的出镜次数较多,他是整部影片的核心和关键人物。其评论的话题主要是围绕着麦当劳对于现在美国人的影响,这种影响是生理上的,也是心理上的。而关于这个问题的评论,除了记者的观点以外,还有受访者的观点。从某种角度上来说,记者和导演借着受访者的嘴巴说出了自己的主要观点。

(一)平民化的评论视角

《我要超大号》中,关注的是与美国的公民密切相关的健康问题。从这样的主题出发,记者在进行评论时应从广大民众的立场和角度上作出客观公正的评论和判断。在以下记者采访中,我们可以看到记者在评论麦当劳公司关于广告的投入时,对最为单纯的孩子进行采访,从而得出的结论也是最容易引起大家深思的。

表 6-10 记者对孩子们的采访场景

序号	画面	声音
1	记者给几个孩子做了测试,最终得出的结论是孩子们对于麦克·唐纳的印象远远高于其他名人,而且很喜欢麦克·唐纳。	玛格·乌特恩:到孩子能讲话时,大多数都能讲"麦当劳"。 记者:我会给你们看几张照片。你们来告诉我照片上的人是谁。 孩子1:好的。 记者:这是谁?你不知道? 孩子:乔治·华盛顿。 记者:是,他是谁?

续表

	多用近景和特写,固定镜头拍摄,表现出了孩子的天真,也说明了麦当劳公司营销广告的成功。	孩子们:他是第四任总统,他解放了奴隶,他从不撒谎。 记者:他是谁? 孩子们:不知道,我不知道,不知道,我不知道,乔治·布什? 记者:不是,不过猜得很好。这个是谁? 孩子们:我不知道。金凤花?我知道,不过忘了名字。 记者:是吗?你在哪儿见过她? 孩子:广告上就有。温迪。 记者:这个是谁? 孩子:麦克·唐纳。罗纳德·麦克·唐纳。 记者:这是谁?麦克·唐纳。 记者:他是干什么的? 孩子们:我在收银机那帮助人。他在麦当劳工作,我喜欢他们的薄煎饼和香肠。他把自己的朋友都带到麦当劳吃开心大餐。 记者:你在哪儿见过他?电视上,广告里。他是广告里的人,电视上他很好玩。
2	用动画的方式形象生动地表现出不同公司投资力度的不同。	解说词:公司耗费几十亿美元,为了让大家知道他们的产品。2001年,每天广告投资,包括电台、电视。出版物上,麦当劳全球花费 1.4 亿;在媒体的直接广告上,百事可乐花费了 10 多亿;在它的糖果广告方面,郝希食品全球花费不超过 2 亿;在它的巅峰之年,"每天五个"蔬菜水果运动总共在媒体上投入的广告预算低于 200 万美元。整个糖果公司(投放广告)100 次也超不过直接媒体投资。
3	被采访者说明投资多少与销售多少之间的关系。	同期声:想想食品的营销,T恤,优待券,儿童玩具,免费品尝快餐、饮料,通过各种途径,在市场上,食品都是一样的,广告投入最多的食品是消费最多的,毫不奇怪。

在以上的这段采访中,记者以幽默平和的心态对孩子进行了采访。我们可以看到的结果是,孩子们不认识耶稣,但是都可以认得出麦克·唐纳。这样的对比,在观影者的内心带来了冲击。从而进一步说明了不同公司投资力度的不同,对于民众的影响力度也是不同的,麦当劳等公司在广告上

的投资是远远高于健康食品公司的。选择这样的评论视角,从大众可以接受和理解的最简单的点入手,一步一步地深化,最后得到结论。

(二)聚焦健康问题

《我要超大号》聚焦的是当下美国人的肥胖问题,探索这个问题的产生是否与麦当劳有着一定的联系。在这部影片之中,我们可以看到作者对于健康问题的关注,尤其是对于孩子健康的关注。影片中,作者曾经到学校进行采访,面对面地与孩子交流,并且对学校食堂的工作人员、学校老师、校长等人物进行了采访。

在以下的这段采访我们可以看出记者对于健康问题的关注。

> 画外音:这是私人学校,这些是在公立学校"惹麻烦的孩子"。在威斯康星州,他们吃得很好,花费都一样,就像别的学校的午餐一样,所以我的问题是,为什么大家不这么做?
>
> 基金会成员:有那么多的对垃圾食品公司的反对,这些公司目前从学校捞取巨大的利润,他们不想放弃学校这块肥肉,他们想在那沉迷学生的生活。特别是那些自吹它们怎样对美国教育做贡献的非酒精饮料公司,实际上,它们所做的是从这些人那里剥削钱,而不是为他们捐献钱,因为这些公司,并不会把钱压到那些机器中去。这群人都是孩子,他们的钱来自于父母,不是把钱直接投入到教育中,而是这些饮料公司捞走,最后大发横财。
>
> 学校董事会代表:我们在校区禁止销售饮料,这里显示学生需要多少的糖,每周需要多少碳酸水,而没有计算到他们另外吃的食物里的含量,很多的公司还真的反对这种禁令,理由就是会损失国家的收入,但这不是钱的问题,不是经济的问题,而是健康问题。

在上面的这段采访之中,影片的作者没有直接出镜进行评论。但是,他借助画外音这种方式表达了自己的观点。而紧接其后的两个采访中,我们可以看到来自于受访者的观点,而这个观点与作者的观点是相同的。可以说是回答了记者所提出的"为什么大家不那么做"的问题,指出了健康的重要性并不是金钱可以衡量的。

(三)严谨、客观公正的表达

在自我揭示型纪录片中,记者评论言语的表达应该是严谨、客观和公正的。以事实说话,最大限度地保持纪录片的真实性。《我要超大号》中摩尔是站在中立的角度上,为大众说话而不是因为一己私利。其评论是基于一定的事实调查上的,是真实客观的评论。在摩根的评论中,我们也可以看到幽默讽刺的语言。从以下的这段采访,我们就可以了解。

记者:营养方面的资料,你们是否有?这些折叠的东西里,有营养资料?没有?那会在哪里?前面?但是他们听了很多多拉索探险生活的事。

工作人员1:我去看看。

记者:太酷了,谢谢。

工作人员2:再等一下,我找不到小册子。你可以看墙上的那个。

记者:但是不能带走,是不是?

记者:你们有墙上的吗?

工作人员3:他们现在只有广告宣传单。以前有,他们现在不再挂上去。

记者:为什么?

工作人员3:不知道。

解说词:在曼哈顿,只有一半的麦当劳店会把营养资料贴在店里,有些有外卖营养表,四分之一(的麦当劳店)什么都没有(意指没有营养信息)。这位好心的经理给我们拿来了这份贴在墙上的营养表,是(用于)地下室的。

记者:没有一个我可以带走的。就像外卖一样。知道什么时候才能再次有这些报纸吗?

工作人员4:不知道。

解说词:在华盛顿,约翰·巴泽夫和我找遍了麦当劳的店,找营养资料,然后我们终于找到了。

记者:终于找到了,在这后面,你永远也看不到。

约翰:就在那后面。

约翰:别争,人们应该担心他们自己的责任,而不是不给他们资料。

记者四处寻找麦当劳的营养信息,最终在宣传画的背后找到了可以带走的营养信息表。影片中重复出现在不一样的麦当劳里,记者不停推门进入和寻找营养表的场景,说明了营养信息表的稀少,被询问到的工作人员也十分慌张。从这些镜头中我们可以看到记者所得出的结论是经过实地采访和调查的。而约翰的评论话语更是直指问题的要害,颇有讽刺的意味。

第七章　非新闻类节目的出镜记者

　　非新闻类节目包含的范围比较广,一般是新闻类和文艺类节目范围之外的其他节目。在我国,非新闻类节目的题材十分广泛,其表现形式多种多样,既有传播信息的作用,又有供人们欣赏娱乐的作用,但它的基本社会功能是提供服务和教育民众。

　　世界发达国家一般将电视节目分为新闻、公共事务和娱乐三大类。在公共事务节目中包含了社会服务和教育的内容,也相当于我国的非新闻类节目。美国的电视节目虽然商业气息浓厚,但美国的公共电视的内容还是侧重于提供社会服务和教育的。始建于 1955 年的芝加哥 WTTW 电视台的使命即是:"教育、启迪和鼓舞公众,满足公众在公共事务、教育和艺术方面的利益和需求。"

　　人们愿意去找寻一个没有太多利息关系的朋友或者干脆就是"陌生人",出镜记者观点的阐述甚至服饰发型的呈现,也能够满足受众寻求印证的心理。[①]"我们深深地需要一种附属感,要有一种属于我们的文化和我们的社会感觉,感到我们的周围环境和生活方式中有一定程度的稳定和亲近。"[②]出镜记者的存在,使媒体从高高在上的神坛上走了下来,用一种平视的眼光与观众进行沟通和交流,进行信息的传递和分享。这种情感的维系一旦建立,就会产生良好的社会效应。对出镜记者所在的媒体而言,也赢得了十分稳固的收视群体。

[①]　曾志华.中国电视节目主持人文化影响力研究[M].北京:北京大学出版社,2009:20.
[②]　【美】威尔伯·施拉姆,威廉·波特.传播学概论[M].陈亮,周立方,李启译.北京:新华出版社,1984:34.

第一节 生活服务类节目:《美食宝典——西施故里》

生活服务类节目,立足于日常实际生活,以服务百姓为宗旨,按节目形态主要分为综合型生活服务节目和专题型生活服务节目。综合型的生活服务节目服务项目多,涉及日常生活的方方面面,多以人们在日常生活中经常碰到的问题、疑惑、矛盾以及日常消费、生活常识为主要报道对象,节目针对居家过日子所必备的知识、资讯、观念,来构建节目内容。而专题型生活服务节目只为受众提供某一方面的具体服务,其内容单一而集中,观众收看的目的性强。

生活服务类节目自20世纪末发展起来,以中央电视台第二套节目中《生活》栏目的创立为标志。多年来,经过广大电视工作者的不断探索,我国的生活服务类节目在发展中逐渐改进完善,呈多样化发展趋势,具有时代性、娱乐性、知识性等特点。我们以专题型生活服务节目《美食宝典》之《西施故里》这期节目为例来分析生活服务类节目中出镜记者出镜采访、出镜报道和出镜评论等方面的特点。

一、生活服务类节目中的出镜采访

生活服务类节目主要服务于日常生活,因此记者展现给观众的状态应该是轻松自然的,使用口语化的语言和随和的动作,不同于新闻主播的严肃、端庄、字正腔圆。此外,记者应深入生活、深入百姓,了解大家的所欲诉求,将大家需要的感兴趣的生活内容积极呈现出来,方可达到节目效果。当然,记者还需要具备专业知识、广泛的生活常识,特别是对全国各地的风土民情有一个深入的针对性的了解和研究,以便在节目中向观众呈现出全面丰富、能够激发观众兴趣的节目内容。

(一)出镜记者的角色定位

出镜记者在电视节目中扮演叙述者和受述者的双重角色。作为叙述者,记者主要负责结构讲述和解释评价,引导观众了解节目的主要内容。而当出镜记者扮演倾听者的角色时,即由叙述者变为受述者,这时观众可以从采访对象的话语中获得更具真实感、亲切感的节目内容。

在节目录制前期，记者要认真思考自己的角色定位，以便在不同的时候及时转变角色。从本期节目中我们可以看到，出镜记者首先作为叙述者即向导性质的角色，每到一个地方，他都会先简单地介绍一下当地的地理位置以及人文风情，让观众对此行的目的地有初步的了解，再由此延伸到最终目的，就是寻找当地的美食。而在寻找的过程中主持人就会采访多位当地居民，这时他自然从叙述者转变成受述者，以当地居民的语言感受为主要内容。如下采访就很好地体现了这一点。

记者：但凡这个小吃店要排队买呀，一定是生意呀口味呀都不错，很多人在排队，小朋友也在排队。你喜欢吃这儿的包子吗？

小朋友：喜欢。

记者：经常来吗？

小朋友：经常来。

记者：今天跟谁来的？

小朋友：跟妈妈。

记者：那个，孩子妈妈，打扰一下您，您经常来这儿吃包子是么？

妈妈：经常来的。

记者：这地儿有什么馅儿的？

妈妈：肉馅儿的、菜的、南瓜的。

可见，记者只有在明确自己的角色定位后，把当地居民的评价作为介绍美食的主要途径，在等候买包子的长队中向一对母子提出问题。问小朋友："经常来吗？"得到的答案往往是可靠、值得观众信服的，而同样的问题又问了成人，得到肯定的回答说明这包子的口味是老少皆宜的，记者借当地人之口就充分地展现了这家小吃的美味程度。

(二) 出镜采访的情景再现

出镜场景的选择看起来非常简单，其实非常考验记者的综合职业素养。什么是有价值的信息？（考验记者对新闻现场的判断能力）怎么把有价值的信息有序表达出来？（考验记者的新闻语言组织能力）镜头运用上能实现何种效果？（考验记者对新闻摄像的认识深度）这些都要一一考虑。一个好的出镜记者应该在报道现场纷繁的各种信息中找到一个适合镜头表现的有效信息交汇点，然后适时地站上去。许多看似毫不相干的信息其实都有内在的必然联系,而这种联系有时往往带来如化学反应般的奇妙效果,有一双善于发现有效信息交汇点的慧眼,出镜记者才能更好地驾驭复杂的新闻现场。

在本期节目中,情景再现主要是通过采访对象了解某事物的产生发展过程,以加深观众对其的理解,减少陌生感。在本期节目中,记者就是通过在河边对河蚌养殖户的采访,介绍了珍珠的产生过程、"珍珠之乡"的由来,以及河蚌的吃法(见表7-1)。

表 7-1　记者到珍珠养殖基地进行采访的场景

序号	画面	声音
1	画面转到主持人乘船在湖中	在接下来的美食之旅中,小东又有了新发现,新奇的采珠之旅,美味的蚌肉大餐,诸暨,珍珠之乡,准保让你流连忘返。
2	画面转到主持人外景解说	这里是山下湖淡水珍珠养殖基地,其实诸暨这个地方呢,不仅是西施故里,也是中国的珍珠之乡,各位您往这儿看,这水里全是珍珠啊。
3	画面转到山下湖外景	诸暨山下湖淡水珍珠养殖基地,是全球最大的淡水珍珠集散地,年产珍珠能达到600多吨,占全球淡水珍珠总产量的70%,早在1996年这里就被国务院命名为中国珍珠之乡。
4	画面转到主持人乘船在湖中	主持人:是这儿吧? 居民:是这里。 主持人:这都是你们家养殖的珍珠啊? 居民:对对。 主持人:赶紧捞上来让我看一看。哇,这么大的贝壳啊。这是我见的最大的一个贝壳了,里面有珍珠吗? 居民:有的。 主持人:各位,您上眼。您看,这是刚刚打开的,这蚌壳里面,这边有一二三四五,这里面还有很多,你摸一下,全是疙疙瘩瘩,全是珍珠。这个最大最亮,你看,这边还有,这个很大,师傅就这么往下抠着摘吗? 居民:对对对。

续表

		主持人:我能摘一下试一下吗? 居民:能摘。 主持人:你看你看,一抠就下来了,哎呀,这个已经很漂亮了,我觉得。 居民:这些我们要去洗一下,还要加工呢。 主持人:加工之后才能成为那些饰品啊,太好了,珍珠采下来之后,那些蚌肉怎么办? 居民:蚌肉买回去,有人买回去做菜吃。 主持人:有人拿这个做菜吃,这倒可以,珍珠加工完之后给姑娘们戴,蚌肉可以我们吃。
5	切换到菜盘	老乡:这是我们山下湖的鲍鱼,它的营养价值,它的味道都是非常不同的。
6	画面切换到外面的珍珠店里	画外音:服务提示,如果您到了诸暨山下湖,除了体验亲手采摘珍珠,品味鲜美的珍珠蚌肉之外,还可以到珍珠批发中心,选购物美价廉的珍珠饰品!

(三) 出镜采访的细节捕捉

电视是通过记录二维平面来反映真实的三维世界,跟现实有很大的差距。画框外事物的嗅觉、味觉、触觉等感觉是电视没有办法记录的,甚至弱小微妙的声音、物体的细部等,使用平常的电视技术手段也难以展现,而所有这些都是一个完整的新闻现场不可分割的一部分,甚至在某个新闻现场是主要有效信息。所以能不能捕捉到"画面外"的有效信息画面,有时对于出镜来说至关重要。

在出镜采访过程中,一些对细节的捕捉往往能起到画龙点睛的作用,能够引起观众注意,触动观众的内心。在本期节目中,出镜记者的一些动作就起到了这样的作用。

场景一:

主持人:大叔,我跟您打听个事儿,咱们这个村子里有没有那个西施豆腐?

居民:有的,家家都有。

主持人:太好了,总算找着了,这样,你带我去一家,哪家做得比较好的?

居民:好的,我带你去好了。

主持人:<u>带我去,太好了,这个我帮您扛,走。</u>

图7-1　记者在寻访中找到一位带路人,顺手帮老乡扛起了锄头

场景二:

主持人:走,阿婆。西施豆腐好了,可以吃了。<u>来,坐着阿婆,咱们一块尝一下</u>。尝一下您手艺如何。这个西施豆腐呢,入口第一感觉就是很香,但是光是豆腐,尤其是这水豆腐不会这么香,因为它里面有肉末和鸭血跟豆腐一块儿,同时呢又勾了芡,同时这么熬这么去煮的话呢,这个香味充分弥漫在整个汤汁里面。阿婆,您这个芡勾得很好,不稀不稠,恰到好处,除了香、滑,还很嫩,回味呢有点咸味,<u>阿婆,咱接着喝</u>。

生动的细节最能够表现真实,最能够打动人。节目中记者随手帮大叔扛起锄头,和阿婆一起坐在桌边喝豆腐汤,表现出记者和当地居民的亲密无间,也体现出当地的民风淳朴,使观众在观看节目时增加信任感和投入度。

二、生活服务类节目中的出镜报道

传播学大师麦克卢汉(Mavshall Mcluhan)曾把电视归入"冷媒介"之列,在麦氏的理论中,冷媒介是需要观众或使用者去完成大量东西以丰富自己对信息的理解的。而电视媒介由于热衷于表现过程和复杂内容,因而它是"冷"的程度比较高的媒介,它会尽量要求受众有行动上的反应。电视图像几乎每时每刻都要求我们用感知去介入,这样的参与是包括视觉、听觉、感觉甚至嗅觉、触觉在内的全方位总动员,而且各方面相互作用,共同完成受众对电视节目的接受与理解。

电视对于日常生活中观众感兴趣的生活内容进行报道,目的是为了提高百姓的生活质量,使大家的平凡生活更富于知识性和趣味性,提高人们衣食住行等方面的生活能力。出镜记者在报道现场去看去闻去听去感受,并用自己的语言和行为将它们展示出来,易于观众理解和接受。

《美食宝典——西施故里》这期节目主要是通过访问式、参与式和记录式的报道,从而向广大美食爱好者介绍美食及其制作方法。

(一)访问式出镜报道

本期节目在介绍西施故里的名吃臭菜时,主要是通过记者和当地人的对话完成的。记者的提问引导和当地人淳朴的回答,向观众详细报道了"臭菜"这个名字的由来、它的原材料以及制作方法等。

场景一:

主持人:嘿,师傅,我问一下啊,咱们这儿,有什么好吃的东西给我介绍一下。

路人:好吃的东西多了,像我们上虞这里,有那个白带虾,还有那个小龙虾,还有那个叫做鞭笋竹笋,哦笋!还有那个就是臭菜,我们这里最有名的就是臭菜,每家每户都在吃的。

主持人:臭的菜啊。

路人:诶,对!

主持人:那怎么吃呢?

路人:那这个讲起来,讲不完啊,你只要自己尝到了,就明白了。

主持人:那菜都臭了,那玩意能吃吗?

场景二:

主持人:你好,阿婆!

阿婆:啊!

主持人:忙着呢。

阿婆:嗯,忙着呢。

主持人：我问一下，这不就是那个苋菜吗？

阿婆：嗯，这个菜好吃。

主持人：好好好！

阿婆：用它来做菜吃下饭好。

主持人：那个臭菜都是拿它弄臭的，是吧。

阿婆：对！

主持人：那我闻着很香，怎么会臭呢？

阿婆：嗯，很香很香。做饭好。

主持人：它怎么会臭呢？

阿婆：那要霉过的，霉过才好吃……

以对话这样一种方式将当地的名吃介绍出来不仅方便直观，而且易于观众接受，超强真实感可以拉近与观众的距离，使原本陌生的美食仿佛近在眼前。不过在进行访问式的报道时，最好选择口齿清楚、表达能力强的当地人作为访谈对象，以防止观众由于不能够理解或听不清对话内容，而影响节目效果。

（二）参与式出镜报道

参与式报道是出镜记者参与到事件发生过程当中，清楚地向观众展现事情发生的前因后果，产生的结果和影响，使节目直观生动。在本期节目中，记者参与到美食的制作过程中，和主要制作者一起详细地介绍了食材选取及美食的制作方法，向电视机前的观众提供了一个自己动手满足食欲的机会。例如"老台门汤包"的制作过程，就是一个记者参与、诙谐有趣的报道。

图 7-2 厨师在记者晓东身上切面团

表 7-2　记者问师傅请教揉面学问并进行体验式报道的场景

序号	画面	声音
1	老台门汤包的和面过程	解说词:晓东说的没错,老台门汤包首先讲究的就是它的皮儿。师傅介绍说,要想包子好吃,那一定要手工揉面,因为用手才不会破坏面上的纤维,才会让面越来越筋道,并且像这样揉面,少说也得二十分钟以上。
2	主持人和和面师傅交谈	主持人:哎,师傅,我看您这面揉得差不多了吧。 师傅:哎,这面行啊,我们揉这个面有标准的,要台子光、手光、面光。 主持人:哦,都不沾面了才算好了。 师傅:哎,对对对对。 主持人:这我看可以了。 师傅:可以了,可以了。 主持人:那咱就开始切吧。 师傅:切这个面有讲究的,一,眼要准,二,手要狠,我切出来这些面机子,重量、大小都一样的,我不仅能在面板上切,还能在人的后背上切。 主持人:真的? 师傅:不信你试试。 主持人:我? 师傅:保证你安全。 主持人:那就行了,只要保证我安全,为了美食这没有什么不可以付出的,唉,人生自古谁无死,哪儿的黄土不埋人,我就试一回吧,来,沐浴更衣。
3	主持人身穿红色肚兜,把背当成板子,让师傅在上面切面(见图 7-2)	主持人:您看我穿这身儿就知道我今天要练两下子了,各位南来的、北往的、新加坡的、香港的,我练过刀枪剑、戟斧钺钩钗、鞭锏锤抓、拐子流星,我练过带钩的、带尖的、带刃的、带刺的、带峨眉针的、带锁链的,我打过拳、我踢过腿,今天练什么呢,古有猛士胸口碎大石,今有晓东(主持人名)背后挨砍刀,来吧。师傅,能保证我安全吗?您知道我害怕。 师傅:放心,没问题,没问题。 主持人:没问题啊。曾子曰:吃人家嘴短,来吧,刀下留情。

续表

4	师傅开始在主持人背上切面	主持人:切好了? 师傅:切好了。 主持人:感觉没切一样啊,看一下我后背,没事儿吧? 师傅:没事! 主持人:师傅刀工果然是了得啊,但是还有你说切的大小都是一样的分量,这个我不信。 师傅:不信你现场试。 主持人:称一下。
5	师傅开始在电子秤上秤面。镜头给到电子秤的显示屏上	主持人:都是30克啊。 解说词:师傅高超的技艺决定了汤包的品质,正像师傅所说,这每刀下去,切出的分量都是30克,分毫不差。 主持人:行了,可以了,我服了。包子虽小乾坤大,光是剁馅儿、和面就这么大的学问。

(三)记录式出镜报道

记录式报道简单地说就是形声一体化,将拍摄画面配以解说词,充分调动观众的感官并吸引其注意力,形象生动地展现节目内容。在本期节目中,"西施豆腐汤"就是以这种方式介绍给观众的,易于观众在家中模仿制作。

表7-3 记者探访制作西施豆腐的方法

序号	画面	声音
1	主持人到了当地人家中	居民(男):阿婆,有客人来了。 主持人:哎呀,阿婆您好。 阿婆:您好。 主持人:我听说您这西施豆腐做得特别好,您能做一道让我尝尝吗? 阿婆:好吧。 主持人:好,太好了。
2	阿婆制作西施豆腐	一道西施豆腐需有豆腐、鸭血、淀粉为基本原料。制作时把肉末和切成丁的木耳、雪菜连同豆腐、鸭血一同放入锅中。

续表

3	主持人与阿婆聊天	主持人:阿婆,这是一道汤,不是一道菜。 阿婆:这就是汤。 主持人:哦,西施豆腐汤啊。那它为什么叫西施豆腐呢? 阿婆:我们爱吃这个,西施也爱吃这个。 主持人:所以叫西施豆腐。 阿婆:所以叫西施豆腐汤。 主持人:我明白了,弄了半天这不是一道菜,这是西施豆腐汤,一道汤有什么好喝的呢?咱们等会尝一下。
4	阿婆为汤勾芡	等水煮开后再用淀粉勾芡,芡粉太稀了会沉汤,太稠了也会使汤羹失去味道,汤中加入盐、味精、香葱之后,西施豆腐就算大功告成了。
5	阿婆端汤出门,品尝西施豆腐	主持人:走,阿婆。西施豆腐好了,可以吃了。来,坐着阿婆,咱们一块尝一下。尝一下您手艺如何。这个西施豆腐呢,入口第一感觉就是很香,但是光是豆腐,尤其是这水豆腐不会这么香,因为它里面有肉末和鸭血跟豆腐一块儿,同时又勾了芡,同时这么熬这么去煮的话呢,这个香味充分弥漫在整个汤汁里面。阿婆,您这个芡勾得很好,不稀不稠,恰到好处,除了香、滑,还很嫩,回味有点咸味。阿婆,咱接着喝。

三、生活服务类节目中的出镜评论

对于生活服务类节目来说,出镜记者除了向观众介绍生活常识外,还有一个重要的任务就是代替广大观众进行现场体验,所以记者的体验感受即评价就相当重要。一个优秀的出镜记者能通过自己的评价使观众感同身受。

(一)游客视角的出镜评论

《美食宝典——西施故里》这期节目开头,出镜记者就以"美食侦探"自诩,相当于游客,通过向当地人询问找到当地的美食。在此过程中,记者还不时穿插介绍当地的风土人情、著名景点、趣闻轶事等。这种边走边游边吃的方式,使这档美食节目看起来轻松自在。

图 7-3 晓东在西施像前进行出镜解说报道

记者:大家好,我是美食侦探李晓东,天气虽然炎热,但是我心中却怀着欣喜,看我身边了吗?这位美女,就是中国四大古代美女之一——西施,所以这次我是来到了西施故里——诸暨。

诸暨位于浙江省东北部,作为典型的江南水乡,这里气候温润,物产丰富,素有美女故乡之称,当地人都说诸暨之所以除了西施,之所以女人多数美貌,全都跟当地的风土食宿有关,诸暨到底有一些什么样的特色美食呢?

来诸暨之前我特别了解了一下,诸暨人在吃早点的时候呢,很多人爱吃老台门汤包的食物。曾子曰:早起的鸟儿有虫吃,早起的美食侦探呢有包子尝,马上呢,我就带您去找一下这个老台门汤包,走。

……

这段文字就明确体现出记者的游客身份,他不仅向我们介绍了打听出来的诸暨的名吃,还向我们介绍了当地的风土人情。因为人们只有在了解了一个地方后,才有可能对当地的美食产生信任和兴趣。

(二)聚焦民间的出镜评论

在这期节目中,记者以"西施故里"为中心,介绍了这个地方的七种美食。当人民生活水平提高,人们已经吃厌了大城市里的山珍海味,因此记者就别出心裁地选择了这样一个小地方,带领大家品尝也许之前从未听说过的美食。这对电视机前的观众具有很大的诱惑力,比如关于霉千张的介绍,见下表 7-4。

表 7-4　记者介绍霉千张

序号	画面	声音
1	主持人	记者:在这转了两天之后呢,很多当地人给我推荐了一种东西,说非尝不可,那就是霉千张。
2	饭馆中	解说词:霉千张是一种豆制品,的的确确是上虞的特产,经当地人介绍,我们的美食侦探晓东很快找到了这家店铺。
3	主持人站在店门口	记者:蔡万成水作坊,我发现当地人特别爱吃豆制品。他们有句俗语叫做宁可三日无肉,不可一日无豆。这个霉千张到底是什么东西呢?我是从来没见过,咱进去找一下。这人还不少,来……
4	店内	解说词:别看这家蔡万成水作坊豆制品店的门脸不大,但它的豆制品在当地却是极负盛名。它已经在全国开设了上百家分店,可见其口味纯正。除了素鸡、五香豆干这些豆制品之外,霉千张一直是它的主打。

（三）出镜评论的口语化表达

首先体现在出镜记者的外表要与节目性质相符。记者在现场可以表达感情,但要注意限度,不能忘记自己的身份。在介绍时应尽量通过平衡手段,用中性词语表达等手段以求客观。主持人在进行现场解说时应当调动各种感官对画面上体现不出来的内容进行补充说明,以引发观众共鸣。

其次,记者要有强大的专业知识、背景知识。生活服务类节目轻松随和的氛围源自出镜记者由此及彼、侃侃而谈的能力,就像与观众唠家常一样,用幽默诙谐的话语和肢体语言向观众展示节目内容。

在本期节目中,出镜记者不仅语言亲和幽默还不失文采,介绍祝家庄开头的那句"比翼双飞化蝶去,千古绝唱犹可追"让观众也感受到些许文化古乡的氛围。诸暨的河鲜、上虞的鞭笋和臭菜,李晓东都是亲自上山下河、捉蚌挖笋。当吃到香脆可口的鞭笋,主持人大赞"绝对的原汁原味,尤其是这根笋,是我亲自上山刨的,你说它能不好吃么"。最后还不忘诱惑观众"您也尝一根"。十足地调动了观众的胃口,对这样的美食又有谁不喜爱呢?

第二节 财经服务节目:《生财有道——乡情依旧》

从概念上说,财经节目不同于经济节目。前者以金融的视角为出发点,以泛金融领域为报道题材,包括财税、金融、证券等方面的内容。财经节目是随着经济的繁荣而发展起来的。在我国,则是国家的工作重心转移到经济建设上来以后,财经类节目才逐渐作为一个独立的节目出现在大众的视野中。中央电视台在1984年率先组建了经济部,并于1985年1月1日推出了全国第一个经济节目《经济生活》。

近年来,随着广播影视集团的建立和频道专业化的实行,一些省市电视台合并后,对电视频道进行了专业化调整与设立,纷纷设置了经济频道,或制作细化为以经济为主的财经、生活节目。而财经服务类节目在秉承细心周到、全心全意的同时,更贴近观众的需求,更关注市民身边细微的财经问题。我们就以《生财有道——乡情依旧》这期节目为例,通过分析出镜记者的采访、报道技巧等来了解一下这档财经服务节目是怎样向观众介绍普通人的致富经的。

一、财经服务节目中的出镜采访

出镜记者设置的目的,是为了让受众能更好地了解报道现场的信息,补充画面无法说明的细节和情况,同时印证信息的真实性。现今,活跃在各大电视台新闻栏目的出镜记者无论对节目承担的职责,对节目特点的依赖和掌握以及对个人素质和个人风格的把握和塑造方面,都显示出了不同的特点。李普曼的"拟态环境化"使得新闻客观真实与相对真实之间的矛盾显现。记者进入新闻报道画面,以体验者的身份口述报道并采访,他们身处事件现场,可以更细致地看到、听到现场所发生的情况,切身感受到现场的氛围,这就便于他们向观众呈现最真实的现场。

本期节目名为《生财有道》,顾名思义就是通过一个典型而具有推广意义的致富案例,向观众呈现创办者的创意手段和奋斗历程,以启发更多的人走上独立致富的道路。

（一）侧面迂回呈现

在本期节目中,虽然主题是乡居楼的发展历程及创办者的致富秘诀,但一味地展现乡居楼的美景设施,夸赞创办者的乡情和别出心裁,不一定能达到最好的介绍效果。而在节目开始阶段,出镜记者和创办者在高楼上的一段对话,看似与主题无关,其实意义深远。

解说词:不仅如此,老杨说,乡居楼这个园子的建筑设计,都是出自他自己之手。他还特意带万俊(记者名)来到了可以俯瞰全园的制高点。

记者:那你当时为什么要想建一个这样的楼在这儿呢?你看,高高的立在这个园子当中,有什么特殊的讲究吗?

老杨:说来这里面还有一个故事。有一次呢,我到香山植物园,香山植物园呢是过去清朝啊屯兵的一个地方,它有一个碉堡,都是石头垒的,很有特色。我就想着,回来以后呢,我就画了一张图,把这个土碉堡上面安了一个帽子,中式的帽子。

记者:哦,就是这个顶。

老杨:对,这个顶。它遮风避雨,而且呢,它就是变成了咱们的特色了。对这个建筑呢,就是建完了以后,觉得它很漂亮,我还给它作了一首小诗。

记者:是吗,来来来来来来来。展示展示,念一遍。

老杨:方格木窗平天色,斜雨秋风欲上天,塔顶露台是君穷目,秦时明月今时楼。

记者:秦时明月今时楼。

老杨:哎,它是一个历史的一个复原。

记者:那这个楼的名字就叫……

老杨:明月楼。

记者:啊,您看吧,这还是挺有文化的。

在采访中,记者与创办者在高楼上俯瞰乡居楼全景、吟诗作对,无论是从创办者对乡居楼内各种建筑的设计,还是他为这座楼作诗,并取名"明月楼",这都体现了创办者文化深厚、才华横溢,也从侧面完美呈现了创办者的文化涵养给他创办的乡居楼注入了丰富的文化风情和细腻乡情。

图 7-4　记者万俊与老杨的对话

(二) 走出情感路线

在价值取向多元化的今天,每个人都可以按照自己的能力、性格、爱好及对人生意义的理解去实现各自的人生价值,这中间存在着诸多差异,而作为拥有话语权的出镜记者,应该具备一种由优秀文化孕育而成的、内在于主体的、自觉的精神品格的人文素质,尊重观众对生活的理解和追求,调动他们内心深处的情感,由此形成一种真正的对话与交流。

在本期节目中,正如节目名称《乡情依旧》,创办人的乡情依附在乡居楼整体的气质和建设上,更体现在每一个细节当中。没有了关于创办人情感的采访,就会出现一种采访过程中的情感断裂,那节目又如何能够赢得观众呢?而本期节目的记者就做得很好,如下表。

表 7-5　记者在老杨家小院里与老杨进行交流的场景

序号	画面	声音
1	记者与被采访者在昌平水边	记者:哎,老杨,那个您当时是怎么想着,就选中了这样一块儿地来建这个乡居楼呢? 被采访者:到这一看,哎呀,这个地方非常美,上风上水。 记者:啊。 被采访者:环境类似于洼里。 记者:啊。 被采访者:就对这个就产生感情了。你看四周围着树,那水,那环境,正好呢营造了一个,咱们这个特色:绿化环境、美观、放松的目的都达到了。

续表

		主持人:啊
2	昌平全景	解说词:老杨说,之前他看到过很多地方,但是都不满意,找不到家乡的那种感觉。直到他找到了这里才总算感受到了家乡的味道。于是老杨把他之前做生意的积蓄和拿到的拆迁款,全部都投到了这片土地上。老杨这一投就是数百万,这种做法让周围人匪夷所思,反对的声音此起彼伏。
3	被采访者在昌平水边	被采访者:所以这个地方很偏。偏的话呢,你看,谁能过来呢?所以很多的亲戚朋友劝我,千万不能搞经营,一搞经营,准得关张倒闭。
4	昌平全景	解说词:但是老杨说,他当时租下这块地的目的,不单单是为了经营,更重要的是因为那一份淳朴的乡土情结。他要让自己的家乡洼里在这里重现,让更多的游客在这里认识洼里,了解自己的家乡。
5	被采访者在庭院里	被采访者:因为我从小就在农村长大的,就在洼里这个农村长大的,所以呢,对这个家乡的一草一木,都有深切的这种感情。我想就是,把这个家乡的文化,做一下传承和复原。

记者的这段采访将创办者对家乡深刻的感情和淳朴的爱恋简单而又清晰地表现了出来,而这种为了传承家乡文化而进行的经营必然会受到大部分观众的认同。

(三)问题解决模式

在传媒技术越来越发达的今天,单位时间内获取大量信息,有限空闲获得更多知识和快乐成为收视的主要目标。这就要求电视现场报道不仅要完整、无误、快捷、得体地播报资讯,还要对热点、难点问题做出独到透彻的点评。而在本期节目中,记者在呈现乡居楼各种特色项目之外,还与观众分享了创办者在发展过程中遇到的困难及解决的办法,提升真实感。

表 7-6　记者与老杨交流的场景

序号	画面	声音
1	老杨饭店里的客人吃饭的场景	解说词:也成为越来越多的城里人体味乡村味道的地方。但是随着客人的增多,老杨发现了一个问题。
2	采访老杨的场景	老杨:你比如说,咱们那个苦芒,这个苦芒呢,形状很好看,而且也去火,往这个餐桌上一推销,顾客非常认可,苦芒蘸酱,苦芒拌菜都很好,这个点击率一高呢,你看咱们这个供应又断档了,咱又不适应了。
3	老杨餐馆客人吃饭场景	解说词:要说这断档是好事,说明生意好啊,但是老杨说不光有断档的,还有卖不出去的呢。
4	采访老杨的场景	老杨:但是有好多的品种呢,种了以后呢,这个做菜呢,这个点击率,有的品种又很少,所以这样的话,就等于过剩了,过剩就没办法啦,咱就做成职工餐了。
5	老杨大棚里种的菜	解说词:老杨说他当时种了二十多种野菜。
6	餐馆吃饭的客人	解说词:本来是为了让餐厅多点菜品,但是没想到却出现了这种状况,让老杨很是挠头。于是每到饭点的时候,老杨就在餐厅观察食客都点什么,又和工作人员多方想办法,究竟怎么样让自己种植的野菜供求平衡。
7	采访老杨	每个月呢,都有点击率,根据这个客人的点击率,最后来确定,这个菜保留与否。
8	餐馆外围墙和柳树	解说词:虽说这次的损失并不大,但是却让初次经营餐饮的老杨从中学到了经验。
9	餐馆吃饭的客人	解说词:此后他每个月都会关注顾客的点击率,根据顾客的欢迎程度,调整蔬菜种植的品种和种植量,这是老杨在实践和经营中又摸索出的一条经营之道。看餐桌,调种植。

创办者提到的这个问题想必也是生活中其他经营餐馆者可能会遇到的问题,这样通过节目向大家介绍了他的解决办法,并进行了详细的分析,使得日常生活中的其他经营者能都从中获得灵感,这是非常具有实际效果的。

二、财经服务节目中的出镜报道

(一)体验式报道

体验式报道本身就是出镜记者常用的报道方式。通过电视镜头,通过自身在报道现场的体验,以最直接生动的方式,完成信息的传递。也就是相对于一般的文字记者和广播节目中的记者而言,出镜记者要通过电视镜头直接向观众呈现,所以对记者的语言的表达能力、外在形象及自身素养方面给的要求较高。

在本期节目中,记者的体验无处不在。比如在节目刚开始蹬水车、在博物馆中的游览、摘菜、农家菜制作、农家菜品尝等,记者在体验过程中将实际感受与观众分享,更能使观众感同身受,在轻松愉快的氛围中了解节目主题。

表 7-7 记者对乡居楼的开场介绍

序号	画面	声音
1	记者蹬水车	记者:生财有道,致富从这里起步。各位好,我是万俊。现在呢,我在北京昌平小汤山的乡居楼。哎,各位,您知道我到这里来干嘛吗?看看,我现在正在干嘛?这个,我相信电视机前很多年纪大一点儿的朋友都认识啊,水车,这个一般是用来浇这个水稻稻田的。看见没,水都出来了。哎呀,这可不是一个容易的活啊,是个体力活,我跟你说很累。不过,据说在这个乡居楼啊,像这样非常有意思的设施呢,很多,哎,不止这一个。所以你看,我也锻炼锻炼,有点累了,我决定再去别的地方看一看。
2	洼里乡居楼	解说词:在昌平洼里乡居楼,您可以采摘到新鲜的水果蔬菜,可以品尝到许多市面上见不到的野菜,鼎鼎大名的宫廷御膳洼里油鸡是这里的招牌。
3	乡村体验园	解说词:除此之外,洼里博物馆和乡村体验园更是让人大开眼界。

续表

4	主持人 洼里博物馆	解说词:您瞧,这万俊一溜烟地钻进了博物馆,可是转着转着他却犯起了迷糊…… 记者:嗯?我怎么,这我怎么就出来了呢?各位我跟您说,其实我刚才看到的这个博物馆,它是一个环形的。按理说走在里头应该是不断在转弯转弯转弯,才能走出来。可是我怎么觉得,我走的都是直路呢,这难道有蹊跷?不行,我得问问。来来来,咱们请出这个博物馆的设计者,也是这个乡居楼的主人来,杨德禄,杨先生。

图 7-5 记者万俊到田间地里采摘野菜

表 7-8 记者在乡居楼进行体验式采访的场景

序号	画面	声音
1	主持人和被采访者在蔬菜大棚里摘菜的大妈在大棚里摘菜 记者也动手摘起菜 (见图 7-5)	被采访者:这里边的大棚呢,都是种这个无公害的、施农家肥的,这些个蔬菜、野菜,然后每天早上现采,直接送到咱们的后厨,所以菜很新鲜。 记者:你看,说到这,工具今儿个都带来了。哎呀,到这来,不能空手而回啊,你看这不大姐正好采着呢嘛,哎呀,来看看,哎,大姐,您这是采的什么呀? 大妈:苦菊。 记者:苦菊啊?这里头都种了些什么菜啊? 大妈:苦菊、京水菜、穿心莲、紫叶生。 记者:是吗?

续表

		大妈:嗯。 记者:那我能采点吗? 大妈:能。 记者:我看您这还带着工具呢,能借我使使不? 大妈:行。 记者:好嘞!
2	介绍农家菜系要素的图片	解说词:老杨说他的农家菜系要素之一就是他这里的食材全部都是用农家的方法种植的。
3	乡居楼后厨的场景	解说词:万俊摘完了菜,老杨又带他来到了一个地方。
4	主持人和被采访者在乡居楼的后厨	被采访者:你看呢,这里呢十七口大柴锅,是真烧真炖,咱们这个农家菜系呢,不但是菜品要是纯正的,而且呢这个器皿也应该是农家的,才能体现咱们农家的这种菜系。
5	介绍农家菜系要素二的图片	解说词:这就是老杨的农家菜系要素之二,用纯农家的器皿烹制食材。
6	主持人和被采访者在乡居楼的后厨	记者:啊,各位您还别说,真是啊,这阵仗挺不一般,各位您看从那边,一直绕过来,有十七口大锅一直在炖着,这每一个锅里是不是炖的都不一样啊?这个,啊,这个炖的是,啊,这个炖的我喜欢,你看看,农家炖的狮子头,这个,红烧肉,嗯,这个呢,哦,这个是牛肉好像是…… 被采访者:这是咱们的柴锅贴饼子,是洼里人独有的,过去家家都贴饼子,这个很独特。 记者:啊,这贴饼子我倒是听过,没见过这么大个儿的。 老杨:薄皮大馅。 记者:是吗?我看这大姐正包着呢。这就是现包现贴是吗? 老杨:你试一试。 记者:行,那您要了说让我试试,哎哟,那我就不客气了,好,试试。这位大姐您教教我吧。嗯,这棒子面儿在这呢。 大姐:嗯,你再弄点馅。 记者:要多少?不用太多是吧?

续表

		大姐:差不多吧。 记者:各位事先声明啊,在做之前呢,这个手是洗干净了的,所以吃起来呢是绝对不用担心。这个大菜团子放进去是吗? 大姐:这个,放这个馅。 记者:放这个,好。哇,我的面是不是底下少了? 大姐:嗯,来。 记者:一二三,怎么样还行吧,这一个贴的挺像那样是吧?你看他们都笑了,还行吧,这做得挺好的吧?哎呀,这个挺有意思。

(二)溯源式报道

节目《生财有道——乡情依旧》因为它独特的怀念乡情的背景,创办者还原记忆中的家乡,怀念记忆中的乡情,以此来慰藉父老乡亲,记者抓住这一重要的主题信息来解说乡居楼的经营之道,可谓是恰到好处,突出了该经营的核心之处。

表 7-9 记者询问老杨创建乡居楼之初的情形

序号	画面	声音
1	被采访者个人资料、全景	解说词:杨德禄,北京市朝阳区洼里乡人。如今他将洼里的风土人情搬到了昌平,在昌平办起了占地600亩的洼里乡居楼。
2	主持人 被采访者 洼里博物馆	记者:我得问问您,这个博物馆是您设计的? 被采访者:是的。 …… 记者:我进去的这个门,和我要出去那个门,都不是正对着的,都有一定的这个夹角。那您怎么会有这么多的,这个灵感呢? 被采访者:因为我的爷爷呢,就是一个老木匠专门做古建的。 记者:啊…… 被采访者:而我的师傅呢,他又是参加过十大建筑的建设。

续表

		记者:啊…… 被采访者:所以也是受了他们的手艺上的传承。 记者:啊……您这叫耳濡目染。
3	洼里路标 昌平全景	解说词:洼里乡本来就在北京市的朝阳区,老杨也是土生土长的洼里人,可他为什么偏偏跑到昌平区建了这么个洼里乡居楼呢?
4	被采访者 庭院	被采访者:我是洼里人,洼里呢就是朝阳区的洼里,也是现在的奥运村,奥林匹克公园,它的场馆区所在地。
5	洼里乡旧貌和新颜 (奥运村)全景	解说词:洼里乡位于北京城北,有着几百年的历史,老杨一家人世世代代生活在这里。奥运会申办成功之后,洼里乡被规划为奥运场馆用地。老杨年轻时也在洼里种过地,虽然后来他进了城,到工厂做过工人,也下海创业自己做过老板,但是对于家乡洼里,老杨却始终有着一份割舍不下的情景,洼里的拆迁让老杨的心情有点复杂。
6	被采访者 家居室	被采访者:首先就是高兴,因为这个是中国人盼了多少年才盼到的,是百年的希望,所以这首先是高兴。但是呢,其中又有一个忧虑,今后的生活怎么办呢?洼里为了奥运,将来要拆除、要搬迁,到哪去生活呢?
7	城市旧貌和新颜 全景	解说词:在2005年,随着洼里乡集体搬迁,老杨和许多人一样,离开了他们世代生活的地方,而洼里也从此成为了历史。在搬迁的同时,洼里人也拿到了一笔相当可观的拆迁款。当时的洼里人拿着这笔拆迁款,结束了农村生活。凭借这笔拆迁款,他们买了楼,买了车,过上了城里人的生活。但是,拿到这笔拆迁款的老杨却做出了和别人不一样的举动。他没有拿钱去买楼,而是拿钱去租地。

记者这种溯源式的提问和报道,道出了创办者老杨最初的境遇和创办乡居楼的原因,从一个侧面向观众呈现了老杨不同于一般人的想法和胆识,也从另一个侧面表现了老杨对家乡的深厚感情,这也使观众充分理解

了老杨创办乡居楼的这份坚持和努力。

(三) 整体式报道

整体式是指记者将采访现场的各个部分按一定层次顺序一一进行介绍。在此节目中,记者就是按乡居楼乡村体验园、乡居楼博物馆、乡居楼餐馆经营等,系统详细地介绍了乡居楼的经营之道。

1. 本期节目由主持人体验水车即乡居楼的农家人体验设施开头,将这种农村就已少见城市更少见的体验设施放在开头,马上能吸引观众注意。

记者:生财有道,致富从这里起步。各位好,我是万俊。现在呢,我在北京昌平小汤山的乡居楼。哎,各位,您知道我到这里来干嘛吗?看看,我现在正在干嘛。这个,我相信电视机前,很多这个年纪大一点儿的朋友都认识啊,水车,这个一般是用来浇这个水稻稻田的。看见没,水都出来了。哎呀,这可不是一个容易的活啊,是个体力活,我跟你说很累。不过,据说在这个乡居楼啊,像这样非常有意思的设施呢,很多,哎,不止这一个。所以你看,这我也锻炼锻炼了这个体力,有点累了,我决定再去别的地方看一看。

……

2. 记者接着就开始介绍了乡居楼的灵魂建筑——乡居楼博物馆,从建筑设计到后来的建设原因,这个博物馆承载了创办者对家乡人、家乡文化的怀念,而这也是他创办乡居楼最重要的原因。

解说词:您瞧,这万俊一溜烟的钻进了博物馆,可是转着转着他却犯起了迷糊……

记者:嗯?我怎么,这我怎么就出来了呢?各位我跟您说,其实我刚才看到的这个博物馆,它是一个环形的。按理说走在里头应该是不断在转弯转弯转弯,才能走出来吧。可是我怎么觉得,我走的都是直路呢,这难道有蹊跷?不行,我得问问。来来来,咱们请出这个博物馆的设计者,也是这个乡居楼的主人来,杨德禄,杨先生。

……

被采访者:有一次呢,就是我参加这个洼里的家底分红,实际上很多的老人那,都是含着眼泪,去领这笔家底分红款的,他们一边领款,一边嘴里头叨念着,哎呀,洼里完了,洼里没了,这回算是洼里人没了,上哪再找过去的老一辈子的洼里啊,眼泪不断地往下掉……

解说词:老人家的眼泪让老杨内心有了些许的悲凉,如果说他对洼里有着深厚的感情,那么这些一辈子都生活在洼里的老人家对这片土地的感情更是溢于言表,这让老杨猛然发现自己的乡居楼到底缺了什么,缺的正是对洼里文化的传承和发扬。

被采访者:当时我对这位老人就说了,咱们洼里人一定要建一个自己的这个博物馆,让大家感受到过去,追忆到过去,而且有一个洼里人相聚的这么一个平台。

解说词:于是为了传承洼里的文化,老杨又投资了一百万元在他的园子里盖起了洼里博物馆,让人们在品味洼里味道的同时了解洼里文化。

……

3. 接下来,记者就花大量的精力介绍了乡居楼的餐饮经营——这是乡居楼的重要经营项目之一,创办者花了很多心血。主要包括农家菜自行种植、四季采摘园种植、洼里油鸡养殖等。

解说词:老杨说,在城里生活久了,他最怀念的就是小时候家乡食物的味道。他觉得,如今已经过上了城里人生活的洼里人,也应该和他有同感。于是他决定在这块土地上做餐饮,修建乡居楼,让洼里人能够在这里品尝到家乡的味道,回忆家乡的日子,让游客能够通过美食了解洼里。但同样是做餐饮,老杨的想法却和别人不大一样。

被采访者:因为这个人呢,是离不开吃的。实际上这个农家餐饮呢,也是我要做的家乡文化的一个组成部分,所以把一些原生态的,自己种的自己养的,有原生态的食品,给大家提供了。

解说词:于是老杨在他租用的土地上种起了蔬菜、玉米、黄豆等等,自己种植蔬菜粮食,施的都是农家肥,绿色安全,也从源头上保证食物的原汁原味。在老杨看来,只有这样,才能烹制出家乡的味道,然而正当老杨按照自己原有的规划打造乡居楼的时候，厨师却站出来反对了。

……

解说词：老杨最终说服了厨师，他自给自足的经营策略，也得以贯彻下来。

……

解说词：而除了蔬菜的种植，老杨还修建了四季采摘园，既美化了环境，又增加了乡居楼的趣味性和互动性。

老杨：应该说呢，咱们在创办这个乡居楼的同时呢，首先开发的呢，是这个果树，种了很多品种的果树。你比如说樱桃，樱桃实际上是在5月18号，马上就可以开始采摘了。樱桃采摘完以后呢，就可以进入呢，这个早桃采摘，然后杏、李子、梨、枣。这样的话容易形成一年四季采摘的这个计划。

……

解说词：既然要在乡居楼做出家乡的味道，那么土生土长的洼里油鸡必不可少，于是在2006年，老杨投入20万元在乡居楼外又建了一个养殖基地，开始自己养殖洼里油鸡。老杨说由于从小就看家里人养洼里油鸡，所以养殖洼里油鸡对他来讲是轻车熟路，很快他的乡居楼就多了一道招牌菜，洼里油鸡王。

老杨：很多的客人都是慕名而来，你比如说一个客人一看菜谱，哎洼里油鸡，乾隆、慈禧、毛泽东，嚯，这家伙历史人物都吃过，这个我一定要吃，不吃觉得好像白来一趟，就这个洼里油鸡，应该说是逢桌必点。这样加起来一算呢，一年多的时间吃去了九万多只。

4. 除了吃呢，亲自体验农活又是乡居楼必不可少的一个项目。因此记者又详细介绍了乡居楼的农活互动区。通过记者自己充满活力和乐趣的体验，向观众展示在城市体验农活的独特趣味，激发观众特别是城市观众的参与兴趣（见图7-6）。

图 7-6　记者万俊到农活互动区推碾子进行体验式采访

记者：哎，这是什么地方？杨总

被采访者：这个地方呢是洼里的农活互动区。

记者：啊，农活互动？

被采访者：对对对。

解说词：一听说可以体验农活，万俊跃跃欲试，兴奋不已。

……

三、财经服务节目中的出镜评论

在当今传媒界的各个领域，评论犹如一种思维和存在的方式一般不可避免，它引导我们理解这个世界并表述这个世界。我们现在接触最广泛的符号媒介之一便是已经深深扎根于我们生活中的电视。电视是一个纷繁复杂的符码世界，我们几乎无法确立一种既包容个体文本又兼顾电视整体的批评框架，但是我们会发现电视特有的声画符号，无论是新闻、广告、电视剧抑或各种赛事，它都带有"讲故事"和评论的痕迹。

在财经服务节目中，出镜记者基于财经现象的专业化与通俗化并存的评论语言，是节目的亮点也是观众的聚焦点。观众在不太理解的情况下可以基于记者的评论产生自己的思考。

（一）顾客视角的出镜评论

每一个新闻工作者都是一个"把关人"，但每一个优秀的出镜记者都会在遵守新闻政策的前提下运用各种途径将最接近事实的真相告诉观众，当一个具有公信力的"把关人"。

传播学之父威尔伯·施拉姆认为,对于广大的受众来说,离得越远的地方发生的事,他们就更多地依靠电视。在整个社会活动中,作为个体参与的社会生活是十分有限的。而电视的出现,恰恰弥补了这一缺陷,使人们可以不出家门看世界,真正实现了"千里眼"和"顺风耳"的理想。但是,在众多新闻的发生现场,如果观众仅仅只是看到画面,仍然会有不真实的感觉,而出镜记者的存在,恰恰让这种不真实的感觉变得真实起来。

在本期节目中,记者就好像是初次游玩乡居楼的顾客,充满好奇地体验各种设施,观赏各种建筑,还试吃了经典的农家菜,评价也很实在中肯。

图 7-7 记者万俊一边品尝美食,一边进行点评

记者:那个口感其实更像吃这个牛羊肉的感觉了,非常地紧实。

老杨:它一个是鲜嫩,再一个呢有咬劲儿。

记者:就是劲道。不错,好吃好吃。我跟你说,我特别喜欢吃它这一面,焦焦的那种口感,很脆,很像我们吃的这种锅巴的这个香味。但是因为它是用这个玉米面做的,所以它有一种特殊的香味,再加上里头这个馅是这个野菜馅,所以一点都不油腻,吃到口里非常地清爽。

……

(二) 聚焦创新点

人们看电视,主要是为了满足自身对信息的需求,现场报道使人们满足了在第一时间接受信息的愿望。但在财经服务节目中,节目传达的信息往往复杂而琐碎。而事实上,并非所有处于变动之中的信息都能受到观众的关注。传播学中的"使用与满足理论"认为,在某些时候,媒介的使用者在处理媒介信息时是有选择的、理性的。他们只愿意收看那些能够满足他们的需要、对他们有用的信息。换言之,他们在收看直播节目中,期待能看到具有新闻价值的内容。

收看财经服务的观众往往就是希望从节目中可以学到一些经营之道,以运用到自己的日常经营当中。而名为《生财之道》的致富类节目,毋庸置疑,节目的创新点就会尤其受人关注。

……

解说词:老人家的眼泪让老杨内心有了些许的悲凉,如果说他对洼里有着深厚的感情,那么这些一辈子都生活在洼里的老人家对这片土地的感情更是溢于言表,这让老杨猛然发现自己的乡居楼到底缺了什么,缺的正是对洼里文化的传承和发扬。

……

解说词:按理说这件事只是发生在园子里的一件小事,但是在老杨看来事情却并没有那么简单,老杨说如今城里的孩子对于农作物和农村的了解仅限于书本和图片,而且年轻的家长也是如此,洼里的文化既然就是农村文化,它就要让孩子们在这里真正切切地认识农村,感知农村。

……

节目中多次提到了创办者的家乡和他被迫离开家乡后浓浓的乡情,而这也正是乡居楼创新的灵魂所在,这也正照应了本期节目的名字《乡情依旧》。

(三)出镜评论的生活化表达

记者是节目中的主导者,但很多情况下,记者又表现得像观众的一个见多识广的朋友,或是代替观众的一个体验者,为观众提供一些现场的人与事的情况。虽然出镜人是"现场"的外人,但由于他介入到现场中,使现场成为开放性的,就容易造成观众也可能在现场的幻觉。事件现场的记者把自己所处的世界与空间与观众所处的世界与空间连接在一起,打破了两个时空的界限,使观众"进入"到记者所在的现场空间。优秀的出镜记者应该者能够很好地把握现场,不误导观众,不向观众传达冗余信息,而是将最接近真实的新闻环境展示给观众。

而在本期节目中,记者作为代替观众的一位体验者,就像一位普通的初游者一样,对于乡居楼的一切都充满好奇。记者自然地运用生活化的语言,幽默风趣地与受访者展开各种对话,使现场的气氛随和而又不失乐趣。这样被生活化处理的财经类节目,就变得易于接受,更加吸引人了。

比如在农活体验区里体验推磨时,记者开玩笑说,推磨的驴是自己的兄,还学起了驴叫,把乡居楼总经理老杨和电视机前的观众们都逗乐了。他在采访老杨时也发挥了他风趣幽默的特点,活跃了交谈气氛。当然,只有幽默是不够的,还需要条理清晰的表达能力以及临场的应变能力。在引出老杨为什么建造乡居楼时,万俊则单独进行了外景主持,清楚地向观众们介绍洼里乡被拆的背景。在乡居楼吃饭时,万俊用真实形象的语言向观众描述了洼里农家菜的味道,弥补了观众不能亲身品尝的遗憾,同时也达到了宣传洼里文化的作用。

第三节 社教节目:《边疆行——景洪》

电视社教节目,是以社会教育为宗旨的各种节目的总称,简称社教节目。作为社会人,一生要经历家庭教育、学校教育和社会教育三大阶段,而社会教育是要相伴终生的,在知识爆炸的信息时代,这点显得尤为重要。美国著名传播学家施拉姆说:"所有的电视都是教育的电视,唯一的差别是它在教什么。"以电子声像为传播媒介的电视社会教育,是社会影响中最广泛、最生动、最活跃的一部分。

电视社教节目内容包罗万象,形式多样活泼,可以兼容纪实和表现、谈话与调查、外景报道与室内表演、电视杂志与单一形态、动画与实景、文艺表演与事实报道等多种表现手法,从而形成社教节目形式的多样化和独具魅力的多种风格。社教节目在对电视传播功能的开发和拓展中起着独特的作用,是外国电视台也很重视这类节目,它们把社教节目的水平看做是电视台综合实力的表现。

社教节目的宗旨是社会教育,电视每天通过社教节目介绍国家的建设,对人们进行爱国主义教育;通过典型人物的事迹介绍进行道德规范和道德情操的教育;通过科技知识的传播,对人们进行科学文化、现代生活知识的教育。我们以《边疆行——景洪》这期节目为例,来感受一下社教节目的独特魅力。

一、社教节目中的出镜采访

社教节目常常是记录式和谈话式相结合,从不同角度展现主题,因为社教节目涉及的内容十分广泛,表现手法多种多样,是当代具有典型后现代特征的电视,其"拼凑"手法十分流行。尤其在一些科技自然类的社教节目中,环境景色的呈现和出镜记者的人文讲解十分重要,两者的巧妙融合会给观众带来视听享受。

而且我们需要注意,自然类的社教节目大多需要外景采访跟拍,因此有些采访来不及准备很长时间。在什么地方出镜、在这里要说些什么、会遇到什么突发状况都是未知数,这就要求出镜记者具有良好的职业素质。首先,要具备一定的有声语言表达能力,语音标准、恰当准确地使用语言技巧,有声语言表达流畅、语言链条与思维链条同步、面对镜头时交流感强;其次,要具有"集体合作意识",这也是电视媒体区别于报纸、广播、互联网等其他媒体的最明显的特征,既要与文字记者、摄像记者、主持人等搞好合作,也要处理好与被采访对象的关系,及时联络、交流,具有较强的人际沟通能力;第三,出镜记者要具有现场应对能力,对现场的突发事件作出敏锐的反应,保证现场采访的顺利进行。

(一)和谐关系之人与大象

出镜记者是节目主题的直接传播者。出镜记者置身于报道现场,调动他所有的器官和智慧,用他的视觉、听觉,甚至是触感、嗅觉体味着现场的一切。出镜记者对他所处周围现场的重视和偏爱程度,直接影响着电视信息传播。出镜记者选择什么样的途径来传播现场的信息?采用什么样的方式来表达报道现场信息?这都是关系到现场信息传播的成功与否。

在本期节目中,记者一行来到景洪这座城市,首先注意到的就是街头随处可见的大象雕塑,再加上这是全国重要的亚洲象生活地,可见大象在当地人心中的重要地位,由此马上可以发觉大象几乎可以作为当地的一个形象,更重要的是大象与当地人和谐的生活场景,因此将介绍大象作为展现景洪魅力的第一站和标志性定位是非常合适的(见图7-8)。

图7-8 记者与大象亲近

表7-10 记者采访"保大象"的场景

序号	画面	声音
1	保医生和大象在一起	解说词:"保医生"保大夫名叫保明伟,是全国为数不多的大象医生,所以大家都亲切地称他为"保大象"!
2	保医生给大象喂食,并照顾大象	解说词:"保大象"在兽医学校毕业后就来到这里,工作已经有10个年头。每天和大象打交道,和大象结下了不解之缘。
3	大象然然的特写	解说词:这只叫然然的大象就是保大夫亲手救治,至今精心呵护的。6年前,年仅3岁的然然被铁制兽夹夹伤,伤口已深达骨面,而且严重感染、溃烂,危及生命!
4	保医生和大象然然的特写,并采访	保医生:当时很小,还在吃奶的时候,它现在已经长得比我还高,当时很小。在当时救援的时候很好笑,就是它看上去很小,但是实际上它的攻击力还是非常强!我记得就是在救治的第二天因为我在用塑料桶准备给它饮水的时候,它发火,把塑料桶都给打烂了!经过几年的饲养、经营、照顾,以及相处,它跟人的感情很深厚,叫它做点什么样的动作,谢谢什么的它都可以做,有非常的滑稽感!

续表

5	治疗间特写	解说词:"保大象"告诉我们,因为他总是给大象打针吃药,所以大象们都不太喜欢他,其实他是对大象最好的人。
6	大象敌意的眼神	解说词:但是大象看见他总是有些敌意。
7	保医生委屈的眼神	解说词:说到这里,"保大象"的眼神中有一点点的无奈和委屈。
8	保医生精心呵护大象	解说词:虽然如此,但是"保大象"仍然精心地照顾这群大象,像对自己的孩子那样精心,我们真切地感受到了,在这里的每一个人对大象都有着深深的情谊,每天"保大象"都会到象舍看望大象很多次,年复一年,日复一日,对大象的感情也越加深厚。

以上采访将保医生对大象们十年如一日的悉心照料温情地呈现出来,使观众可以感受到当地人把大象当孩子、当朋友的亲密关系,而正因为如此,大象们对陌生人的信任和友好也真实地呈现在大家面前。

(二)和谐生活之本地人民

记者现场出镜打破了单纯现场画面配画外音形式,给新闻报道增加了活力。在报道现场,记者直接向观众口头叙述发生的事件并参与到事件中,发挥电视传播的现场感和面对面传播的优势。这里的出镜记者俨然成为了发挥电视媒介特性的一个有机体,电视的声音图像因为他们的出现变得灵动鲜活,报道现场的展现也因为出镜记者变得直接而富有人情味。

一件事若要成功,所谓天时地利人和。而边疆上的城市景洪是个引人入胜的城市,除了景美之外,必然与人分不开。当地人的热情好客、乐观爽朗、热爱生活的特征使人心生暖意,也给景洪这座城市注入了温暖长存的魅力。

……

解说词:我们来看看,洪大哥自豪地告诉我们,他家有棵上千年的古茶树,真是太厉害了。

记者:都是您家人啊?

洪大哥:都是我家人的。

记者：你们好，全都站在树上采茶叶。

洪大哥：这些都是我侄女，这最不漂亮的是我老婆。

记者：她会生气的。

洪大哥：不会的，我老婆习惯了，如果没有这块茶树茶地的话，我老婆不会要我的。

记者：啊，是吗？你是因为茶树才嫁给他的吗？

洪大嫂：对，没有茶树真不会嫁给他的。

记者：他们好直爽呀。

洪大哥：我俩第一次认识就是我请工嘛，我请他们来我们家采茶叶的时候，就爬在那个树上面认识的我老婆。

解说词：眼前的景色让我们摄制组大吃一惊，穿着基诺服饰的姑娘们，都站在树上采茶呢。洪大哥告诉我们，这里的男女老少都是爬树高手。绿油油的茶树映衬着姑娘们漂亮的服饰，让人过目难忘。

记者：就连我们的洪大哥，来，洪大哥，请你左转一下。你看，都很漂亮，都有这个彩色的小须把它装饰着，我觉得这是一个特别美的民族。所以，就是我们虽然那么辛苦上到这个山上，看到这片风景的时候，看到这些美丽的姑娘都在树上采茶的时候，已经觉得是一片风景了。

解说词：洪大哥和漂亮的基诺姑娘们一起唱起采茶歌。通过聊天我们得知，这几年他们因为种茶叶，生活得到很大的改善，生活质量越来越高，每每说到这里，洪大哥的骄傲自豪溢于言表，兴奋地要带我们去看看他家的千年古茶树。

……

在郁郁葱葱的基诺山上，洪大哥与记者幽默直爽的对话，从一个侧面展现了景洪当地人民活泼随和好客的性格，获得观众极大的好感。同时，这样淳朴的民风也给景洪这座城市的形象抹下了多彩的一笔。

在很多自然类的社教节目中，青山绿水、无际草原、野生动物等虽然是主要的风景，但少了人的画面总会给观众一种距离感、陌生感，感觉节目中的风景太遥远，与自己无关，无法产生共鸣和向往。而像本期节目这样处处穿插着当地人的欢声笑语，借当地人之口为观众展现景洪这座城市，效果自然不言而喻。

(三)和谐国家之多方边民

新闻工作者的天职就是向大众传播真实的信息,因而电视节目中的出镜记者就是现场不可或缺的一只"眼"。作为电视"眼"的出镜记者,是现场直接的观察者、记录者和叙述者,是现场的灵魂人物。而出镜记者若能抓住节目的主题并将之放在国家和民族的背景下进而升华,那么节目的意义就远不限于主题那么简单,引起的共鸣是巨大的、持久的,那么节目就会吸引更大范围的观众群,产生更大的影响力。

本期节目的主题是向观众介绍景洪这座边疆城市,但当记者和当地著名美食城的缅甸夫妻聊到对于生活的感触时(见图7-9),节目的内容瞬间就不只美景美食那么多了,景洪这座城市突然变得更加熠熠生辉。

解说词:这一边的许大哥,已经和他缅甸的朋友聊起来啦。

……

解说词:原来缅甸的饮食习惯和我们差不多呢。由于景洪独特的地理位置,背靠大西南与缅甸接壤,紧邻老挝、泰国,所以这里边民特别多,大家有着相似的生活习惯,一直友好地和平相处。

许大哥客气地用缅甸的一些特色美食招待我们摄制组。看样子和东南亚的美食区别不大,味道也是相当不错,许大哥的中文不太好,钧钧告诉我们,他们现在在中国,生活得特别幸福,也十分满足。

女店主:在中国和缅甸最大的差距就是,中国在飞跃式前进,在不断地变化,但缅甸呢,你十年前去缅甸,还有现在你去缅甸都是一个样的,周边的这些环境没变化,建筑没变化,最大的变化就是小孩变成大人,大人变成老人。在中国就不一样了,景洪就不一样,可能你两三年后来景洪,就不是这样子的了。

记者:你们回到中国,包括在中国生活这么多年,最深刻的感触是什么?

女店主:我就觉得在中国"一方有难,八方支援",这个让我感触比较深。就像那个汶川大地震的时候吧,如果是在其他国家,我想,就我个人想,应该没有这样的,没有那么多人来帮助。然后前几天嘛,5月12号我们一家人都在看电视,感觉到三年变化很大,本来是一个很穷的地方,一下子就把它建起来了。

解说词:在汶川地震的时候,许大哥也曾捐钱捐物,奉献着自己的一份力量,这让我们十分感动。

图7-9 记者享用美食,进行体验式采访

缅甸的许先生和他的中国夫人在中国美丽的景洪市开起餐馆当了老板,生活相当不错,在向记者介绍餐馆设计和经典美食的同时,更能够传递节目主旨,引起观众共鸣的就是上面的这段采访。节目通过这对在景洪生活多年,见证当地变化和国家变化的夫妻,来传达边疆城市的发展和国家发展紧密相连的重要信息,使观众在赞叹当地美景美食的同时,陷入对国家与城市发展的思考,充分认识边疆地区多民族多国家人民友好相处的和谐景象。

二、社教节目中的出镜报道

对于社教节目的报道,往往是电视画面背景解说和主持人的点评相结合。受传统的传播模式影响,人们更愿意相信人际之间的传播,相信口耳相传。出镜记者的存在,使大众传播和人际传播合二为一。出镜记者以记者的身份出现在镜头前,同时更是以受众代言人的身份活动在现场。出镜记者就如同受众自身的另一只眼睛和另一个耳朵,去探求未知的信息。

事件的发生在融入了人的参与后,往往显得更为生动和形象。记者在现场的报道,往往也会融入自己的情感和生理反应。比如在雪灾的现场,出镜记者在现场的报道,无论从记者的说话还是从穿着的服饰上,观众就能体会到现场的寒冷;再比如在地震的受灾现场,出镜记者因为内心的震撼而落下的眼泪,也能深深地打动受众的心灵。出镜记者的存在,使原本冰冷的新闻事件融入了人文的关怀,渗透进了人间冷暖,使得观众的生理感觉和心理感觉,得到了最大限度的衍生。

(一)观察型报道

本期节目中记者带领观众领略了云南边疆城市景洪的风景人情,而在节目刚开始,观众就可以随着记者的镜头观赏到景洪城市街头的风景。观察型报道运用在这种自然类社教节目的开头,简简单单的几个镜头和几句解说,就会给观众留下美好的第一印象。

节目开始镜头中路边成排的椰子树、路旁的人像、大象雕塑、景洪的建筑和屋顶,马上向观众展现了不同于北方城市风景的景洪特色(见表7-11)。

表7-11 记者景洪街道上进行现场解说的场景

序号	画面	声音
1	车停在路边,记者下车,打开红伞漫步在公路边,路边成排的椰子树,路旁的人像,大象的雕塑,景洪的建筑和屋顶	记者:在傣族,几乎每一位姑娘,都有一把我手上这样的小伞,既能够遮挡阳光,又能够衬托婀娜的身姿。我们《远方的家——边疆行》摄制组现在来到的是西双版纳傣族自治州的州府,有着"柔情傣乡"之称的景洪。其实景洪的城市非常有特色,你走在路上就能随处见到成行的挂满果实的椰子树,还有各种叫不出名字的绿树红花,而且一些很有特色的雕塑也是掩映其中。有大象,还有一些傣族姑娘,而且这里最有特色的就是建筑了,无论房屋多么地现代,你总是能从红瓦金檐当中,看出浓浓的傣家风情。景洪是一个你看一眼就忘不掉的地方,让我们一起去探索它的美丽。
2	俯瞰景洪的美景,街道上行人匆匆	解说词:我们《远方的家——边疆行》摄制组所来到的是被誉为"柔情傣乡"的西双版纳州府景洪市。 ……

节目中电视镜头将景洪城市街头的景物如车辆、行人、雕塑、建筑等一一呈现在观众面前,再加上自然生动的解说,景洪这座南方的美丽城市一下子鲜活起来,赢得很多观众的喜欢,激起了他们接着看下去的兴趣。

(二) 评价型报道

单纯的凭借镜头扫描和对事实的陈述,节目自然会显得有些呆板,时间一长,观众就会觉得乏味,觉得从节目中获取不到太多的讯息。此时,出镜记者的解说评论就会起到很重要的作用。不论是唱歌还是写作,老师都常常强调要注入自己的感情,其实电视节目也是这样,当观众的感情被节目中的画面和声音调动起来后,他们就会将节目仔细专注地看完,并从中获得知识和灵感。

(同期声)记者:这是我在采访过程当中最特别的一次,因为我们可以非常平稳地坐在大象身上,而且这位"保大象"真的就是把这里的每一只大象,当成自己的孩子一样去呵护。那我想问一个私人的问题,您自己有小孩吗?

"保大象":有,有个小女孩。

记者:多大了。

"保大象":才7个月,很可爱的小女孩。

解说词:"保大象"告诉我们,因为要每天照顾大象,所以他回家的时间很少,自己7个月大的女儿,基本由妻子在照顾。

……

解说词:看来,大象真的已经成为了保医生生活中密不可分的一部分了。每每说到大象,保医生的眼神中总会闪现出特殊的光芒。

记者:照顾大象、成为一位大象医生,在我们看来是一件非常非常辛苦的事情。但是"保大象"一干就是九年,而且坚持下来。从他(对待大象)的细节当中都能够深深地感受得到他对大象的这种浓浓的爱。为什么西双版纳和大象有着不解之缘?是因为你们在用心去爱护它们、去尊敬它们,给它们一片属于自己的乐土,所以大象才愿意选择在西双版纳繁衍生息,永远地和西双版纳的人们在一起。

在这段报道中,记者就很好地充当了表达当事人情感,升华大象医生默默奉献品质的角色。有很多时候,观众们好像通过节目感受到了什么,但又说不清楚,而出镜记者在节目中适时对情感的总结抒发,往往能到达观众的内心深处,使得观众对节目中的人和物印象深刻。

（三）互动型报道

在现场的出镜记者就充当了观众的眼睛、耳朵、鼻子、手,有时候甚至是心灵,所以出镜记者的所见所闻、所思所想俨然成为受众接受电视媒介信息不可分割的一部分,它直接影响着受众的接受程度和新闻事件的传播效果。更为重要的是,出镜记者满足了受众想要亲临新闻现场的心理需求,出镜记者代表观众去感受真实,这一传播效果的实现与电视声画合一的媒介特性是分不开的。

在很多节目中,出镜记者代替观众出现在当时当景,向观众报道事实,分享感受,那么记者与现场的景色越融合,与当地的百姓交往越自然,带给观众的真实感也会越强。本期节目也是这样。记者与夜市中吃饭的市民、夜市老板的互动,都使得这座城市离观众越来越近,这里的百姓更友好随和,就像是街边的邻居。

图 7-10　记者在水果摊进行出镜报道

不管记者是在烧烤铺上还是水果摊上(见图 7-10),老板们都热情友好地帮忙挑选经典好吃的食物,甚至可以每种都品尝一下,亲切感扑面而来。在加上景洪美丽的夜景,夜市上景洪人惬意的欢笑和交谈,都向观众呈现了一派亲切和睦的氛围,让人恨不得加入其中。

三、社教节目中的出镜评论

出镜记者不是介于新闻和受众之间的第三者。记者一旦出镜,就意味着自身已成为电视新闻报道中不可分割的一部分,记者的一言一行都将直接影响报道的传播效果。一般来说,电视新闻的受众有可能特别关注记者的评论,因此出镜记者的不同表现往往会引起受众的不同感受。记者出镜评论表现得自然得体,无疑会极大地增强新闻的现场感、真实感和贴近性。在一定程度上甚至可以说,出镜记者的表现决定着一个新闻节目的成败。

那么,其中更重要的就是记者出镜评论的主题、视角和言语了。记者在镜头前说的每一句话都应围绕着主题,都应有所呈现、有所解释、有所启发。在本期节目《边疆行——景洪》中,节目组选取了边疆作为主题,并将景洪这一独具特色的城市作为介绍的典型,从记者的一系列介绍和评论中,观众一定会有所感知。

(一)边境居民视角的出镜评论

《边疆行》不仅对沿途的美景、美食、民俗和文化艺术有全面而详尽的介绍,而且带领观众触摸边境线上人们的真实生活和内心感受。摄制组沿途不仅拍摄边疆的城市,更多的时间放在了走乡村、访农户,记录普通边疆人生活的点点滴滴,反映今天边疆面貌的发展变化。新闻纪实的手法真实地展现了当地人民的淳朴、生活的朴实和精彩。体验与采访的形式则使记者深刻了解那个地方的生活,客观与主观的统一真实再现边疆的魅力,采访的同时也让观众直截了当地读懂那些地方人们的生活。其实节目本身已超越了单纯旅游节目的范畴,在节目内容的选取上注重情景交融、以情动人,用了很多篇幅来表现平凡人物的精神世界,充分展示群众"身边的感动"。另外,记者与当地百姓的互动是必不可少的,像本期节目中记者吴丹与采茶姑娘一起站在一棵树上体验采茶,更是拉近了观众与节目的距离。这样的报道方式真实温馨,不华丽却有魅力。

表7-12 记者体验采茶并进行采访的场景

序号	画面	声音
1	出镜记者和当地妇女们一起站在茶树上体会当地传统的采茶方式。并向观众朋友们介绍茶树上的茶叶。	同期声(出镜记者报道):这棵树还是非常非常地稳,就站在这儿基本上就不用扶了。我们还是来采采茶叶吧。难得采到一棵千年大茶树上的茶叶,这上面的茶叶非常地嫩,就是这种小嫩尖。

续表

| 2 | 主持人和当地的基诺姑娘们一起在树上采茶。基诺的姑娘们脸上洋溢着满足的笑容。(见图7-11) | 解说词:我们的主持人吴丹,也像模像样地开始采茶叶。说真的,站在树上采茶还是第一次。基诺的姑娘们边采茶边唱歌,每个人的表情都是那么满足,她们真的特别享受现在的生活,也让我们感受到了一种纯天然的自然的美。 |

图 7-11 记者与当地的基诺姑娘们一起在茶树上采茶

(二)聚焦少数民族生活

节目名为《边疆行》,而边疆的一个重要的特点就是少数民族聚居,不同国籍的人们生活在一起,因此,节目组很巧妙地采访了当地生活在基诺山上的少数民族和在景洪开餐馆的缅甸夫妇。

……

解说词:我们《边疆行》摄制组又结识了新朋友,漂亮的基诺族姑娘哪丽。哪丽告诉我们,基诺族自称基诺,意为舅舅的后代或尊敬舅舅的民族,主要就分布在景洪市基诺乡,人口约为 20000 多人。他们有自己的语言,但是没有文字。现在的收入主要来源就是茶叶。哪丽说着就拉着我们摄制组往基诺山上走。

……

解说词:傍晚时分,我们摄制组再次出发,我们要去位于景洪市市中心的耶得纳美食城。这个美食城在景洪非常有名,听说是一对缅甸夫妻开的,热情的他们早早就在店门口等我们了。"

……

记者通过与他们的交谈,了解了他们在景洪市幸福的生活,也从他们随和风趣的语言中,感受到了他们的淳朴好客。边境地区不同民族、不同国籍的人们生活在一起,热情地对待生活,友好地对待他人,一起参与景洪市的建设,一同享受美好的生活。

节目组在制作边疆节目时,很自然地将介绍边疆人民这种独特的生活氛围放在重要的位置上,向观众呈现了平时不太了解甚至很少见到的边疆人民的生活情境,展示了遥远地区同胞的热情友好。

(三)亲切自然、情感升华的语言

记者吴丹说话虽然是对着摄像机,但给人一种像是在与观众对话一样的感觉——很真实、很灿烂、不矫揉造作。摄制组的第一站是"欢乐野象谷",记者在面对大象时也会像一个小女孩一样,怀着胆怯和好奇的心理,喂大象香蕉时也会小心翼翼。与大象在一起时即使会害怕但还是会很真诚地与大象戏耍,并尝试着去拥抱大象。在给大象洗澡时,也会与管理人员一起为大象洗澡,态度非常诚恳。在基诺族人热情的招待下,品尝了特色菜酸蚂蚁拌茶叶,这是作者第一次吃活的虫子,可以看出她的紧张和害怕,但还是鼓起勇气吃了,这种态度一下子就拉近了当地人与《边疆行》剧组的距离,让我们也能够很好地更深入地了解到那里的风土人情。

主持人因节目而备受关注,而节目又因为主持人而尽显魅力,所以两者相互依托,吴丹活泼的主持风格和充满阳光的笑容就已经和节目的宗旨和要求非常吻合了,而她又把自己设定为一个真实的体验者,真实地表现出她的所看、所感、所想。她认真地采访每一位当地居民,怀着真诚的心去感受他们的语言和表情,并用她超强语言表达和情感渲染能力将受访者的真情实感表达出来,使观众也产生共鸣,感情得到升华。

参考文献

一、专业书目

1. 孙玉胜.十年——从改变电视的语态开始[M].北京:三联书店,2003.
2. 宋晓阳.出镜记者现场报道指南[M].北京:中国广播电视出版社,2008.
3. 鲍勃·爱德华兹.爱德华·R.默罗和美国广播电视新闻业的诞生[M].周培勤.上海:复旦大学出版社,2005.
4. 雷蔚真,朱羽君.电视采访学[M].北京:中国人民大学出版社,2003.
5. 石长顺.电视新闻报道学[M].武汉:华中科技大学出版社,2004.
6. 密苏里新闻学院《新闻写作教程》编写组.新闻写作教程[M].北京:新华出版社,1986.
7. 王诗文.出镜记者[M].北京:中国广播电视出版社,2009.
8. 石长顺.当代电视实务教程[M].上海:复旦大学出版社,2008.
9. 何志武,石永军.电视新闻采写[M].武汉:武汉大学出版社,2008.
10. 韩彪.现场直播——新闻改革的标尺[M].北京:当代中国出版社,2007.
11. 叶子.现代电视新闻学[M].北京:中国广播电视出版社,2005.
12. 邱沛篁,吴信训,向纯武.新闻传播百科全书[M].成都:四川人民出版社,1998.
13. 何志武.新闻采访(第三版)[M].武汉:武汉大学出版社,2011.
14. 王浩瑜,白丽萍.中国教育电视的改革与发展[M].苏州:苏州大学出版社,2001.
15. 夏骏,王坚平.目击历史[M].北京:文化艺术出版社,1999.
16. 叶子.电视新闻节目研究[M].北京:北京师范大学出版社,1999.
17. 曾志华.中国电视节目主持人文化影响力研究[M].北京:北京大学出版社,2009.
18. 叶子.电视新闻:与事件同步[M].北京:北京师范大学出版社,2007.
19. [美]威尔伯·施拉姆,威廉·波特.传播学概论[M].陈亮,周立方,李启,译.北京:新华出版社,1984.
20. 付程.实用播音教程(第4册)[M].北京:北京广播学院出版社,2003.
21. 丁法章.新闻评论教程[M].上海:复旦大学出版社,2012.
22. 吴信训.新编广播电视新闻学[M].上海:复旦大学出版社,2006.

二、学术期刊

1. 中央电视台研究处课题组供稿.现场直播:展示电视新闻魅力[J].中华新闻报,2003(05).
2. 张志安.新闻调查的八年之"痒"——访中央电视台新闻调查制片人张洁[N].中国新闻出版报,2005-8-1(2).
3. 新闻大学编辑部.掘地三尺挖出湿漉漉的新闻——《新闻调查》记者柴静访谈[J].新闻大学,2009(06).
4. 梁建增,孙金岭.新闻舆论监督的成功实践—关于《焦点访谈》栏目的思考[J].中国广播电视学刊,2003(03).
5. 陈城.论现场直播在电视新闻中的作用[J].新闻大学,2007(03).
6. 戴丽岩.浅谈出镜记者在电视现场报道中的作用[J].新闻界,2008(10).
7. 王卡.出镜记者在电视新闻中的作用[J].时代金融,2011(10).
8. 翟延峰.我国电视新闻直播中的出镜记者素养研究[D].开封:河南大学,2009.
9. 曹宇,尚颖.出镜记者应该具备的职业素养[J].新闻传播,2013(05).
10. 耿丹丹.浅析重大事件中出镜记者的出镜语和角色意识[J].时代报告,2011(12).
11. 柳博.电视新闻记者如何做好镜头前的采访[J].新闻传播,2013(05).
12. 赵静.试论出镜记者在现场报道中的重要作用[J].湖南大众传媒职业技术学院学报,2010(02).
13. 胡霜霜.出镜记者研究[D].乌鲁木齐:新疆大学,2011.
14. 范莉.电视新闻调查类报道浅谈[J].新闻前哨,2010(10).
15. 赵凡.现场采访的三个核心因素[J].报刊之友.2002年第4期
16. 陈黎.电视新闻出镜记者常见技巧分析[J].视听纵横,2009(05).
17. 张平宇.旧闻新报:谈谈回顾式新闻报道[J].新闻知识,2009(07).
18. 尹敬媛.从央视《新闻调查》看优秀记者型主持人的素质[J].今传媒,2006(04).
19. 惠东坡.新闻调查——节目特色与形态解析[J].中国记者,2003(09).
20. 安百杰."接近真相,从现场开始"——从《新闻调查》看电视节目的现场意识[J].青年记者,2007(12).
21. 孙凤毅.论"搬演"在专题类电视新闻节目中的应用[J].学术问题研究,2010(02).
22. 吴海风.出镜采访的记者型新闻节目主持人应具备的职业素养[N].赤峰学院报,2013-29(5)
23. 陈丽萍.电视新闻节目主持人的采访技巧[J].学术纵横,2011(09).
24. 丁柏铨.报道题材.报道方式与传播效果关系探析[J].中国出版,2012(02).
25. 刘国强.电视情感类节目的类型解析[J].视听天地,2008(01).
26. 谢彦云.电视新闻述评节目的困境与突围探析[D].南宁:广西师范学院,2011.

27. 张蕊.浅谈出镜记者在电视新闻报道中的作用[J].理论界,2010(04).
28. 熊唯,孙蔚,曾真.电视新闻出镜记者初探[J].当代电视,2006(06).
29. 谢彦云,赵新乐,石鹏.《焦点访谈》节目的述评困境与突围探微[J].视听,2011(04).
30. 华晔.浅谈出镜记者的采访、报道与表达[J].新闻记者,2007(10).
31. 陈巍.如何做好出镜记者[J].记者摇篮,2008(01).
32. 刘倩.体育赛事报道中的现场采访环节———以北京奥运会报道为例[J].新闻窗,2008(05).
33. 贾艳艳.现当代电视纪录片采访难题应对策略研究[J].新闻知识,2012(08).
34. 王小蓓.出镜记者,电视新闻的"眼"[J].现代传播,2008(06).
35. 蔡之国,潘佳佳.出镜记者:现场报道的限制性叙述者[J].现代视听,2011(07).
36. 朱天文.英美报刊特别报道的文体特点及其翻译[J].福州大学学报潜学社会科学版,2007(02).
37. 杨志平.CCTV重大新闻事件现场直播特别报道探析[J].电视研究,2010(12).
38. 魏庆玲.如何做调查性电视栏目的出镜记者[J].青年记者,2008(03).
39. 蔡迎东.体验式报道的魅力[J].新闻窗,2011(03).
40. 胡德桂.关于体验式报道的理性思考[J].武陵学刊,1999(02).
41. 张锦凤.增强体验式报道的主动性[J].记者摇篮,2012(05).

三、相关网站

1. 百度百科.http://baike.baidu.com.
2. 中国知网.http://epub.cnki.net.
3. 维基百科.http://zh.wikipedia.org.

后　记

经过长达四年的写作和修订，带着几分欣喜和忐忑，此书终于和大家见面了。本书在写作过程中，力图融入现代电视纪实节目传播理念，结合电视纪实节目中出镜报道的优秀案例，总结其经验与规律，分析其症结与对策，既重视电视纪实节目出镜记者报道的规律性探索，又重视观念更新与思维方式的突破。本书的初衷是能够为新闻相关专业的学生以及从业人员，提供应对各种新闻现场的报道方式和技巧策略，为电视新闻现场报道的前瞻性研究提供可借鉴的蓝本。

在本书出版之际，感谢本丛书的主编石长顺教授的信任和鞭策，感谢北京大学出版社副编审李淑方为本书提出的宝贵建议，感谢北京大学出版社责编泮颖雯编辑此书时的认真严谨。《出镜记者案例分析》的撰写初期，硕士生孙琳娜、杨晓薇、黄颖、汤思敏、刘艺玮参与了部分章节的前期研究工作，感谢她们的辛勤付出。本书的出版受到了华中科技大学"教学质量工程"精品教材建设基金的资助，值此出版之际，一并表示感谢。

另外，由于编著者的个人局限，本书中的不足之处在所难免，敬请各位专家学者斧正。

编著者
2014 年 8 月 26 日
于武汉

北京大学出版社 教育出版中心 精品图书

21世纪特殊教育创新教材·理论与基础系列

特殊教育的哲学基础	方俊明 主编	36元
特殊教育的医学基础	张 婷 主编	36元
特殊教育导论（第二版）	雷江华 主编	45元
特殊教育学（第二版）	雷江华 方俊明 主编	43元
特殊儿童心理学（第二版）	方俊明 雷江华 主编	39元
特殊教育史	朱宗顺 主编	39元
特殊教育研究方法（第二版）	杜晓新 宋永宁等 主编	39元
特殊教育发展模式	任颂羔 主编	33元
特殊儿童心理与教育（第二版）	杨广学 张巧明 王 芳 主编	36元
教育康复学导论	杜晓新 黄昭鸣	55元
特殊儿童病理学	王和平 杨长江	48元

21世纪特殊教育创新教材·发展与教育系列

书名	作者	价格
视觉障碍儿童的发展与教育	邓 猛 编著	33元
听觉障碍儿童的发展与教育	贺荟中 编著	38元
智力障碍儿童的发展与教育	刘春玲 马红英 编著	32元
学习困难儿童的发展与教育	赵 微 编著	39元
自闭症谱系障碍儿童的发展与教育	周念丽 编著	32元
情绪与行为障碍儿童的发展与教育	李闻戈 编著	36元
超常儿童的发展与教育（第二版）	苏雪云 张 旭 编著	39元

21世纪特殊教育创新教材·康复与训练系列

特殊儿童应用行为分析	李 芳 李 丹 编著	36元
特殊儿童的游戏治疗	周念丽 编著	30元
特殊儿童的美术治疗	孙 霞 编著	38元
特殊儿童的音乐治疗	胡世红 编著	32元
特殊儿童的心理治疗（第二版）	杨广学 编著	45元
特殊教育的辅具与康复	蒋建荣 编著	29元
特殊儿童的感觉统合训练	王和平 编著	45元
孤独症儿童课程与教学设计	王 梅 著	37元

自闭谱系障碍儿童早期干预丛书

书名	作者	价格
如何发展自闭谱系障碍儿童的沟通能力	朱晓晨 苏雪云	29元
如何理解自闭谱系障碍和早期干预	苏雪云	32元
如何发展自闭谱系障碍儿童的社会交往能力	吕 梦 杨广学	33元
如何发展自闭谱系障碍儿童的自我照料能力	倪萍萍 周 波	32元
如何在游戏中干预自闭谱系障碍儿童	朱 瑞 周念丽	32元
如何发展自闭谱系障碍儿童的感知和运动能力	韩文娟 徐 芳 王和平	32元
如何发展自闭谱系障碍儿童的认知能力	潘前前 杨福义	39元
自闭症谱系障碍儿童的发展与教育	周念丽	32元
如何通过音乐干预自闭谱系障碍儿童	张正琴	36元
如何通过画画干预自闭谱系障碍儿童	张正琴	36元
如何运用ACC促进自闭谱系障碍儿童的发展	苏雪云	36元
孤独症儿童的关键性技能训练法	李 丹	45元
自闭症儿童家长辅导手册	雷江华	35元
孤独症儿童课程与教学设计	王 梅	37元
融合教育理论反思与本土化探索	邓 猛	58元
自闭症谱系障碍儿童家庭支持系统	孙玉梅	36元

特殊学校教育·康复·职业训练丛书（黄建行 雷江华 主编）

信息技术在特殊教育中的应用	55元
智障学生职业教育模式	36元
特殊教育学校学生康复与训练	59元
特殊教育学校校本课程开发	45元
特殊教育学校特奥运动项目建设	49元

21世纪学前教育规划教材

学前教育概论	李生兰 主编	49元
学前教育管理学	王 雯	45元
幼儿园歌曲钢琴伴奏教程	果旭伟	39元
幼儿园舞蹈教学活动设计与指导	董 丽	36元
实用乐理与视唱	代 苗	40元
学前儿童美术教育	冯婉贞	45元
学前儿童科学教育	洪秀敏	39元
学前儿童游戏	范朋丽	39元
学前教育研究方法	郑福明	39元
外国学前教育史	郭法奇	39元
学前教育政策与法规	魏 真	36元
学前心理学	涂艳国、蔡 艳	36元
学前教育理论与实践教程	王 维 王维娅 孙 岩	39元
学前儿童数学教育	赵振国	39元

大学之道丛书

市场化的底限　　　　　　[美]大卫·科伯 著 59元
大学的理念　　　　　　　[英]亨利·纽曼 著 49元
哈佛：谁说了算　　[美]理查德·布瑞德利 著 48元
麻省理工学院如何追求卓越
　　　　　　　　　[美]查尔斯·维斯特 著 35元
大学与市场的悖论　　　[美]罗杰·盖格 著 48元
高等教育公司：营利性大学的崛起
　　　　　　　　　　[美]理查德·鲁克 著 38元
公司文化中的大学：大学如何应对市场化压力
　　　　　　　　　[美]埃里克·古尔德 著 40元
美国高等教育质量认证与评估
　　　　　　　[美]美国中部州高等教育委员会 编 36元
现代大学及其图新
　　　　　　[美]谢尔顿·罗斯布莱特 著 60元
美国文理学院的兴衰——凯尼恩学院纪实
　　　　　　　　　　[美]P.F.克鲁格 著 42元
教育的终结：大学何以放弃了对人生意义的追求
　　　　　　　　[美]安东尼·T.克龙曼 著 35元
大学的逻辑（第三版）　　　　张维迎 著 38元
我的科大十年（续集）　　　　孔宪铎 著 35元
高等教育理念　　[英]罗纳德·巴尼特 著 45元
美国现代大学的崛起　[美]劳伦斯·维赛 著 66元
美国大学时代的学术自由
　　　　　　　　　[美]沃特·梅兹格 著 39元
美国高等教育通史　　　[美]亚瑟·科恩 著 59元
美国高等教育史　　　　[美]约翰·塞林 著 69元
哈佛通识教育红皮书　　　哈佛委员会撰 38元
高等教育何以为"高"——牛津导师制教学反思
　　　　　　　　　[英]大卫·帕尔菲曼 著 39元
印度理工学院的精英们
　　　　　　　　[印度]桑迪潘·德布 著 39元
知识社会中的大学　[英]杰勒德·德兰迪 著 32元
高等教育的未来：浮言、现实与市场风险
　　　　　　　　[美]弗兰克·纽曼等 著 39元
后现代大学来临？[英]安东尼·史密斯等 主编 32元
美国大学之魂　　[美]乔治·M.马斯登 著 58元
大学理念重审：与纽曼对话
　　　　　　　　[美]雅罗斯拉夫·帕利坎 著 40元
学术部落及其领地——当代学术界生态揭秘（第二版）
　　　　　[英]托尼·比彻 保罗·特罗勒尔 著 33元
德国古典大学观及其对中国大学的影响（第二版）
　　　　　　　　　　　　　　陈洪捷 著 42元
转变中的大学：传统、议题与前景 郭为藩 著 23元

学术资本主义：政治、政策和创业型大学
　　　　　　[美]希拉·斯劳特 拉里·莱斯利 著 36元
21世纪的大学　　[美]詹姆斯·杜德斯达 著 38元
美国公立大学的未来
　　　[美]詹姆斯·杜德斯达 弗瑞斯·沃马克 著 30元
东西象牙塔　　　　　　　　孔宪铎 著 32元
理性捍卫大学　　　　　　　眭依凡 著 49元

学术规范与研究方法系列

社会科学研究方法100问　[美]萨子金德 著 38元
如何利用互联网做研究　[爱尔兰]杜恰泰 著 38元
如何为学术刊物撰稿：写作技能与规范（英文影印版）
　　　　　　　　　　　　[英]罗薇娜·莫 编著 26元
如何撰写和发表科技论文（英文影印版）
　　　　　　　　　　　[美]罗伯特·戴 等著 39元
如何撰写与发表社会科学论文：国际刊物指南
　　　　　　　　　　　　　　蔡今忠 著 35元
如何查找文献　　　　[英]萨莉拉·姆齐 著 35元
给研究生的学术建议　[英]戈登·鲁格 等著 26元
科技论文写作快速入门
　　　　　　　[瑞典]比约·古斯塔维 著 19元
社会科学研究的基本规则（第四版）
　　　　　　　　　　　[英]朱迪斯·贝尔 著 32元
做好社会研究的10个关键
　　　　　　　　[英]马丁·丹斯考姆 著 20元
如何写好科研项目申请书
　　　　　　　[美]安德鲁·弗里德兰德 等著 28元
教育研究方法（第六版）
　　　　　　　　　[美]乔伊斯·高尔 等著 88元
高等教育研究：进展与方法
　　　　　　　　　　[英]马尔科姆·泰特 著 25元
如何成为学术论文写作高手　　华莱士 著 49元
参加国际学术会议必须要做的那些事
　　　　　　　　　　　　　　华莱士 著 32元
如何成为优秀的研究生　　　　布卢姆 著 38元

21世纪高校职业发展读本

如何成为卓越的大学教师　　　肯·贝恩 著 32元
给大学新教员的建议　　罗伯特·博伊斯 著 35元
如何提高学生学习质量
　　　　　　　　　[英]迈克尔·普洛瑟 等著 35元
学术界的生存智慧　[美]约翰·达利 等主编 35元
给研究生导师的建议（第2版）
　　　　　　　　　[英]萨拉·德拉蒙特 等著 30元

21世纪教师教育系列教材·物理教育系列

中学物理微格教学教程（第二版）
　　　　　　　　　　　张军朋　詹伟琴　王　恬　编著　32元
中学物理科学探究学习评价与案例
　　　　　　　　　　　张军朋　许桂清　编著　32元
物理教学论　　　　　　　　　　　邢红军　著　49元
中学物理教学评价与案例分析
　　　　　　　　　　　王建中　孟红娟　著　38元

21世纪教育科学系列教材·学科学习心理学系列

数学学习心理学（第二版）
　　　　　　　　　　　孔凡哲　曾　峥　编著　38元
语文学习心理学　　　　　　董蓓菲　编著　39元

21世纪教师教育系列教材

教育学基础　　　　　　　　庞守兴　主编　40元
教育学　　　　　　　　　余文森　王　晞　主编　26元
教育研究方法　　　　　　　刘淑杰　主编　45元
教育心理学　　　　　　　　王晓明　主编　55元
心理学导论　　　　　　　　杨凤云　主编　46元
教育心理学概论　　　　连　榕　罗丽芳　主编　42元
课程与教学论　　　　　　　李　允　主编　42元
教师专业发展导论　　　　　于胜刚　主编　42元
学校教育概论　　　　　　　李清雁　主编　42元
现代教育评价教程（第二版）　吴　钢　主编　45元
教师礼仪实务　　　　　　　刘　霄　主编　36元
家庭教育新论　　　　　闫旭蕾　杨　萍　主编　39元
中学班级管理　　　　　　　张宝书　主编　39元
教育职业道德　　　　　　　刘亭亭　主编　39元
教师心理健康　　　　　　　张怀春　主编　39元
现代教育技术　　　　　　　冯玲玉　主编　39元
青少年发展与教育心理学　　张　清　主编　42元
课程与教学论　　　　　　　李　允　主编　42元
课堂教学艺术（第二版）　孙菊如　陈春荣　主编　49元

21世纪教师教育系列教材·初等教育系列

小学教育学　　　　　　　　田友谊　主编　39元
小学教育学基础　　　　张永明　曾　碧　主编　42元
小学班级管理　　　　　张永明　宋彩琴　主编　39元
初等教育课程与教学论　　　罗祖兵　主编　45元
小学教育研究方法　　　　　王红艳　主编　39元

教师资格认定及师范类毕业生上岗考试辅导教材

教育学　　　　　　　　余文森　王　晞　主编　26元
教育心理学概论　　　　连　榕　罗丽芳　主编　42元

21世纪教师教育系列教材·学科教育心理学系列

语文教育心理学　　　　　　董蓓菲　编著　39元
生物教育心理学　　　　　　胡继飞　编著　45元

21世纪教师教育系列教材·学科教学论系列

新理念化学教学论（第二版）　王后雄　主编　45元
新理念科学教学论（第二版）
　　　　　　　　　　　崔　鸿　张海珠　主编　36元
新理念生物教学论（第二版）
　　　　　　　　　　　崔　鸿　郑晓慧　主编　45元
新理念地理教学论（第二版）　李家清　主编　45元
新理念历史教学论（第二版）　杜　芳　主编　33元
新理念思想政治（品德）教学论（第二版）
　　　　　　　　　　　　　胡田庚　主编　36元
新理念信息技术教学论（第二版）
　　　　　　　　　　　　　吴军其　主编　32元
新理念数学教学论　　　　　冯　虹　主编　36元

21世纪教师教育系列教材·语文课程与教学论系列

语文文本解读实用教程　　　荣维东　主编　49元
语文课程教师专业技能训练
　　　　　　　　　　　张学凯　刘丽丽　主编　45元
语文课程与教学发展简史
　　　　　　　　武玉鹏　王从华　黄修志　主编　38元
语文课程学与教的心理学基础　韩雪屏　王朝霞　主编
语文课程名师名课案例分析　　武玉鹏　郭治锋　主编
语用性质的语文课程与教学论　王元华　著　42元

21世纪教师教育系列教材·学科教学技能训练系列

新理念生物教学技能训练（第二版）　崔　鸿　33元
新理念思想政治（品德）教学技能训练（第二版）
　　　　　　　　　　　　胡田庚　赵海山　29元
新理念地理教学技能训练　　　李家清　32元
新理念化学教学技能训练（第二版）　王后雄　36元
新理念数学教学技能训练　　　王光明　36元
新理念小学音乐教学法　　　吴跃跃　主编　38元

王后雄教师教育系列教材

教育考试的理论与方法　　　王后雄　主编　35元
化学教育测量与评价　　　　王后雄　主编　45元
中学化学实验教学研究　　　王后雄　主编　32元
新理念化学教学诊断学　　　王后雄　主编　48元

西方心理学名著译丛

荣格心理学七讲　　　　　[美]卡尔文·霍尔　45元

书名	作者	价格
拓扑心理学原理	[德]库尔德·勒温	32元
系统心理学：绪论	[美]爱德华·铁钦纳	30元
社会心理学导论	[美]威廉·麦独孤	36元
思维与语言	[俄]列夫·维果茨基	30元
人类的学习	[美]爱德华·桑代克	30元
基础与应用心理学	[德]雨果·闵斯特伯格	36元
记忆	[德]赫尔曼·艾宾浩斯 著	32元
儿童的人格形成及其培养	[奥地利]阿德勒 著	35元
幼儿的感觉与意志	[德]威廉·蒲莱尔 著	45元
实验心理学（上下册）	[美]伍德沃斯 施洛斯贝格 著	150元
格式塔心理学原理	[美]库尔特·考夫卡	75元
动物和人的目的性行为	[美]爱德华·托尔曼	44元
西方心理学史大纲	唐钺	42元

心理学视野中的文学丛书

书名	作者	价格
围城内外——西方经典爱情小说的进化心理学透视	熊哲宏	32元
我爱故我在——西方文学大师的爱情与爱情心理学	熊哲宏	32元

21世纪教学活动设计案例精选丛书（禹明 主编）

初中语文教学活动设计案例精选	23元
初中数学教学活动设计案例精选	30元
初中科学教学活动设计案例精选	27元
初中历史与社会教学活动设计案例精选	30元
初中英语教学活动设计案例精选	26元
初中思想品德教学活动设计案例精选	20元
中小学音乐教学活动设计案例精选	27元
中小学体育（体育与健康）教学活动设计案例精选	25元
中小学美术教学活动设计案例精选	34元
中小学综合实践活动教学活动设计案例精选	27元
小学语文教学活动设计案例精选	29元
小学数学教学活动设计案例精选	30元
小学科学教学活动设计案例精选	32元
小学英语教学活动设计案例精选	25元
小学品德与生活（社会）教学活动设计案例精选	24元
幼儿教育教学活动设计案例精选	39元

全国高校网络与新媒体专业规划教材

文化产业概论	尹章池	38元
网络文化教程	李文明	42元
网络与新媒体评论	杨娟	38元
新媒体概论	尹章池	39元
新媒体视听节目制作	周建青	45元
融合新闻学	石长顺	39元
新媒体网页设计与制作	惠悲荷	39元
网络新媒体实务	张合斌	39元
突发新闻教程	李军	45元
视听新媒体节目制作	周建青	45元
视听评论	何志武	32元
出镜记者案例分析	刘静 邓秀军	39元
视听新媒体导论	郭小平	39元
网络与新媒体广告	尚恒志 张合斌	49元
网络与新媒体文学	唐东堰 雷奕	49元

全国高校广播电视专业规划教材

电视节目策划教程	项仲平 著	36元
电视导播教程	程晋 编著	39元
电视文艺创作教程	王建辉 编著	39元
广播剧创作教程	王国臣 编著	36元

21世纪教育技术学精品教材（张景中 主编）

教育技术学导论（第二版）	李芒 金林 编著	38元
远程教育原理与技术	王继新 张屹 编著	41元
教学系统设计理论与实践	杨九民 梁林梅 编著	29元
信息技术教学论	雷体南 叶良明 主编	29元
网络教育资源设计与开发	刘清堂 主编	30元
学与教的理论与方式	刘雍潜	32元
信息技术与课程整合（第二版）	赵呈领 杨琳 刘清堂	39元
教育技术研究方法	张屹 黄磊	38元
教育技术项目实践	潘克明	32元

21世纪信息传播实验系列教材（徐福荫 黄慕雄 主编）

多媒体软件设计与开发	32元
电视照明·电视音乐音响	26元
播音与主持艺术（第二版）	38元
广告策划与创意	26元
摄影基础（第二版）	32元

21世纪教师教育系列教材·专业养成系列（赵国栋 主编）

微课与慕课设计初级教程	40元
微课与慕课设计高级教程	48元
微课、翻转课堂和慕课设计实操教程	188元
网络调查研究方法概论（第二版）	49元
PPT云课堂教学法	88元